中國文史經典講堂

資治通鑑選評

中國文史經典講堂

資治通鑑選評

編選單位 中國社會科學院文學研究所

主編 楊義　副主編 劉躍進

選注·譯評 吳光興

責任編輯　　楊　帆
裝幀設計　　鍾文君

書　　名　中國文史經典講堂・資治通鑑選評
編選單位　中國社會科學院文學研究所
主　　編　楊　義
副 主 編　劉躍進
選注·譯評　吳光興
出　　版　三聯書店（香港）有限公司
　　　　　香港鰂魚涌英皇道 1065 號 1304 室
　　　　　JOINT PUBLISHING (H.K.) CO., LTD.
　　　　　Rm. 1304, 1065 King's Road, Quarry Bay, Hong Kong
發　　行　香港聯合書刊物流有限公司
　　　　　香港新界大埔汀麗路 36 號 3 字樓
　　　　　SUP PUBLISHING LOGISTICS (HK) LTD.
　　　　　3/F., 36 Ting Lai Road, Tai Po, N.T., Hong Kong
印　　刷　深圳中華商務安全印務股份有限公司
　　　　　深圳市龍崗區平湖鎮萬福工業區
版　　次　2006 年 10 月香港第一版第一次印刷
規　　格　大 32 開（140 × 210mm）384 面
國際書號　ISBN-13: 978.962.04.2580.6
　　　　　ISBN-10: 962.04.2580.4
　　　　　© 2006 Joint Publishing (H.K.) Co., Ltd.
　　　　　Published in Hong Kong

主編的話

　　中國正在經歷着巨大的變革，已經成為全世界矚目的焦點；中華民族創造的輝煌文化也日益顯現出它的奪目光彩。華夏五千年文明，就是我們民族生生不已的活水源頭，就是我們民族卓然獨立的自下而上之根。

　　"問渠哪得清如許，為有源頭活水來。"

　　為探尋這活水源頭，為培植這生存之根，中國社會科學院文學研究所成立五十多年來，一直把文化普及工作放在相當重要的位置，並為此做了大量的、卓有成效的工作。早在二十世紀五六十年代，文學研究所就集中智慧，着手編纂《文學概論》、《中國少數民族文學史》、《中國文學史》、《中國現代文學史》等通論性的論著。與此同時，像余冠英先生的《樂府詩選》(1953年出版)、《三曹詩選》(1956年出版)、《漢魏六朝詩選》(1958年出版)，王伯祥先生的《史記選》(1957年出版)，錢鍾書先生的《宋詩選注》(1958年出版)，俞平伯先生的《唐宋詞選釋》(初名《唐宋詞選》，1962年內部印行，1978年正式出版)，以及在他們主持下編選的《唐詩選》等大專家編寫的文學讀本也先後問世，印行數十萬冊，在社會上產生了廣泛而又深遠的影響。進入新的時期，文學研究所秉承傳統，又陸續編選了《古今文學名篇》、《唐宋名篇》、《臺灣愛國詩鑑》等，並在修訂《不怕鬼的故事》的基礎上新編《不信神的故事》等，贏得了各個方面的讚譽。

　　擺在讀者面前的這套"中國文史經典講堂"依然是這項工

作的延續。其編選者有年逾古稀的著名學者，也有風華正茂的年輕博士，更多的是中青年科研骨幹。我們希望通過這樣一項有意義的文化普及工作，在傳播優秀的傳統文學知識的同時，能夠讓廣大讀者從中體味到我們這個民族美好心靈的底蘊。我們誠摯地期待着廣大讀者的批評指正。

目　　錄

魏晉南北朝隋

唐五代

前　言

　　這本《資治通鑑》[1]選本力求兼顧兩方面的需要。一者，以文學價值為主要着眼點，挑選《通鑑》中的優秀篇章，以滿足一般的閱讀；二者，照顧到《通鑑》作為一個整體，通過選擇並講解《通鑑》中具有代表性的內容，對於那些希望對《通鑑》一書以及《通鑑》所敘述的歷史時代多點具體瞭解的讀者亦有用處。

一、《通鑑》的作者司馬光

　　關於司馬光的事跡，《宋史》的本傳是根據宋人蘇軾所作的《司馬溫公行狀》而做的。清人顧棟高《司馬溫公年譜》逐年編排了司馬光生平事跡，包括傳說故事，內容豐富。蘇氏是中國文學史上的一代文豪，顧氏也是清代著名的歷史學家，二人之作，頗足依據。近現代有關司馬光傳記的著述也有不少。

　　司馬光（1019－1086）字君實，宋朝陝州夏縣（今山西省夏縣）涑水鄉人。因為是涑水鄉人，他又做過一部名為《涑水記聞》的筆記，所以，有人稱他為涑水先生。司馬光死後朝廷贈官 "太師溫國公"，後人因此多稱他為司馬溫公。司馬光諡文正，後人亦稱他司馬文正。

　　司馬光是他的父親司馬池的次子。宋真宗天禧三年

1.《資治通鑑》，本書一般省稱作《通鑑》。

（1019）十月十八日他出生的時候，司馬池正在宋淮南西路光州光山縣（今河南省光山縣）作縣令，因此給他取名為光，字君實。少年時代，司馬光跟隨父親宦遊，到過很多地方。

司馬光二十歲（宋仁宗寶元元年，1038）中進士。此後，歷任奉禮郎、華州判官、同州判官、簽書蘇州判官事、簽書武成軍判官事、宣德郎、將作監主簿、權知韋城縣事、大理評事、國子直講、大理寺丞、館閣校勘、同知太常禮院、殿中丞、史館檢討、集賢校書、群牧司判官、通判鄆州事、通判并州事、太常博士、祠部員外郎、直秘閣、判吏部南曹、開封府推官、度支員外郎、判勾院、同修起居注、同判尚書禮部、起居舍人、同知諫院、知諫院、天章閣待制兼侍講、知諫院、龍圖閣直學士、翰林學士、御史中丞、翰林學士兼侍讀學士、翰林學士兼侍讀學士、權知審官院、翰林學士兼侍讀學士、知審官院、端明殿學士、知永興軍、端明殿學士、判西京留臺、端明殿學士兼翰林侍讀學士、判西京留臺、端明殿學士兼翰林侍讀學士、提舉西京嵩山崇福宮、資政殿學士、提舉西京嵩山崇福宮、門下侍郎、尚書左僕射兼門下侍郎。

司馬光的政治生涯，與宋朝歷史上著名的王安石變法聯繫緊密。司馬光、王安石出生家庭、年紀都差不多，兩人一起做官的時間不短，學術上互相尊重，本來是朋友。但是，當他們到了政治的高層之後，鑑於當時的形勢，在要不要根本改革制度的問題上，兩人的意見完全不同，交情也隨之慢慢破裂。司馬光在政治上屬於保守派，王安石變法期間，他被投閑置散，在西京洛陽十五年，以書局自隨。這段時間，司馬光主要工作就是修《通鑑》，直到支持變法的宋神宗去世的元豐八年

（1085），六十七歲的司馬光被啟用為宰相（先後任門下侍郎、尚書左僕射兼門下侍郎），將實行了十多年的新法全部推翻，恢復到以前的狀況。宋哲宗元祐元年（1086）九月初一，司馬光病逝，享年六十八歲。為了哀悼司馬光的逝世，京師罷市弔喪。稍前，這年的四月，罷相之後退居金陵的王安石已經去世。

二、《通鑑》的編撰及其史學成就

從治平三年（1066）四月宋英宗命司馬光編《論次歷代君臣事跡》，並命專設修書局開始，至宋神宗元豐七年（1084）十一月《資治通鑑》二百九十四卷，《考異》、《目錄》各三十卷成書，司馬光作《進〈資治通鑑〉表》為止，《通鑑》一書的編撰歷時十九年。元祐元年（1086）十月，《通鑑》在杭州鏤版。

司馬光最初作的《歷年圖》，將從周威烈王二十三年（前403）至五代周世宗顯德六年（959）（也即現在《通鑑》所包括的年代）的歷史編成一個簡單的年表，於治平元年（1064）進呈給宋英宗。在正式修《通鑑》之前，司馬光已經完成了從戰國至秦（起周威烈王二十三年，訖秦二世三年）的八卷編年史《通志》的編撰，並於治平三年（1066）進呈宋英宗。《通志》是《通鑑》最早的名字，該書也是《通鑑》的樣本。宋英宗命司馬光選擇助手，接着往下編，設置了專門的修書局。次年，英宗去世，神宗即位。在司馬光第一次為神宗讀所編書時，神宗對所編的書很喜歡，給書提名為《資治通鑑》，並親自作了一篇序，當面賜給司馬光。這篇序後來曾對保護《通鑑》

免遭毀版的災難起過很大的作用[1]。

　　修《通鑑》的十九年，正值司馬光四十八至六十六歲的時間，是他學問成熟的時期。為了修《通鑑》這樣一部大書，司馬光所選擇的助手，也都是當時第一流的史學人才。元豐七年（1084）十一月進呈《通鑑》的表文助手也列名，次序如次：

　　檢閱文字 —— 司馬康

　　同修 —— 范祖禹

　　同修 —— 劉恕

　　同修 —— 劉攽

　　編集 —— 司馬光

　　這幾個人，《宋史》均有傳[2]。劉攽（1022 — 1088）小司馬光四歲，精於漢史，著有《兩漢書刊誤》，他沒有居洛陽，負責修《通鑑》兩漢部分的長編。劉恕（1032 — 1078）小司馬光十三歲，是司馬光最早選擇的助手，著有《十國紀年》，長於五代史，亦精於魏晉以下歷史，他卒於元豐元年（1078），在《通鑑》成書之前七年。劉恕負責《通鑑》魏晉至隋部分的長編以及五代部分的長編。司馬光還一再說到，修書之時，史事之紛錯難以整理的都由劉恕負責，討論編次，亦

---

1. 司馬光死後，新黨專政之日，立元祐黨人碑，以司馬光居首，指為奸黨，奪官禁書，並打算將司馬光的《通鑑》毀版，因為上面有宋神宗作的序，才不敢這樣做。

2. 劉攽，見《宋史》三一九本傳；劉恕，見《宋史・文苑傳》；范祖禹，附見《宋史》三三七其從祖鎮傳；司馬康，附見《宋史》三三六《司馬光傳》。

以劉恕之功居多。范祖禹（1041—1098）少司馬光二十二歲，精於唐史，著有《唐鑑》。他熙寧三年（1070）才調來書局，比劉恕、劉攽參加時間晚，但是，在洛陽編書十五年，直至《通鑑》成書，時間最長。他負責唐代部分的長編，五代長編劉恕沒有完成，也由祖禹擔任。司馬光之子司馬康（1050—1090），又小范祖禹九歲，他不在同修之列，熙寧六年（1073）由司馬光奏請，被派檢閱《通鑑》文字，參加工作也逾十年。

　　《通鑑》的編撰程序是在考訂排比年月日的基礎上，由助修諸人逐年逐月逐日注明《實錄》、正史等事目，以成叢目，然後據事目修長編，最後由司馬光刪定的[1]。與《通鑑》同時完成的還有《考異》三十卷；《通鑑》編集完成之後，司馬光又擇其精要之語為《目錄》三十卷。《通鑑》所以能成此巨著偉業，雖說與編書集體有關，更與司馬光的認真負責有關係。同修諸君參與修史，主要是作長編，對材料參與論議，"至於總持大綱，筆削取捨，都是司馬光自任其勞。"[2]元豐七年十一月司馬光《進通鑑表》自敘曰："臣今骸骨癯瘁，目視昏近，齒牙無幾，神識衰耗，目前所為，旋踵遺忘。臣之精力，盡於此書。"[3]

---

1. 以唐代部分為例，相傳原來長編有六七百卷，用了兩年的時間，司馬光才把唐初至大曆末的二百多卷刪定，還有三分之二的長編，又費三年才得定稿。最後定稿為八十一卷。

2. 柴德賡，《史學叢考》（北京：中華書局，1982），頁180。

3.《通鑑》，頁9608。

對於《通鑑》的史學價值，錢大昕的一段話，為許多史學家所贊同："讀十七史不可不兼讀《通鑑》，《通鑑》之取材多有出於正史之外者，又能考諸史之異同而裁正之，昔人所言'事增於前，文省於舊'，惟《通鑑》可以當之。"[1]說得雖然平實，評價是極高的。

繼《通鑑》後，諸多與之相關的著作問世。宋元之交的胡三省作《通鑑音注》，胡三省是《通鑑》第一功臣，胡注現在大多與《通鑑》合為一體行世。明代嚴衍撰《資治通鑑補》，對於研究《通鑑》及胡注來說，是一本重要參考書。南宋袁樞《通鑑紀事本末》，為了解決讀《通鑑》的困難，將分散的事集中起來，以事件為中心，按《通鑑》原來的年次，抄上原文及司馬光的論，給標上一個題目，共成二百三十九條，附錄六十六事，竟然開創了歷史編纂中"紀事本末"的新體裁，對史學的影響自不待說。南宋朱熹的《通鑑綱目》，擬《春秋》之義例，節取《通鑑》之事實，作為綱目。《通鑑綱目》宋明以來，影響特別大，但是，沒有什麼史學價值，完全是一種理學教科書。續《通鑑》而作的，則有南宋李燾《續資治通鑑長編》等。近代的選本，有瞿蛻園選注《通鑑選》（古典文學出版社，1957）、王仲犖主編《資治通鑑選》（中華書局，1965）頗為通行，二書分別以文學、史學為立足點。

---

1. 錢大昕，《跋柯維騏〈宋史新編〉》，見所著《潛研堂集》，呂友仁點本（上海古籍出版社，1989），頁497。

三、《通鑑》的文學成就

司馬光生性不喜華靡，對文學的價值，總的來說，不太重視。《通鑑》記載劉宋文帝元嘉十五年（438）立儒、玄、文、史四學一事時，司馬光隨即發表評論，認為學所以求道，應有層次，史學為儒之一端，文學不過是儒之餘事，玄學更不足以為教，所以，儒、史、文、玄四學其實是等而下之，對文學的價值是很不重視的。書中說道："臣光曰：《易》曰：'君子多識前言往行以畜其德。'孔子曰：'辭達而已矣。'然則史者儒之一端，文者儒之餘事；至於老、莊虛無，固非所以為教也。夫學者所以求道；天下無二道，安有四學哉！"[1]

《通鑑》更多的是一部政治史的著作。從文學史的角度看，一千多年間中國文學的輝煌成就，在《通鑑》裏可以說基本上沒有什麼反映。司馬遷《史記·屈原賈生列傳》引用淮南王的話，稱讚《離騷》的成就可與日月爭光，可是，屈原的名字《通鑑》都沒有提到。杜甫是中國古典文學的"詩聖"，若不是他的"出師未捷身先死"的詩句為王叔文所吟[2]，則杜甫的名字也不會在《通鑑》裏出現[3]。文學人物在《通鑑》裏面出現的次數，

---

1. 《通鑑》卷一二三，《宋紀》五；《通鑑》，頁 3868－3869。

2. 《通鑑》卷二三六，《唐紀》五二，記載唐順宗永貞元年四月事，曰："乙巳，上御宣政殿，冊太子。百官睹太子儀表，退，皆相賀，至有感泣者，中外大喜。而王叔文獨有憂色，口不敢言，但吟杜甫《題諸葛亮祠堂》詩曰：'出師未捷身先死，長使英雄淚滿襟！'聞者哂之。"

3. 顧炎武認為《通鑑》不載文人，無可非議。"此書本以資治，何暇錄及文人？"參見《日知錄》，卷二六，《〈通鑑〉不載文人》。

完全由其與政治的關係所決定。比如，《通鑑》寫白居易就很多，原因是他當了翰林學士之後，屢上奏書，發表對當時政治的看法，他的樂府詩也對當時的政治進行了譏諷。

　　司馬光不重視文學，《通鑑》一書本身的文學價值卻是巨大的。大略而言，約有二端。首先，就文字修辭方面而言，《通鑑》熔鑄了那麼多史料，仍能做到文字風格如出一手，其剪裁陶鑄之功，決不可小視。《通鑑》的文體，不追求奇異，完全替讀者着想，以明白清楚為務[1]，總體上比它所容納的種種舊史材料敘述歷史更為分明。《通鑑》成熟與突出的文體風格，"正如一個巧妙的成衣匠，將一件破爛的衣服，重新修整一番，便煥然改觀，穿起來既美觀又適體。又如部伍不整的軍隊，一經名將手裏加以號令部署，就變成精神百倍。"[2]

　　其次，在敘事的成就方面，《通鑑》全書體例謹嚴，記事注重前後因果的連貫，又於重大事件及重要人物多作重點刻劃，脈絡分明，詳而不蕪。在具體事件的敘述、具體人物的刻劃上，《通鑑》的成就更需要具體分析與領會。《通鑑》這麼大的一部編年敘事的歷史書，其在記事方面的技巧，沾溉後學，方式足可以稱為千門萬戶[3]。

---

1. 顧棟高《司馬溫公年譜序》有一段概括司馬光其人其文的話："唯公忠厚質直，根於天性，學問所到，誠貫金石。自少至老，沉密謹慎，因事合變，動無過差。故其文不事高奇，粥粥乎如菽粟之可以療飢，參苓之可以已病。"見《司馬光年譜》卷首。

2. 瞿蛻園，《通鑑選‧前言》，見該書（上海：中華書局，1962），頁7。

3. 本書編者曾在北京的一次學術會議上，聽到香港最著名的一位武俠小說作家自述他的武俠創作如何受惠於《通鑑》的事情。

四、本書的編選

本書選注的原則如下：第一，正文據古籍出版社標點、中華書局重印本《資治通鑑》，偶有改正，均出注說明，段落劃分、標點符號酌情有所改動。第二，所選文章，短篇一般為完整段落，長篇多數有刪節，保留刪節號作為標誌，題目為編者所擬，長篇的具體段落，亦為編者所分。段落編號處，刪節號從略。第三，"注釋"力求簡明，"串講"略述大意，"評析"則補充背景，或略作評論。第四，因為選目比較多，大略參考《通鑑》初編時的分工範圍，將所選文章分為戰國秦兩漢、魏晉南北朝隋、唐五代共三個部分。本書編選，在編者通讀《通鑑》全書、略作選擇的基礎上，於諸家選本亦有參考，此不一一。胡三省注多數移錄至注文。另本書插圖的配備，多承中國社會科學院文學所楊義先生、歷史所侯旭東先生熱情幫助，歷史所陳爽先生為我提供《通鑑》的電子文本，特此致謝！

這本《資治通鑑選評》整理清稿於2004年的秋、冬之際，這是司馬光出生的季節。謹以此書紀念司馬光誕辰九百八十五周年！

吳光興

2004 年 12 月 31 日

戰國秦兩漢

論周天子初命魏、趙、韓為諸侯

臣光曰[1]：臣聞天子之職莫大於禮，禮莫大於分，分莫大於名。何謂禮？紀綱是也。何謂分？君、臣是也。何謂名？公、侯、卿、大夫是也。

夫以四海之廣，兆民之眾，受制於一人；雖有絕倫之力，高世之智，莫不奔走而服役者。豈非以禮為之綱紀哉！是故天子統三公，三公率諸侯，諸侯制卿大夫，卿大夫治士庶人。貴以臨賤，賤以承貴。上之使下，猶心腹之運手足，根本之制支葉；下之事上，猶手足之衛心腹，支葉之庇本根。然後能上下相保而國家治安。故曰：天子之職莫大於禮也。

文王序《易》，以乾、坤為首。孔子繫之曰："天尊地卑，乾坤定矣。卑高以陳，貴賤位矣。"言君臣之位，猶天地之不可易也。《春秋》抑諸侯，尊周室，王人雖微，序於諸侯之上，以是見聖人於君臣之際，未嘗不惓惓[2]也。非有桀、紂之暴，湯、武之仁，人歸之，天命之，君臣之分，當守節伏死而已矣。是故以微子而代紂，則成湯配天矣[3]；以季札而君吳，則太伯血食矣[4]。然二子寧亡國而不為者，誠以禮之大節不可亂也。故曰：禮莫大於分也。

夫禮，辨貴賤，序親疏，裁群物，制庶事。非名不著，非器不形。名以命之，器以別之，然後上下粲然有倫，此禮之大經也。名器既亡，則禮安得獨在哉？昔仲叔于奚有功於衛，辭邑而請繁纓，孔子以為不如多與之邑。惟器與名，不可以假人，君之所司也；政亡，則國家從之。衛君待孔子而為政，孔子欲先正名，以為名不正則民無所措手足。夫繁纓，小物也，而孔子惜之；正名，細務也，而孔子先之。誠以名器既亂，則上下無以相保故也。夫事未有不生於微而成於著，聖人之慮遠，故能謹其微而治之；眾人之識近，故必待其著而後救之。治其微，則用力寡而功多；救其著，則竭力而不能及也。《易》曰："履霜，堅冰至。"《書》曰："一日二日萬幾。"謂此類也。故曰：分莫大於名也。

嗚呼！幽、厲失德，周道日衰，綱紀散壞，下陵上替，諸侯專征，大夫擅政。禮之大體，什[5]喪七八矣。然文、武之祀猶綿綿相屬者，蓋以周之子孫尚能守其名分故也。何以言之？昔晉文公有大功於王室，請隧[6]於襄王，襄王不許，曰："王章[7]也。未有代德而有二王，亦叔父[8]之所惡也。不然，叔父有地而隧，又何請焉！"文公於是懼而不敢違。是故以周之地則不大於曹、滕，以周之民則不眾於邾、莒[9]，然歷數百年，宗主天下，雖以晉、楚、齊、秦之強，不敢加者，何哉？徒以名分尚存故也。至於季氏之於魯，田常之於齊，白公之於楚，智伯之於晉，其勢皆足以逐君而自為，然而卒不敢者，豈其力不足而心不忍哉？乃畏奸名犯分而天下共誅之也。今晉大夫暴蔑其君，剖分晉國，天子既不能討，又寵秩之，使列於諸侯，是區區之名分復不能守而並棄之也。先王之禮於斯盡矣。

或者以為當是之時，周室微弱，三晉強盛，雖欲勿許，其可得乎？是大不然。夫三晉雖強，苟不顧天下之誅而犯義侵禮，則不請於天子而自立矣。不請於天子而自立，則為悖逆之臣。天下苟有桓、文之君，必奉禮義而征之。今請於天子而天子許之，是受天子之命而為諸侯也，誰得而討之！故三晉之列於諸侯，非三晉之壞禮，乃天子自壞之也。

嗚呼！君臣之禮既壞矣，則天下以智力相雄長，遂使聖賢之後為諸侯者，社稷無不泯絕，生民之類糜滅幾盡，豈不哀哉！[10]

注釋

1.《通鑑》一書是奉皇帝之命而編著的，書中司馬光發表對史事的評論，均稱"臣光曰"。

2. 惓惓：同"拳拳"，懇切的樣子。

3. "是故"二句：是說若以微子為殷王，則殷朝就不會滅了。

4. "以季札"二句：是說若以季札為吳王，則吳國就不會滅了。

5. 什：十。

6. 隧：建墓道。按禮制，只有天子可以建墓道，諸侯的葬禮是懸着棺枢往下放。

7. 王章：王者的標誌。建墓道是天子所能享受的葬禮。

8. 叔父：周天子稱同姓諸侯為伯父、叔父。

9. 曹、滕、邾、莒：都是當時的小國。

10.《通鑑》，頁2—6。

串講

　　這是一篇議論文章，表達的是《通鑑》作者司馬光對周天子命魏、趙、韓為諸侯一事的評論。文章分為七節。第一節"臣聞天子之職莫大於禮"，提出天子之職在於禮，禮即名分的觀點。第二節"夫以四海之廣"，具體解釋"天子之職莫大於禮"的觀點，正面描繪天子職禮而使上下相保、國家治安的情景。第三節"文王序《易》"，論"禮莫大於分"。引《周易》、《春秋》之經典，及商之微子、吳之季札之故事，指出名分比生命、甚至國家的存亡都重要，"禮之大節不可亂也。故曰禮莫大於分也"。第四節"夫禮，辨貴賤"，論"分莫大於名"。主要引用並分析仲叔于奚有功於衛國，孔子認為寧可多給城邑、不可輕易給予"繁纓"，繁纓是禮飾。指出名器為君主所掌，不可輕易給予。第五節"嗚呼！幽、厲失德"，正面提出周天子命魏、趙、韓為諸侯事件之歷史意義，詳細分析周朝地少民寡，之所以仍能為天下宗主，即因為尚能謹守名分；今晉大夫陵蔑其君、瓜分其國，周天子竟予認可，命三家為諸侯，證明周天子已不能守其名分，"先王之禮於斯盡矣"！第六節"或者以為當是之時"，從另一方面論述前節觀點，指出當時三晉雖強，若周天子不許其為諸侯，則天下之禮尚得保存。第七節"嗚呼！君臣之禮既壞矣"，痛惜君臣之禮既壞，則天下生民盡受其禍。

　　本文的七節內容，又組成兩個部分：前四節為第一部分，論述"天子之職在於禮"的道理；後三節為第二部分，評論周天子命魏、趙、韓為諸侯一事的歷史意義。

評析

《通鑑》正文的前十四字為："初命晉大夫魏斯、趙籍、韓虔為諸侯。"緊接着的就是"臣光曰"所領起的本文的長篇大論。十四字的本事，卻配上了一篇一千幾百字的議論，其意義是非同小可的。二百九十四卷的洋洋巨著《通鑑》，在某種意義上，也可以說就是由這篇議論領起的。

中國傳統史學的體裁均以敘事為本職，若有議論，則附於卷末。《通鑑》中的史論，散附在各項史事之下，一共約有二百一十八條。引前人之論九十九，"臣光曰"一百一十九條（參見劉乃和、宋衍申主編《司馬光與〈資治通鑑〉》，吉林文史出版社，1986，頁372－381）。司馬光觀察、評價、敘述歷史的基本觀念，其理論方面的表述，主要見於這二百多條"論"。《通鑑》問世以後，歷久不衰，為一代又一代士大夫所熱愛，又被絕大多數史學家奉為史學的模範，司馬光獨立的史觀所具有的價值，似亦不可小覷。

《通鑑》編述一千三百多年的中國政治史，以周威烈王二十三年周天子命三家為諸侯作起點，這是司馬光的卓見。通過本文的論述，我們清楚地看到了他認識歷史的基本觀念，即禮制是君主政治的生命。本來天子、諸侯、大夫等所構成的社會秩序，是由天子掌握禮制來鎮定和保持的。如今晉國的三個大夫瓜分了晉國，竟然要求天子任命他們為諸侯並得到應允。此舉滅掉的不僅是晉國，更是天下的名分與大節。周天子自壞其禮，既敲響了周王朝的喪鐘，亦開了一千多年中國政治篡奪相仍的惡例。其實，不僅是論史，司馬光為人、從政、治學，皆一貫重視秩序，具有保守的傾向。"夫大儒者，惡肯毀其規

矩、準繩以趨一時之功哉"。(《通鑑》,頁3760)

　　純粹以消遣為目的而閱讀本書,這篇議論可以先跳過去。如果想對《通鑑》和司馬光的史學有所瞭解的話,本文是斷斷不可不認真一讀的。

戰國四事

魏文侯故事

魏文侯以卜子夏[1]、田子方為師。每過段干木之廬必式[2]。四方賢士多歸之。

文侯與群臣飲酒，樂，而天雨，命駕將適野。左右曰：“今日飲酒樂，天又雨，君將安之？”文侯曰：“吾與虞人[3]期獵，雖樂，豈可無一會期哉！”乃往，身自罷之[4]。

韓借師於魏以伐趙，文侯曰：“寡人與趙，兄弟也，不敢聞命。”趙借師於魏以伐韓，文侯應之亦然。二國皆怒而去。已而知文侯以講[5]於己也，皆朝於魏。魏由是始大於三晉，諸侯莫能與之爭[6]。

使樂羊伐中山[7]，克之；以封其子擊[8]。文侯問於群臣曰：“我何如主？”皆曰：“仁君。”任座曰：“君得中山，不以封君之弟而以封君之子，何謂仁君？”文侯怒，任座趨出。次問翟璜，對曰：“仁君也。”文侯曰：“何以知之？”對曰：“臣聞君仁則臣直。嚮者任座之言直，臣是以知之。”文侯悅，使翟璜召任座而反之，親下堂迎之，以為上客[9]。

文侯與田子方飲，文侯曰：“鐘聲不比乎？左高[10]。”田子方笑。文侯曰：“何笑？”子方曰：“臣聞之，君明樂官，不明樂音。今君審於音，臣恐其聾於官也。”文侯曰：“善。”

子擊出，遭田子方於道，下車伏謁。子方不為禮。子擊怒，謂子方曰：“富貴者驕人乎？貧賤者驕人乎？”子方曰：“亦貧賤者驕人耳，富貴者安敢驕人？國君而驕人則失其國，大夫而驕人則失其家。失其國者未聞有以國待之者也，失其家者未聞有以家待之者也。夫士貧賤者，言不用，行不合，則納履而去耳，安往而不得貧賤哉！”子擊乃謝之[11]。[12]

吳起為將

吳起者，衛人，仕於魯。齊人伐魯，魯人欲以為將，起取齊女為妻，魯人疑之，起殺妻以求將，大破齊師。或譖之魯侯曰：“起始事曾參[13]，母死不奔喪，曾參絕之。今又殺妻以求為君將。起，殘忍薄行人也。且以魯國區區而有勝敵之名，則諸侯圖

吳起像

魯矣[14]。”起恐得罪，聞魏文侯賢，乃往歸之。文侯問諸李克，李克曰：“起貪而好色，然用兵，司馬穰苴[15]弗能過也。”於是文侯以為將，擊秦，拔五城。

起之為將，與士卒最下者同衣食，臥不設席，行不騎乘，親裹贏糧，與士卒分勞苦。卒有病疽者，起為吮之。

卒母聞而哭之。人曰：「子，卒也，而將軍自吮其疽，何哭為？」母曰：「非然也。往年吳公吮其父，其父戰不旋踵[16]，遂死於敵。吳公今又吮其子，妾不知其死所矣，是以哭之。」[17]

衛侯以二卵棄將

子思[18]言苟變於衛侯曰：「其材可將五百乘[19]。」公曰：「吾知其可將。然變也嘗為吏，賦於民而食人二雞子[20]，故弗用也。」子思曰：「夫聖人之官人，猶匠之用木也，取其所長，棄其所短。故杞梓連抱而有數尺之朽，良工不棄。今君處戰國之世，選爪牙之士，而以二卵棄干城[21]之將。此不可使聞於鄰國也。」公再拜曰：「謹受教矣。」[22]

馬陵之戰

魏龐涓伐韓。韓請救於齊。齊威王召大臣而謀曰：「蚤救孰與晚救？」成侯[23]曰：「不如勿救。」田忌曰：「弗救則韓且折而入於魏，不如蚤救之。」孫臏曰：「夫韓、魏之兵未弊而救之，是吾代韓受魏之兵，顧反聽命於韓也。且魏有破國之志，韓見亡，必東面而愬於齊矣。吾因深結韓之親而晚承魏之弊，則可受重利而得尊名也。」王曰：「善。」乃陰許韓使而遣之。韓因恃齊，五戰不勝，而東委國於齊。

齊因起兵，使田忌、田嬰、田盼將之，孫子為師，以救韓，直走魏都。龐涓聞之，去韓而歸。魏人大發兵，以太子申為將，以禦齊師。孫子謂田忌曰：“彼三晉之兵素悍勇而輕齊，齊號為怯。善戰者因其勢而利導之。《兵法》：‘百里而趣利者蹶上將，五十里而

孫臏像

趣利者軍半至。’24”乃使齊軍入魏地為十萬灶，明日為五萬灶，又明日為二萬灶。龐涓行三日，大喜曰：“我固知齊軍怯，入吾地三日，士卒亡者過半矣！”乃棄其步軍，與其輕銳倍日並行逐之。孫子度其行，暮當至馬陵25，馬陵道陿而旁多阻隘，可伏兵，乃斫大樹，白而書之曰：“龐涓死此樹下。”於是令齊師善射者萬弩夾道而伏，期日暮見火舉而俱發。龐涓果夜到斫木下，見白書，以火燭之，讀未畢，萬弩俱發，魏師大亂相失。龐涓自知智窮兵敗，乃自剄，曰：“遂成豎子26之名。”齊因乘勝大破魏師。27

注釋

1. 子夏：孔門高弟，姓卜名商。
2. 段干木：魏國謀士，文侯以其為師。式：本是古代一種車上的橫

木，用於扶手。古人乘車時，必立正，以手扶式。若俯身向式，則為敬禮，以示崇敬。

3. 虞人：管山林禽獸的官。

4. 身自罷之：是說親身前往，告訴虞人，因下雨而取消原來的打獵計劃。這一節說魏文侯對一個小官吏都不肯失信用。

5. 講：講和。

6. 這一節說魏文侯不無故侵犯鄰國，與鄰為善。

7. 中山：當時的一個小國。

8. 子擊：魏文侯之子，後為魏武侯。

9. 這一節說魏文侯容納直言，禮待直臣。

10. 不比：指樂聲不和。左高：是說編鐘之懸，左邊偏高，因此樂聲不和。

11. 謝：道歉。這一節說擁有富貴者，若對人無禮，就將失去富貴，所以不能驕人。

12. 《通鑑》，頁 17 — 19。

13. 曾參：孔子弟子，即曾子，特別講孝道。相傳《孝經》就是孔子為曾子講孝道的記錄。

14. "且以"二句：是說魯國是個小國，如果有打敗大國的名聲，恐怕其他國家就會群起而攻之。

15. 司馬穰苴：春秋時齊國的名將，有兵法傳世。

16. 踵：腳後跟。戰不旋踵：指死戰不後退。

17. 《通鑑》，頁 21。

18. 子思：即孔伋，字子思，孔子之孫。相傳受業於曾子，而孟子又受業於子思的門人。

19. 乘：為古代兵車的單位。兵車一乘，甲士三人，步卒七十二人。五百乘，三萬七千五百人。

20. 賦：賦稅。雞子：雞蛋。

21. 干城：守衛城池。

22.《通鑑》，頁 33 — 34。

23. 成侯：鄒忌當時為齊相，封成侯。

24. "百里"二句：這是孫武《兵法》上的話。

25. 馬陵：在今河北省大名縣東南，一說在河南省范縣西南。戰國時屬齊國。

26. 豎子：這裏指孫臏。

27.《通鑑》，頁 58 — 60。

串講

　　《魏文侯故事》：魏文侯，即《通鑑》開篇第一句所述的三家分晉的主角之一的魏斯，原為晉大夫，與趙籍、韓虔瓜分晉國之後，經周天子任命，成為正式的諸侯。一次魏文侯與群臣飲酒作樂興致正高，天下起雨來，可是，他說要乘車去郊野一趟，原來是他與管山林的官員約好了當天要打獵，下雨了，他得親自去取消約會。魏文侯善待鄰國，一起分晉的韓國、趙國都曾經向魏國借師攻打對方國家，均遭魏文侯拒絕。此外，魏文侯還有尊重賢士、禮敬直臣、從諫如流等方面的故事。

　　《吳起為將》：吳起這個人，個人私德不怎麼樣，卻是一個軍事天才，善用兵，打勝仗，為魯國、魏國、楚國都立下了不少軍功。他為了求得擔任一國軍事統帥的機會，不惜殺妻求將，頗為殘忍。但是，對待自己的戰士，卻仁慈得出人意料，以統帥之尊，親口去吮戰士疽癰中的膿血。

　　《衛侯以二卵棄將》：苟變有將才，衛侯因為他曾經不正當地吃過老百姓家的兩隻雞蛋就要棄用他。子思勸衛侯用人要棄短用長，不能過於苛求。

　　《馬陵之戰》：戰國時代列國紛爭，兵法計謀非常流行。

《通鑑》這一段記載，大略本於《史記·孫子吳起列傳》。孫臏此仗所用計策，與他從前“圍魏救趙”時一樣，即兩國大戰時，若要幫助其中一國，不要投入激戰之區，而要攻擊敵對國的大本營。齊、魏決戰之前，孫臏先使用“減灶誘敵”的計策，逐日減少營地軍灶數目，製造齊軍大量逃亡的假像，魏軍主將龐涓被迷惑中計，果然丟下主力部隊，以少量精銳輕裝追趕齊軍，至馬陵，龐涓被殺。齊軍乘勝大破魏軍，擄獲魏太子。

評析

　　戰國齊、秦爭霸之前，戰國初期，曾經有過魏國獨大的時期，魏文侯是最關鍵的人物。《通鑑》記載了魏文侯禮敬賢士、謹守信用、善處與鄰國關係、容納批評與直言、從善如流等方面的事跡。故事雖簡略，其中包含的道理與智慧，實際上並不簡單。與統一穩定的時代相比較，戰國時期政治比較混亂，但是，因為列國紛爭，卻也在競爭之中逼出了不少後人頗可資用的好道理與大智慧。

　　《吳起為將》中的吳起就是魏文侯吸引人才、用好人才的一個例子。吳起後來被魏武侯的大臣排擠，又自魏國去了楚國，在楚國更受重用，一度擔任令尹（相當於宰相），掌握軍政大權，主持變法。因為侵奪了不少舊貴族的既得利益，在支持他變法的楚悼王去世之後，吳起便被殺害。

　　《衛侯以二卵棄將》的故事，說起來有點滑稽。這種極端講道德正義的例子，歷史上有很多。雖然衛侯的這種表現，可以說是根源於儒家所代表的傳統價值觀。但是，此類表現乃是將儒家的理想推到極端之後的一種戲劇性的結果。子思作為儒學史上的大儒，他對衛侯的批評值得品味。衛侯現象背後的德才之爭，更是中國歷史上爭論不休的永恆話題。

儒家講仁義道德，認為仁愛與正義應成為人類永恆追求的目標，主張道德與正義必須成為文明社會一切秩序的基礎，但並不是要求，每一個人都必須成為無懈可擊的完人。事實上，只有極少極少的人，能夠在道德上做到完備，他們是"聖人"，是統治人類的周公式的理想君主，即"哲學家國王"。在實際生活中，動輒用嚴格的道德標準來裁量世俗社會的芸芸眾生，實在是迂腐至極。先儒設教化民，以通人情為主，那些不近人情的苛刻的道德要求，有一點點像是對講求中庸的儒家的惡作劇。

《馬陵之戰》記載的是齊、魏之間的一場戰爭，周顯王二十八年（前341）的馬陵之戰的失敗，是魏國由強轉弱的關鍵戰役。《史記》上說，孫臏也因為這一仗，遂"名顯天下，世傳其兵法"。

鉅鹿[1]之戰

一

項羽像

（秦二世二年閏九月）章邯已破項梁[2]，以為楚地兵不足憂，乃渡河，北擊趙，大破之。引兵至邯鄲[3]，皆徙其民河內，夷其城郭。張耳[4]與趙王歇走入鉅鹿城，王離[5]圍之。陳餘[6]北收常山兵，得數萬人，軍鉅鹿北。章邯軍鉅鹿南棘原。趙數請救於楚。

高陵君顯[7]在楚，見楚王曰：“宋義[8]論武信君之軍必敗，居數日，軍果敗。兵未戰而先見敗徵，此可謂知兵矣。”王召宋義與計事而大說之，因置以為上將軍。項羽為次將，范增[9]為末將，以救趙。諸別將皆屬宋義，號為“卿子冠軍”。[10]

二

（三年十月[11]）宋義行至安陽，留四十六日不進。項羽曰：“秦圍趙急，宜疾引兵渡河；楚擊其外，趙應其內，破秦軍必矣。”宋義曰：“不然。夫搏牛之虻，不可以破蟣虱[12]。今秦攻趙，戰勝則兵疲，我承其敝；不勝，則我引兵鼓行而西，必舉秦矣。故不如先鬥秦、趙。夫被堅執銳，義不如公；坐運籌策，公不如義。”因下令軍中曰：“有猛如虎，狠如羊，貪如狼，強不可使者[13]，皆斬之。”

乃遣其子宋襄相齊，身送之至無鹽，飲酒高會。天寒，大雨，士卒凍飢。項羽曰：“將戮力而攻秦，久留不行。今歲飢民貧，士卒食半菽，軍無見糧[14]，乃飲酒高會。不引兵渡河，因趙食，與趙併力攻秦，乃曰‘承其敝’。夫以秦之強，攻新造之趙[15]，其勢必舉。趙舉秦強，何敝之承！且國兵新破[16]，王坐不安席，掃境內而專屬於將軍，國家安危，在此一舉。今不恤士卒而徇其私[17]，非社稷之臣也。”

十一月，項羽晨朝上將軍宋義，即其帳中斬宋義頭。出令軍中曰：“宋義與齊謀反楚，楚王陰令籍[18]誅之！”當是時，諸將皆慴服，莫敢枝梧，皆曰：“首立楚者，將軍家也，今將軍誅亂。”乃相與共立羽為假上將軍[19]。使人追宋義子，及之齊，殺之。使桓楚報命於懷王。懷王因使羽為上將軍。[20]

三

（十二月）章邯築甬道[21]屬河，餉王離。王離兵食多，急攻鉅鹿。鉅鹿城中食盡、兵少，張耳數使人召前陳餘[22]。陳餘度兵少，不敵秦，不敢前。數月，張耳大怒，怨陳餘，使張黶、陳澤往讓陳餘曰："始吾與公為刎頸交，今王與耳旦暮且死，而公擁兵數萬，不肯相救，安在其相為死！苟必信，胡不赴秦軍俱死，且有十一二相全[23]。"陳餘曰："吾度前終不能救趙，徒盡亡軍。且餘所以不俱死，欲為趙王、張君報秦。今必俱死，如以肉委餓虎，何益！"張黶、陳澤要以俱死，餘乃使黶、澤將五千人先嘗[24]秦軍，至，皆沒。當是時，齊師、燕師皆來救趙，張敖亦北收代兵，得萬餘人，來，皆壁餘旁，未敢擊秦。

項羽已殺卿子冠軍，威震楚國，乃遣當陽君、蒲將軍將卒二萬渡河救鉅鹿。戰少利，絕章邯甬道，王離軍乏食。陳餘復請兵。項羽乃悉引兵渡河，皆沉船，破釜、甑，燒廬舍，持三日糧，以示士卒必死，無一還心。於是至則圍王離，與秦軍遇，九戰，大破之，章邯引兵卻。諸侯兵乃敢進擊秦軍，遂殺蘇角，虜王離；涉閒不降，自燒殺。當是時，楚兵冠諸侯，軍[25]救鉅鹿者十餘壁，莫敢縱兵。及楚擊秦，諸侯將皆從壁上觀。楚戰士無不一當十，呼聲動天地，諸侯軍無不人人惴恐。於是已破秦軍，項羽召見諸侯將。諸侯將入轅門[26]，無不膝行而前，莫敢仰視。項羽由是始為諸侯上將軍。諸侯皆屬焉。[27]

注釋

1. 鉅鹿：秦郡、縣名，治今河北省平鄉縣西南。

2. 章邯：秦軍的主將。項梁：楚軍的主將，封為武信君，項羽的叔父。當時敗於秦軍，戰死。

3. 邯鄲：趙國的首都，今河北省邯鄲市。

4. 張耳：趙丞相。

5. 王離：秦將。

6. 陳餘：趙大將。

7. 高陵君顯：齊國出使楚國的使者，當時在楚國。

8. 宋義：楚將。

9. 范增：項羽謀士，項羽稱之為"亞父"。

10. 《通鑑》，頁281。

11. 十月：當時以十月為歲首。

12. "夫搏牛"句：是說楚軍的目的是大力伐秦，不能盡力於救趙這樣的小事。表明有大小的區別。

13. "有猛如虎"四句：暗指項羽。

14. 見糧：現糧。

15. 趙：戰國的趙國已被秦國滅亡，這裏的趙國是在秦末起義時期在舊趙國領域新建立的國家，當時才兩年不到。

16. 國兵新破：楚軍被秦軍擊敗，項梁死，事在一個月之前，故曰"國兵新破"。

17. 徇其私：指親身送他的兒子去做齊國的國相一事。

18. 籍：項羽的名，羽為字。

19. 假上將軍：因為未得楚王任命，所以稱為"假"上將軍，即代理的意思。

20. 《通鑑》，頁283─284。

21. 甬道：兩邊有牆垣的通道。章邯為防備敵方抄掠己方的糧食運輸，所以築甬道。

22. 召前陳餘：召陳餘，使前救鉅鹿。
23. 且有十一二相全：而且還有十分之一二的可能打敗秦軍，兩人都獲生還。
24. 嘗：試。
25. "軍"字前，脫"諸侯"二字。
26. 轅門：出軍在外，以車圍成軍營，轅相向為門，稱為轅門。
27. 《通鑑》，頁285－286。

串講

　　本文分為三段。第一段敘述秦、楚二軍對峙的形勢變化，以及楚國內部的權力轉移。事情的起因是楚軍的主將項梁戰死，陣前折主將，秦軍認為楚兵不足憂矣，遂北渡河攻擊趙國，圍趙王於鉅鹿。楚國這邊，楚王任命宋義為卿子冠軍，統領楚軍，前往救趙。

　　第二段寫宋義不着急前往救趙國，而是謀劃等秦、趙決戰之後，乘兩軍之敝以取勝。也寫到宋義與項羽的矛盾。結果項羽殺宋義，項氏重新統領楚軍。

　　第三段寫鉅鹿之戰本身。秦圍趙於鉅鹿，諸侯軍雖然來救趙，但是，只是駐紮在一邊，因為害怕秦軍，所以都在觀望。項羽統率的楚軍渡河救趙，破釜沉舟，楚戰士以一當十，殺聲震動天地，一舉擊破秦軍。諸侯將領跪入轅門拜見項羽，從此項羽成為反秦諸侯的領袖。

評析

　　戰國紛爭的結果，是秦國統一了中國，但是，短暫的統一，馬上就土崩瓦解了。陳勝、吳廣揭竿暴動，關東六國剛剛被滅亡的舊貴族死灰復燃，紛紛乘時而起。在六國滅秦的歷史進程中，鉅鹿之戰是有地位的。楚國本是關東起義的首領，當時楚軍的統帥項梁剛剛戰死，秦國又以大軍打敗趙國，進而包圍趙的有生力量於鉅鹿城中，將一舉而殲滅之。秦軍若獲成功，六國反秦的新的合縱之勢就將面臨破局的危險。楚國內部，圍繞項氏對楚軍的統治權，這時又起異議。

在這關鍵時刻，項羽殺楚卿子冠軍，率軍北渡河援趙，破釜沉舟，於鉅鹿與秦軍決一死戰，結果大破秦軍。諸侯的救兵原本已紛紛來救趙，但是，屯兵於鉅鹿城邊，誰都不敢出擊秦軍。等項羽統率的楚軍大破秦軍之後，諸侯將領來見項羽，"入轅門，無不膝行而前，莫敢仰視"。鉅鹿之戰的重要意義是多方面的，第一，項梁戰死，楚軍失統帥，各路進擊秦國的人馬紛紛後撤，一時群龍無首；楚王任命宋義而非項羽為卿子冠軍統領諸部，是有藉機削弱項氏對楚國軍隊的領導權的意味的。項羽殺宋義，又取得鉅鹿之戰的勝利，一舉確定了在楚軍中的最高地位。第二，此戰的勝利，如文中所說"項羽由是始為諸侯上將軍，諸侯皆屬焉"，至此，項羽一舉又成為關東六國反秦聯盟的最高軍事領袖。第三，此戰的勝利，使盟軍與秦軍作戰的基本形勢得到逆轉，起義的軍隊再次振作與統一起來。項羽率五諸侯於起義之後的第三年即消滅秦國，遂由項羽來指揮封建天下諸侯，《史記·項羽本紀》明確表示，在歷史上的秦漢之際，是有一個短暫的（共五年）由楚霸王項羽統治的王朝的。發生在秦二世三年（前207）十二月的"鉅鹿之戰"，意義真是不一般。此外，"破釜沉舟"的創意與勇氣，經《史記》、《漢書》、《通鑑》等的疊相敍述，亦早已為一代又一代讀者讚歎與傳述。

井陘之戰

冬，十月，韓信、張耳[1]以兵數萬東擊趙。趙王及成安君陳餘聞之，聚兵井陘[2]口，號二十萬。

廣武君李左車說成安君曰："韓信、張耳乘勝[3]而去國遠鬥，其鋒不可當。臣聞'千里饋糧，士有飢色；樵蘇後爨，師不宿飽'。今井陘之道，車不得方軌[4]，騎不得成列；行數百里，其勢糧食必在其後。願足下假臣奇兵三萬人，從間路絕其輜重[5]；足下深溝高壘勿與戰。彼前不得鬥，退不得還，野無所掠，不至十日，而兩將之頭可致於麾下；否則必為二子所禽矣。"成安君嘗自稱義兵，不用詐謀奇計，曰："韓信兵少而疲，如此避而不擊，則諸侯謂吾怯而輕來伐我矣。"

韓信使人間視[6]，知其不用廣武君策，則大喜，乃敢引兵遂下。未至井陘口三十里，止舍[7]。夜半，傳發[8]，選輕騎二千人，人持一赤幟[9]，從間道萆山[10]而望趙軍。誡曰："趙見我走[11]，必空壁逐我；若[12]疾入趙壁，拔趙幟，立漢赤幟。"令其裨將傳餐[13]，曰："今日破趙會食。"諸將皆莫信，佯應曰："諾。"信曰："趙已先據便地為壁；且彼未見吾大將旗鼓，未肯擊前行，恐吾至阻險而還也。"乃使萬人先行，出，背水陳。趙軍望見而大笑。

平旦，信建大將旗鼓，鼓行[14]出井陘口；趙開壁擊之，大戰良久。於是信與張耳佯[15]棄鼓旗，走水上軍；水上軍開入之，復疾戰。趙果空壁爭漢旗、鼓，逐信、耳。信、耳已入水上軍，軍皆殊死戰，不可敗。信所出奇兵二千騎共候趙空壁逐利，則馳入趙壁，皆拔趙旗，立漢赤幟二千。趙軍已不能得信等，欲還歸壁；壁皆漢赤幟，見而大驚，以為漢皆已得趙王將矣，兵遂亂，遁走，趙將雖斬之，不能禁也。於是漢兵夾擊，大破趙軍，斬成安君泜水上，禽趙王歇。

　　諸將效首虜[16]，畢賀，因問信曰："《兵法》：'右倍山陵，前左水澤。'今者將軍令臣等反背水陳，曰'破趙會食'，臣等不服，然竟以勝，此何術也？"信曰："此在《兵法》，顧諸君不察耳。《兵法》不曰：'陷之死地而後生，置之亡地而後存'？且信非得素拊循士大夫也，此所謂'驅市人而戰之[17]'，其勢非置之死地，使人人自為戰；今予之生地，皆走，寧尚可得而用之乎！"諸將皆服，曰："善！非臣所及也。"[18]

注釋

1. 韓信、張耳：此二人這時為漢王劉邦的大將。
2. 井陘：井陘關，故址在今河北省井陘縣井陘山上，是太行山區進入華北平原的隘口。
3. 乘勝：當時韓信剛打了勝仗，滅了代。
4. 方軌：指車並排行駛。
5. 間路：指小路、近路。輜重：軍中所帶軍用器械、糧草、服裝等的總稱。

6. 間視：偵察。

7. 止舍：停軍住宿。

8. 傳發：傳令軍中使出發。

9. 赤幟：紅旗。是漢軍的標誌。

10. 萆山：隱蔽於山中，不使敵人發覺。

11. 走：逃跑。

12. 若：你們。

13. "令其"句：讓副將傳令軍中先少吃一點飯。意思是馬上就會打敗
趙軍，再會餐飽食。裨：副，助。

14. 鼓行：擊鼓前進。指大張聲勢地進攻。

15. 佯：假裝。

16. "諸將"句：指諸將將所殺、所虜敵人的數目報告上來。效：致。

17. 驅市人而戰之：指跑到市場裏面，將所有的人趕去打仗，可是他們
都沒有受過訓練。

18. 《通鑑》，頁 325 — 327。

串講

　　與上文《鉅鹿之戰》破釜沉舟相映成趣，本文是背水一
戰。它的設計師為韓信，楚漢爭霸時期漢王劉邦屬下的大將。
韓信剛剛平定了魏國舊地，又北破代兵，接着揮師東下，出太
行山脈，攻擊河北的趙國，與聚兵井陘關口迎戰的趙軍大戰一
場。韓信的漢軍遠離大後方，去國遠鬥，趙國本來有謀士建議
出奇兵突襲韓信軍隊的輜重供給線，但是，趙國的主將沒有採
納這個建議，反而決定正面迎擊來犯的漢軍。韓信在大戰之前
佈陣時出了一個怪招，將先頭部隊背着河水設陣。然後，主力
部隊突前與趙軍決戰，突然假裝潰退，退至背水設陣的水上
軍，這時，漢軍背水一戰，殊死搏鬥，韓信派出的奇襲隊又乘

趙軍出擊之機，鑽進趙軍大本營，將趙的旗幟統統換成了漢軍的紅旗。韓信的軍隊遂一舉擊敗趙軍，擒獲趙王。

評析

《通鑑》此篇大略本於《史記》、《漢書》中的韓信傳。秦朝滅亡之後，隨即又揭開了楚漢相爭的歷史畫卷，漢王劉邦起而與號令天下的楚霸王項羽爭奪天下。又是戰爭唱主角，在秦漢之際戰爭的天空中，韓信是最亮的一顆星。

劉邦最終打敗項羽，在軍事上主要依靠的是韓信。韓信打了無數的勝仗，井陘之戰（漢高帝三年，前204）是其中之一。《兵法》上本來說"右倍山陵，前左水澤"，這一仗，韓信卻反其道而行之，將部隊部署在沒有依靠、甚至毫無退路的地方。他的部下，打完勝仗之後，都還不能理解其中的秘訣。韓信指出，《兵法》又說"陷之死地而後生"。可見，紙上談兵與百戰百勝，其間的距離有多遠。

西漢文、景朝三事

廷尉張釋之

初，南陽張釋之為騎郎[1]，十年不得調，欲免歸。袁盎知其賢而薦之，為謁者僕射[2]。

釋之從行，登虎圈[3]，上問上林尉諸禽獸簿。十餘問，尉左右視，盡不能對。虎圈嗇夫[4]從旁代尉對。上所問禽獸簿甚悉，欲以觀其能；口對響應，無窮者。帝曰："吏不當若是邪！尉無賴[5]。"乃詔釋之拜嗇夫為上林令。釋之久之前，曰："陛下以絳侯周勃何如人也？"上曰："長者也。"又復問："東陽侯張相如何如人也？"上復曰："長者。"釋之曰："夫絳侯、東陽侯稱為長者，此兩人言事曾不能出口，豈效此嗇夫喋喋利口捷給哉。且秦以任刀筆之吏，爭以亟疾苛察相高。其敝，徒文具而無實，不聞其過，陵遲至於土崩。今陛下以嗇夫口辨而超遷之，臣恐天下隨風而靡，爭為口辨而無其實。夫下之化上，疾於景響，舉錯不可不審也。"帝曰："善！"乃不拜嗇夫。上就車，詔釋之參乘。徐行，問釋之秦之敝，具以質言。至宮，上拜釋之為公車令。

頃之，太子與梁王共車入朝，不下司馬門。於是釋之追止太子、梁王，無得入殿門，遂劾"不下公門，不敬"，奏之。薄太后聞之；帝免冠，謝教兒子不謹。薄太后乃使使承詔赦太子、梁王，然後得入。帝由是奇釋之，

霸陵

拜為中大夫;頃之,至中郎將。

　　從行至霸陵[6],上謂群臣曰:"嗟乎!以北山石為椁,用紵絮斮陳漆其間,豈可動哉!"左右皆曰:"善。"釋之曰:"使其中有可欲者,雖錮南山猶有隙;使其中無可欲者,雖無石椁,又何戚焉。"帝稱善。

　　是歲,釋之為廷尉。上行出中渭橋,有一人從橋下走,乘輿馬驚。於是使騎捕之,屬廷尉。釋之奏當:"此人犯蹕,當罰金。"上怒曰:"此人親驚吾馬,馬賴和柔,令他馬,固不敗傷我乎!而廷尉乃當之罰金。"釋之曰:"法者,天下公共也。今法如是;更重之,是法不信於民也。且方其時,上使使誅之則已。今已下廷尉。廷尉,天下之平也,壹傾,天下用法皆為之輕重,民安所錯其手足!唯陛下察之。"上良久曰:"廷尉當是也。"

　　其後人有盜高廟坐前玉環,得;帝怒,下廷尉治。釋之按"盜宗廟服御物者"為奏當棄市。上大怒曰:"人無道,乃盜先帝器。吾屬廷尉者,欲致之族;而君以法奏之,非吾所以共承宗廟意也。"釋之免冠頓首謝曰:"法如是,足也。且罪等,然以逆順為差。今盜宗廟器而族之,有如萬分一,假令愚民取長陵[7]一抔土,陛下且何以加其法乎?"帝乃白太后許之。[8]

馮唐說李牧故事

上[9]輦過郎署,問郎署長馮唐曰:"父家何在?"對曰:"臣大父趙人,父徙代。"上曰:"吾居代[10]時,吾尚食監[11]高袪數為我言趙將李齊之賢,戰於鉅鹿下[12]。今吾每飯,意未嘗不在鉅鹿也[13]。父知之乎?"唐對曰:"尚不如廉頗、李牧之為將也。"上搏髀曰:"嗟乎,吾獨不得廉頗、李牧為將!吾豈憂匈奴哉!"唐曰:"陛下雖得廉頗、李牧,弗能用也。"上怒,起,入禁中。

良久,召唐,讓曰:"公奈何眾辱我,獨無間處乎[14]!"唐謝曰:"鄙人不知忌諱。"上方以胡寇為意,乃卒復問唐曰:"公何以知吾不能用廉頗、李牧也?"唐對曰:"臣聞上古王者之遣將也,跪而推轂,曰:'閫[15]以內者,寡人制之;閫以外者,將軍制之。'軍功爵賞皆決於外,歸而奏之。此非虛言也。臣大父言:李牧為趙將,居邊,軍市之租[16],皆自用饗士;賞賜決於外,不從中覆也。委任而責成功,故李牧乃得盡其智能;選車千三百乘，彀騎[17]萬三千，百金[18]之士十萬，是以北逐單于，破東胡，滅澹林，西抑強秦，南支韓、魏。當是之時，趙幾霸。其後會趙王遷立，用郭開讒，卒誅李牧，令顏聚代之；是以兵破士北，為秦所禽滅。今臣竊聞魏尚為雲中守，其軍市租盡以饗士卒，私養錢五日一椎牛，自饗賓客、軍吏、舍人，是以匈奴遠避，不近雲中之塞。虜曾一入，尚率車騎擊之，所殺甚眾。夫士卒盡家人子[19]，起田中從軍，安知尺籍、伍符[20]！終日力戰，斬首捕虜，上功幕府，一言不相應，文吏以法繩之，其賞不行；而吏奉法必用。臣愚以為陛下賞太輕，罰太重。且雲中守魏尚坐上功首虜差六級，陛下下之吏，削其爵，罰作之。由此言之，陛下雖得廉頗、李牧，弗能用也。"上說。是日，令唐持節赦魏尚，復以為雲中守，而拜唐為車騎都尉。[21]

郅都號"蒼鷹"

（以）濟南太守郅都為中尉。

始，都為中郎將，敢直諫。嘗從入上林，賈姬如廁，野彘卒來入廁。上目都，都不行；上欲自持兵救賈姬。都伏上前曰："亡一姬，復一姬進，天下所少，寧賈姬等乎！陛下縱自輕，奈宗廟、太后何！"上乃還，彘亦去。太后聞之，賜都金百斤，由此重都。都為人，勇悍公廉，不發私書，問遺無所受，請謁無所聽。及為中尉，先嚴酷，行法不避貴戚。列侯、宗室見都，側目而視，號曰

"蒼鷹"。22

注釋

1. 郎：為郎中令手下的小官，負責守門以及出門時充當車騎。負責車的叫車郎，負責騎的叫騎郎，看守門戶的為戶郎。

2. 謁者：掌管接待賓客。謁者僕射，官秩為千石。

3. 虎圈：上林苑中養虎的處所。

4. 嗇夫：掌管養虎的小吏。

5. 無賴：不行。

6. 霸陵：預營的漢文帝自己的陵墓。

7. 長陵：漢高祖陵墓。

8. 《通鑑》，漢文帝前三年（前177）。《通鑑》，頁458—461。

9. 上：漢文帝。

10. 居代：漢文帝最初為代王，後由漢群臣迎回長安即帝位。

11. 尚食監：主膳食之官。

12. "趙將李齊"四句：李齊的故事，應該發生在秦將王離圍鉅鹿時。"鉅鹿之戰"，本書有選文。

13. "今吾"二句：因為當年"尚食監"總是講鉅鹿的故事，所以，如今一到吃飯時，就會想起鉅鹿。

14. 獨無間處乎：為何不找一個間隙的機會對我說呢？

15. 闑：門橛。

16. 軍市之租：軍中立市場，市場有租稅。

17. 彀騎：弓弩引滿為彀，彀騎指騎兵能射者。

18. 百金：語曰，良士值百金。

19. "夫士卒"句：戰士也都是普通人家的兒子。

20. 尺籍、武符：尺籍上面寫軍令，武符為戰士伍伍相保的符信。

21. 《通鑑》，漢文帝前十四年（前166）。《通鑑》，頁498—500。

22.《通鑑》，漢景帝前七年（前150）。《通鑑》，頁534。

串講

《廷尉張釋之》：張釋之的事跡，《史記》、《漢書》均有記載，《通鑑》此節大略本之。釋之從行虎圈，指出喋喋利口的不一定是長者，這種觀點許多人都有同感。釋之奏太子、梁王不下司馬門之罪，執法堪稱嚴峻，也需要勇氣。這件事，搞得皇帝還得親自向太后謝教子無方之罪。釋之為廷尉，判中渭橋犯蹕、盜高廟坐前玉環二案，亦為公正執法的好例子。當時，"張廷尉"天下稱之。《史記》傳《贊》引《尚書》之語歌頌張釋之："不偏不黨，王道蕩蕩；不黨不偏，王道便便。"

《馮唐說李牧故事》：大略亦選自《史記》、《漢書》。李牧的故事，說的是戰國時期的趙國，李牧為將軍守邊疆，可以專制軍中，所以才能打勝仗。馮唐對漢文帝講這事，是說當時漢朝中央對軍事事務干預過多，賞輕罰重，是國家邊疆形勢緊張的一個根源。漢文帝聽了，恍然大悟，立即改正。所以，本文所述既是李牧故事，又是馮唐故事，甚至也是漢文帝的故事。

《郅都號"蒼鷹"》：郅都任職中郎將，隨漢景帝去上林苑遊玩，皇帝的妃子賈姬上廁所，接着來了一頭野豬，也跟進了廁所。皇帝示意郅都進去把野豬趕走，郅都不動，皇帝自持武器想自己衝進去，郅都還趕緊阻攔，說道：賈姬無足輕重，皇上你即使自己想輕生，國家和太后也不能允許。皇帝只好退回來，這時，野豬自己也出來走了，賈姬安然無恙。

評析

　　“張廷尉”為天下所稱，張釋之為廷尉，是個好法官的典型。釋之執法的理念，“法者，天下公共也”。認為君臣都應該依法而行，乃是以法而非君主為秩序的本位。國家權力雖然歸於君主，但是，君主必須持法公平，才能取信於民。

　　在張釋之、馮唐的故事中，時常出現漢文帝的側影。歷來一般認為，仁慈愛民的漢文帝是中國歷史上最好的皇帝之一。

　　郅都是《史記》、《漢書》的《酷吏傳》裏面的人物。近古以來的高度集權的專制政體，已經牢牢培養了一般人民“官本位”的思維習慣，官府不僅是權力的核心，而且是價值的核心，人民對它只能仰視，已經不會以觀察的目光審視“官吏”這個群體了。“酷吏”，彷彿就是壞蛋。其實，循吏與酷吏，寬與嚴，就像胖、瘦或左、右一樣，不過是互為對峙的兩個概念而已。奸佞加殘酷的“酷吏”固然難免為千夫所指，像郅都這樣酷烈而正直的“蒼鷹”，有時反而是非常需要而值得歌頌的。《史記》、《漢書》二傳的《傳序》說：奸偽萌發，廉恥道喪，國家不振，“當是之時，吏治若救火揚沸，非武健嚴酷，惡能勝其任而愉快乎”？

張騫通西域[1]

　　初，匈奴降者言："月氏故居敦煌、祁連間[2]，為強國，匈奴冒頓[3]攻破之。老上單于[4]殺月氏王，以其頭為飲器[5]。餘眾遁逃遠去，怨匈奴，無與共擊之。"上募能通使月氏者。漢中[6]張騫以郎應募，出隴西[7]，徑匈奴中；單于得之，留騫十餘歲。騫得間亡[8]，鄉月氏西走，數十日，至大宛[9]。大宛聞漢之饒財，欲通不得，見騫，喜，為發導譯抵康居[10]，傳致大月氏。大月氏太子為王，既擊大夏[11]，分其地而居之，地肥饒，少寇，殊[12]無報胡之心。騫留歲餘，竟不能得月氏要領，乃還；並[13]南山，欲從羌中歸，復為匈奴所得，留歲餘。會伊稚斜逐於單[14]，匈奴國內亂，騫乃與堂邑氏奴甘父逃歸[15]。上拜

張騫出使西域前辭別漢武帝

騫為太中大夫[16]，甘父為奉使君[17]。騫初行時百餘人，去十三歲，唯二人得還。[18]。

……

初，張騫自月氏還，具為天子言西域諸國風俗："大宛在漢正西，可萬里。其俗土著[19]，耕田；多善馬，馬汗血；有城郭、室屋，如中國。其東北則烏孫[20]，東則于寘[21]。于寘之西，則水皆西流注西海[22]，其東，水東流注鹽澤[23]。鹽澤潛行地下，其南則河源[24]出焉。鹽澤去長安可五千里。匈奴右方居鹽澤以東，至隴西長城，南接羌，鬲[25]漢道焉。烏孫、康居、奄蔡、大月氏，皆行國[26]，隨畜牧，與匈奴同俗。大夏在大宛西南，與大宛同俗。臣在大夏時，見邛竹杖、蜀布[27]，問曰：'安得此？'大夏國人曰：'吾賈人往市之身毒[28]。'身毒在大夏東南可數千里，其俗土著，與大夏同。以騫度之，大夏去漢萬二千里，居漢西南；今身毒國又居大夏東南數千里，有蜀物，此其去蜀不遠矣。今使大夏，從羌中，險，羌人惡之；少北，則為匈奴所得；從蜀，宜徑，又無寇。"

天子既聞大宛及大夏、安息[29]之屬皆大國，多奇物，土著，頗與中國同業，而兵弱，貴漢財物。其北有大月氏、康居之屬，兵強，可以賂遺設利朝[30]也。誠得而以義屬之[31]，則廣地萬里，重九譯[32]，致殊俗，威德遍於四海，欣然以騫言為然。[33]

……

渾邪王既降漢[34]，漢兵擊逐匈奴於幕北[35]，自鹽澤以東空無匈奴，西域道可通。於是張騫建言："烏孫王昆莫本為匈奴臣，後兵稍強，不肯復朝事匈奴，匈奴攻不勝而遠之。今單于新困於漢，而故渾邪地空無人，蠻夷俗戀故地，又貪漢財物，今誠以此時厚幣賂烏孫，招以益東，居故渾邪之地，與漢結昆弟，其勢宜聽，聽則是斷匈奴右臂也[36]。既連烏孫，自其西大夏之屬皆可招來而為外臣。"天子以為然，拜騫為中郎將[37]，將三百人，馬各二匹，牛羊以萬數，齎金幣帛直數千巨萬；多持節副使[38]，道可便，遣之他旁國[39]。

騫既至烏孫，昆莫見騫，禮節甚倨。騫諭指[40]曰："烏孫能東居故地，則漢遣公主為夫人，結為兄弟，共距匈奴，匈奴不足破也。"烏孫自以遠漢，未知其大小；素服屬匈奴日久，且又近之，其大臣皆畏匈奴，不欲移徙。騫留久之，不能得其要領，因分遣副使使大宛、康居、大月氏、大夏、安息、身毒、于闐及諸旁國。烏孫發譯道[41]送騫還，使數十人，馬數十匹，隨騫報謝，因令窺漢大小。是歲，騫還，到，拜為大行[42]。後歲餘，騫所遣使通大夏之屬者，皆頗與其人[43]俱來，於是西域始通於漢矣。

西域凡三十六國，南北有大山，中央有河[44]，東西六千餘里，南北千餘里，東則接漢玉門、陽關，西則限以蔥嶺。河有兩源，一出蔥嶺，一出于闐，合流東注鹽澤。鹽澤去玉門、陽關三百餘里。自玉門、陽關出西域有兩道：

從鄯善[45]傍南山北，循河西行至莎車[46]，為南道；南道西逾蔥嶺，則出大月氏、安息。自車師前王廷隨北山循河西行至疏勒[47]，為北道；北道西逾蔥嶺，則出大宛、康居、奄蔡焉。故皆役屬匈奴，匈奴西邊日逐王，置僮僕都尉[48]，使領西域，常居焉耆、危須、尉黎[49]間，賦稅諸國，取富給焉。

烏孫王既不肯東還，漢乃於渾邪王故地置酒泉郡，稍發徙民以充實之；後又分置武威郡，以絕匈奴與羌通之道。

天子得宛汗血馬，愛之，名曰"天馬"。使者相望於道以求之。諸使外國，一輩[50]大者數百，少者百餘人，人

天馬

所齎操大放博望侯時[51]，其後益習而衰少焉[52]。漢率一歲中使多者十餘，少者五六輩；遠者八九歲，近者數歲而反。[53]

⋯⋯

博望侯既以通西域尊貴，其吏士爭上書言外國奇怪利害求使。天子為其絕遠，非人所樂往，聽其言，予節[54]，募吏民，毋問所從來，為具備人眾遣之，以廣其道。來還，不能毋侵盜幣物及使失指[55]，天子為其習之，輒覆按致重罪，以激怒令贖，復求使，使端無窮，而輕犯法[56]。其吏卒亦輒復盛推外國所有，言大者予節，言小者為副，故妄言無行之徒皆爭效之。其使皆貧人子，私縣官齎物，欲賤市以私其利[57]。外國亦厭漢使人人有言輕重[58]，度漢兵遠不能至，而禁其食物以苦漢使。漢使乏絕，積怨至相攻擊。而樓蘭、車師，小國當空道[59]，攻劫漢使王恢等尤甚，而匈奴奇兵又時遮擊之。使者爭言西域皆有城邑，兵弱易擊。於是天子遣浮沮將軍公孫賀[60]將萬五千騎，出九原二千餘里，至浮沮井而還；匈河將軍趙破奴將萬餘騎出令居數千里，至匈河水而還；以斥逐匈奴，不使遮漢使，皆不見匈奴一人。乃分武威、酒泉地，置張掖、敦煌郡，徙民以實之。[61]

⋯⋯

烏孫使者[62]見漢廣大，歸報其國，其國乃益重漢。匈奴聞烏孫與漢通，怒，欲擊之。又其旁大宛、月氏之屬皆事漢；烏孫於是恐，使使願得尚漢公主[63]，為昆弟。天子與群臣議，許之。烏孫以千匹馬聘漢女。漢以江都王建女細君為公主，往妻烏孫，贈送甚盛；烏孫王昆莫以為右夫人。匈奴亦遣女妻昆莫，以為左夫人。公主自治宮室居，歲時一再與昆莫會，置酒飲食。昆莫年老，言語不通，公主悲愁思歸，天子聞而憐之，間歲[64]遣使者以帷帳錦繡給遺焉。昆莫曰："我老。"欲使其孫岑娶尚公主。公主不聽，上書言狀。天子報曰："從其國俗，欲與烏孫共滅胡。"岑娶遂妻公主。昆莫死，岑娶代立，為昆彌。

是時，漢使西逾蔥嶺，抵安息。安息發使，以大鳥卵及黎軒善眩人獻於漢[65]，及諸小國驩潛、大益、車姑師、打罙、蘇䟽之屬，皆隨漢使獻見天子，天子大悅。西國使更來更去，天子每巡狩海上，悉從外國客，大都多人則過之[66]，散財帛以賞賜，厚具以饒給之，以覽示漢富厚焉。大角抵[67]，出奇戲、諸怪物，多聚觀者。行賞賜，酒池肉林，令外國客遍觀各倉庫府藏之積，見漢之廣大，傾駭之。大宛左右多蒲萄，可以為酒；多苜蓿，天馬嗜之；漢使採其實以來，天子種之於離宮別觀旁，極望。然西域以近匈奴，常畏匈奴使，待之過於漢使焉。[68]

　　……

漢使入西域者言："宛有善馬，在貳師城，匿不肯與漢使。"天子使壯士車令等持千金及金馬以請之。宛王與其群臣謀曰："漢去我遠，而鹽水中數敗，出其北有胡宛，出其南乏水草，又且往往而絕邑，乏食者多，漢使數百人為輩來，而常乏食，死者過半，是安能致大軍乎！無奈我何。貳師馬，宛寶馬也。"遂不肯予漢使。漢使怒，妄言，椎金馬而去。宛貴人怒曰："漢使至輕我！"遣漢使去，令其東邊郁成王遮攻，殺漢使，取其財物。

於是天子大怒。諸嘗使宛姚定漢等言："宛兵弱，誠以漢兵不過三千人，強弩射之，可盡虜矣。"天子嘗使浞野侯[69]以七百騎虜樓蘭王，以定漢等言為然；而欲侯寵姬李氏[70]，乃拜李夫人兄廣利為貳師將軍，發屬國六千騎及郡國惡少年[71]數萬人，以往伐宛。期至貳師城取善馬，故號貳師將軍。趙始成為軍正，故浩侯王恢使導軍，而李哆為校尉，制軍事。[72]

......

貳師將軍之西也，既過鹽水，當道小國各城守，不肯給食，攻之不能下。下者得食，不下者數日則去。比至郁成，士至者不過數千，皆飢罷[73]。攻郁成，郁成大破之，所殺傷甚眾。貳師將軍與李哆、趙始成等計："至郁成尚不能舉，況至其王都乎！"引兵而還。至敦煌，士不過什一二，使使上書言："道遠乏食，且士卒不患戰而患飢，人少，不足以拔宛。願且罷兵，益發而復往。"天子聞之，大怒，使使遮玉門曰："軍有敢入者，輒斬之！"貳師恐，因留敦煌。[74]

......

漢既亡浞野之兵[75]，公卿議者皆願罷宛軍，專力攻胡。天子業出兵誅宛，宛小國而不能下，則大夏之屬漸輕漢，而宛善馬絕不來，烏孫、輪臺[76]易苦漢使，為外國笑，乃案言伐宛尤不便者鄧光等。赦囚徒，發惡少年及邊騎，歲餘而出敦煌者六萬人，負私從者不與，牛十萬，馬三萬四，驢、橐駝以萬數，齎糧、兵弩甚設。天下騷動，轉相奉伐宛五十餘校尉。宛城中無井，汲城外流水，於是遣水工徙其城下水，空以穴其城。益發戍甲卒十八萬酒泉、張掖北，置居延、休屠屯兵以衛酒泉，而發天下吏有罪者、亡命者及贅婿、賈人、故有市籍、父母大父母有市籍者凡七科[77]，適[78]為兵；及載糒[79]給貳師，轉車人徒相連屬；而拜習馬者二人為執、驅馬校尉，備破宛擇取其善馬云。

於是貳師後復行，兵多，所至小國莫不迎，出食給軍。至輪臺，輪臺不下。攻數日，屠之。自此而西，平行至宛城，兵到者三萬。宛兵迎擊漢兵，漢兵射敗之，宛兵走入保其城。貳師欲攻郁成城，恐留行而令宛益生詐，乃先至宛，決其水原移之，則宛固已憂困，圍其城，攻之四十餘日。宛貴人謀曰："王母寡[80]匿善馬，殺漢使，今殺王而出善馬，漢兵宜解；即不解，乃力戰而死，未晚也。"宛貴人皆以為然，共殺王。其外城壞，虜宛貴人勇將煎靡[81]。宛大恐，走入城中，持王母寡頭，遣人使貳師約曰："漢無攻我，我盡出善馬恣所取，而給漢軍食。即不聽我，我盡殺善馬，康居之救又且至，至，我居內，康居居外，與漢軍戰。孰計之，何從？"是時，康居候視漢兵尚盛，不敢進。貳師聞宛城中新得漢人，知穿井，而其內食尚多，計以為"來誅首惡者毋寡，毋寡頭已至，如此不許則堅守，而康居候漢兵罷來救宛，破漢兵必矣"，乃許宛之約。宛乃出其馬，令漢自擇之，而多出食食漢軍。漢軍取其善馬數十匹，中馬以下牝牡三千餘匹，而立宛貴人之故時遇漢善者名昧蔡為宛王，與盟而罷兵。

初，貳師起敦煌西，分為數軍，從南、北道。校尉王申生將千餘人別至郁成，郁成王擊滅之，數人脫亡，走貳師。貳師令搜粟都尉上官桀往攻破郁成，郁成王亡走康居，桀追至康居。康居聞漢已破宛，出郁成王與桀，桀令四騎士縛守詣貳師。上邽騎士趙弟恐失郁成王，拔劍擊斬其首，追及貳師。[82]

……

自大宛破後，西域震懼，漢使入西域者益得職。於是自敦煌西至鹽澤往往起亭，而輪臺、渠犁皆有田卒數百人，置使者、校尉領護，以給使外國者。[83]

注釋

1. 選自《通鑑》卷一八、一九、二〇、二一。
2. 月氏：古代西域的一個民族，也是該民族所建立的國名。敦煌：地名。祁連：山名。

3. 冒頓：漢初匈奴有名的君主（單于），在他的統治下，匈奴成為中國北邊的強大國家。

4. 老上單于：冒頓單于之子。

5. 飲器：溺器。

6. 漢中：漢朝郡名。

7. 隴西：漢朝郡名。

8. 間：乘機。亡：逃跑。

9. 大宛：西域國名。

10. 導譯：嚮導兼翻譯。康居：西域國名。

11. 大夏：國名。

12. 殊：甚，很。

13. 並：傍。

14. 伊稚斜、於單：均匈奴人名。

15. 堂邑：姓。甘父：為該奴名。

16. 太中大夫：官名，秩比千石，掌議論。

17. 奉使君：非官、爵名，僅為稱號。

18. 《通鑑》，頁611。以上漢武帝元朔三年（前126）。

19. 土著：指有固定的城郭田宅，而非隨水草移徙。

20. 烏孫：西域國名。

21. 于寶：西域國名。

22. 西海：指阿拉伯海。

23. 鹽澤：指羅布泊。

24. 河源：黃河的源頭。

25. 鬲：即"隔"字。

26. 行國：隨畜牧、逐水草而居，無城郭常處，故曰"行國"。

27. 邛竹杖、蜀布：皆中國蜀地的產品。

28. 身毒：後稱天竺，即今印度。

29. 安息：今伊朗。

30. 設利朝：施之以利，誘令入朝。

31. 以義屬之：指不用動武而使別國歸附。

32. 九譯：語言經過許多次輾轉翻譯，方能彼此交流。

33. 《通鑑》，頁627－629。以上漢武帝元狩元年（前122）。

34. 渾邪王既降漢：匈奴渾邪王歸附漢朝事，參見《通鑑》卷二〇，
　　《漢紀》一二，武帝元狩二年（前123）。

35. 幕：古“漠”字。幕北：指大戈壁以北。

36. “今誠以”六句：言漢朝若能培植友邦，控制河西走廊一帶，則相
　　當於砍掉匈奴右邊（西邊）的臂膀。

37. 中郎將：官名，秩比二千石。

38. 多持節副使：多配備副使，並使他們持節。

39. “道可便”二句：沿途方便的話，就派副使訪問其他國家。

40. 諭指：以天子意指曉告之。

41. 譯道：翻譯兼嚮導。

42. 大行：漢九卿之一，掌管接待外賓。

43. 其人：那些國家的人。

44. 中央有河：該河為塔里木河。

45. 鄯善：國名。

46. 莎車：地名。

47. 車師、疏勒：國名。

48. 僮僕都尉：匈奴所置官名。

49. 焉耆、危須、尉黎：均國名。

50. 一輩：猶言“一批”。

51. “人所”句：使者所帶裝備，大多仿照張騫的成例。放，仿。張騫
　　封博望侯。

52. “其後”句：逐漸熟悉了西域諸國的情況，遣使就不像從前那樣多
　　派人了。

53. 《通鑑》，頁656－659。以上漢武帝元鼎二年（前115）。

54. 予節：給予符節，表示代表國家。

55. 失指：違反天子的旨意。

56. “使端”二句：指藉故出使的人很多，犯法的人也很多。

57. “私縣官”二句：縣官，政府。指擅用官物，又搶購外國廉價之物，其利多不歸政府。

58. “外國”句：外國亦討厭漢使人人說話輕重不實。

59. 空：孔。空道：即指漢出西域的通道。樓蘭、車師二小國，分別位於漢出西域的南、北二道上。

60. 浮沮將軍公孫賀：漢朝令公孫賀出軍，希望到達浮沮井，因此命為“浮沮將軍”。下文“匈河將軍”稱號亦然。

61. 《通鑑》，頁674－675。以上漢武帝元鼎六年（前111）。

62. 烏孫使者：烏孫遣使隨張騫入謝漢朝天子事，見本文前節。

63. 尚漢公主：娶漢公主。

64. 間歲：每隔一年。

65. 大鳥卵：鴕鳥蛋。黎軒：即大秦，指羅馬帝國。善眩人：指善幻術的魔術師。

66. “大都”句：指經過繁盛的大都市，略有招搖過市之意。

67. 角抵：古代摔跤的遊戲。

68. 《通鑑》，頁695－697。以上漢武帝元封六年（前105）。

69. 浞野侯：趙破奴以軍功封浞野侯。

70. 欲侯寵姬李氏：想封李夫人兄弟為侯。

71. 郡國惡少年：各處無職業的少年。

72. 《通鑑》，頁699－700。以上漢武帝太初元年（前104）。

73. 罷：疲。

74. 《通鑑》，頁702。以上漢武帝太初二年（前103）。

75. “漢既”句：浞野侯趙破奴為匈奴所俘，事在前一年。

76. 輪臺：西域國名。

77. 七科：為漢時常語，指七種人有首先被徵服兵役的義務。

78. 適：謫。

79. 糒：乾飯。

80. 母寡：宛國王名。

81. 煎靡，人名。

82. 《通鑑》，頁 704 — 706。以上漢武帝太初三年（前 102）。

83. 《通鑑》，頁 707 — 708。以上漢武帝太初四年（前 101）。

串講

　　本文以刪節所標省略號為標誌，共分為九段。"初，匈奴降者言"節，為第一段，敘述張騫第一次出使月氏的經過。"初，張騫自月氏還"等二節，為第二段，記張騫講述西域諸國地理與風俗，漢武帝非常感興趣。"渾邪王既降漢"等五節，為第三段，記敘張騫第二次出使西域烏孫，以及西域諸國通使漢朝之情況，中西交通遂習以為常。"博望侯既以通西域尊貴"節，為第四段，描述張騫因出使而得尊貴，竟在漢朝掀起一陣出使西域的熱潮，以及這一熱潮之中的流弊。"烏孫使者見漢廣大"等二節，為第五段，寫細君公主和親烏孫事，以及西域使者往來漢朝不絕的盛況。"漢使入西域者言"等二節，為第六段，寫漢使大宛求善馬不成，釀出事端，漢武帝派貳師將軍李廣利將兵伐宛取善馬。"貳師將軍之西也"節，為第七段，寫李廣利初伐大宛受挫。"漢既亡浞野之兵"等三節，為第八段，寫李廣利再征大宛，得宛馬，完成對西域的軍事行動。"自大宛破後"節，為第九段，寫破大宛之後，漢朝在西域的措置。本文前述九段內容連貫起來，不僅是張騫通西域的事跡集錦，而且也展示了開創時期中國與西方交通的歷史畫卷。

評析

　　漢時，中國的北邊強鄰匈奴對漢朝的威脅非常大，漢高祖被困平城，靠陳平的奇計才得逃命。要解除匈奴的威脅，破除匈奴與西域的聯合，是一個辦法。但是，中國與西域的交通通道最初完全控制在匈奴的手中。偉大的探險家張騫在這個時候出現，創造了空前的業績，成為中西交通史上的開路先鋒。張騫最初出使的使命，是聯合大月氏共同對付匈奴，因為時勢的變化，這一使命並未完成。但是，張騫初出使的來回路線終於啟發了中國通西域的兩大通道，對漢朝的溝通西北、開發西南，具有首創之功。張騫初使，兩次被匈奴捕獲並逃脫，他對匈奴情形的熟悉，又為漢征匈奴的軍事大業立了功。最重要的是，中國與西域交通的道路，在張騫的事業完成之後，終於完全建立起來。千古羨稱的“絲綢之路”，是由張騫及其後來者一步一步踩出來的。

　　漢武帝是漢朝歷史上最風光的皇帝，憑藉他的祖、父輩的所謂“文景之治”的成就，漢武帝向世界展示了西漢一朝最強的國力。通過本文，亦可見他好大喜功、開邊拓境、威武凌人的神氣。

夏侯勝非議詔書下獄

夏，五月，詔曰："孝武皇帝躬仁誼，勵威武，功德茂盛，而廟樂[1]未稱，朕甚悼焉。其與列侯、二千石、博士議。"於是群臣大議庭中[2]，皆曰："宜如詔書。"長信少府夏侯勝獨曰："武帝雖有攘四夷、廣土境之功，然多殺士眾，竭民財力，奢泰無度，天下虛耗，百姓流離，物故者半，蝗蟲大起，赤地數千里，或人民相食，畜積至今未復；無德澤於民，不宜為立廟樂。"公卿共難勝曰："此詔書也。"勝曰："詔書不可用也。人臣之誼，宜直言正論，非苟阿意順指。議已出口，雖死不悔！"於是丞相、御史劾奏勝非議詔書，毀先帝，不道；及丞相長史黃霸阿縱勝，不舉劾；俱下獄。有司遂請尊孝武帝廟為世宗廟，奏《盛德》、《文始》、《五行》之舞。武帝巡狩所幸郡國皆立廟，如高祖、太宗焉。

夏侯勝、黃霸既久繫，霸欲從勝受《尚書》，勝辭以罪死。霸曰："朝聞道，夕死可矣。"[3]勝賢其言，遂授之。繫再更冬，講論不怠。[4]

注釋

1. 廟樂：舊時供祀祖宗的屋舍稱為祖廟，帝王的祖廟稱為太廟。皇帝死後，立室奉祀於其中，並追尊以廟號，如漢文帝廟號太宗。廟樂是祭祀先帝時所奏樂。

2. 大議：總會議。庭中：指朝廷之中。

3.《論語·里仁篇》：“子曰：‘朝聞道，夕死可矣。’”

4.《通鑑》，漢宣帝本始二年（前72）。《通鑑》，頁796－797。

串講

　　漢宣帝下詔說漢武帝德業盛大，但是廟樂不夠隆重，與他的成就不相配。令群臣會議討論為武帝立廟樂一事。大臣紛紛附和詔書，惟獨夏侯勝持反對意見，他認為漢武帝武功雖然不小，但是勞民傷財，無德澤於民，所以不應該立廟樂，不值得受後人歌頌。夏侯勝因為非議詔書、毀謗先帝被治罪下獄；丞相長史黃霸因為沒有舉劾夏侯勝，也與勝一起下獄。漢武帝的世宗廟建立起來，並確立了廟樂《盛德》。夏侯勝與黃霸兩人在獄中學習、討論《尚書》，卻也津津有味。

評析

　　《通鑑》此節記載本於《漢書·夏侯勝傳》。夏侯勝為漢代名儒，夏侯《尚書》漢代立於學官。儒家講仁義，“義”者，宜也。漢宣帝下詔為武帝立廟樂，夏侯勝認為，以漢武帝的成就，不應該立廟樂，此為一“義”；人臣應直言正論，不一定要附和皇帝的意旨，他不贊成宣帝的詔書，雖死不悔，此為二“義”。夏侯勝、黃霸因此事下獄，二人被關在獄中，說不定什麼時候就要被處死的，黃霸卻請夏侯勝做他老師，整天給他講《尚書》，關了兩年，他倆在獄中“講論不怠”。黃霸引孔子的話說：“朝聞道，夕死可矣。”

東漢四事

宋弘正直

湖陽公主[1]新寡，帝與共論朝臣，微觀其意。主曰：“宋公威容德器，群臣莫及。”帝曰：“方且圖之。”後，弘被引見，帝令主坐屏風後，因謂弘曰：“諺言‘貴易交，富易妻’，人情乎？”弘曰：“臣聞貧賤之知不可忘，糟糠之妻不下堂[2]。”帝顧謂主曰：“事不諧矣。”[3]

東漢光武帝劉秀像

班超生入玉門關

班超久在絕域，年老思土，上書乞歸曰：“臣不敢望到酒泉郡，但願生入玉門關。謹遣子勇隨安息[4]獻物入塞，及臣生在，令勇目見中土。”朝廷久之未報，超妹曹大家[5]上書曰：“蠻夷之性，悖逆侮老；而超旦暮入地，久不見代，恐開奸宄之原，生逆亂之心。而卿大夫咸懷一切[6]，莫肯遠慮，如有卒暴，超之氣力不能從心，便為上損國家累世之功，下棄忠臣竭力之用，誠可痛也！故超萬里歸誠，自陳苦急，延頸逾[7]望，三年於今，未蒙省錄[8]。妾竊聞古者十五受兵，六十還之[9]，亦有休息，不任職也。故妾敢觸死為超求哀，句[10]超餘年，一得生還，復見闕庭，使國家無勞遠之慮，西域無倉卒之憂，超得長蒙文王葬骨[11]之恩，子方哀老[12]之惠。」帝感其言，乃徵超還。八月，超至洛陽，拜為射聲校尉；九月，卒。[13]

楊震以清白遺子孫

（楊）震孤貧好學，明歐陽《尚書》，通達博覽，諸儒為之語曰：「關西[14]孔子楊伯起。」教授二十餘年，不答州郡禮命[15]，眾人謂之晚暮[16]，而震志愈篤。（鄧）騭[17]聞而辟之，時震年已五十餘，累遷荊州刺史、東萊太守。當之郡，道經昌邑，故所舉荊州茂才王密為昌邑令，夜懷金十斤以遺震。震曰：「故人[18]知君，君不知故人，何也？」密曰：「暮夜無知者。」震曰：「天知，地知，我知，子知，何謂無知者！」密愧而出。後轉涿郡太守。性公廉，子孫常蔬食、步行；故舊或欲令為開產業，震不肯，曰：「使後世稱為清白吏[19]子孫，以此遺之，不亦厚乎！」[20]

周舉不曲阿左雄

初，尚書令左雄薦冀州刺史周舉為尚書。既而雄為司隸校尉，舉故冀州刺史馮直任將帥。直嘗坐臧[21]受罪，舉以此劾奏雄[22]。雄曰：「詔書使我選武猛，不使我選清高。」舉曰：「詔書使君選武猛，不使君選貪污也。」雄曰：“進[23]君，適所以自伐[24]也。”舉曰：“昔趙宣子任韓厥為司馬，厥以軍法戮宣子僕，宣子謂諸大夫曰：‘可賀我矣！吾選厥也任其事。’今君不以舉之不才誤升諸朝，不敢阿君以為君羞；不窬君之意與宣子殊也。”雄悅，謝曰：“吾嘗事馮直之父，又與直善；今宣光[25]以此奏吾，是吾之過也。”天下益以此賢之。[26]

注釋

1. 湖陽公主：漢光武帝的姐姐。

2. 糟糠之妻：一起吃過糟糠的妻子。意思是說一起度過貧苦生活的妻子。下堂：離開堂屋。意思是被休走。

3. 《通鑑》，頁1298－1299。

4. 安息：西域國名。

5. 曹大家：班超的妹妹，嫁扶風曹壽，博學高才，在宮中為女師，號為曹大家。

6. 一切：苟且偷安的意思。

7. 逾：遙。

8. 未蒙省錄：未蒙皇帝注意。

9. 十五受兵，六十還之：十五歲開始服兵役，六十免服役。

10. 匄：乞。

11. 文王葬骨：周文王葬無主之骨，天下稱其仁。有故事。

12. 子方哀老：田子方見老馬遭棄，憐而收養之。亦有故事。

13. 《通鑑》，頁1554－1555。

14. 關西：楊震家在弘農，位於函谷關之西。

15. 禮：禮聘。命：辟命。漢代任官的察舉制度，由長官禮聘、徵辟。

16. 晚暮：指歲月已晚而出仕遲。

17. 鄧騭：時為漢大將軍，專斷朝政。

18. 故人：這裏指王密，他是楊震原來薦舉的，所以稱為故人。

19. 清白吏：清官。

20. 《通鑑》，頁1580。

21. 臧：贓。

22. 劾奏雄：彈劾左雄所舉非其人。

23. 進：薦舉。

24. 自伐：攻擊自己。

25. 宣光：周舉，字宣光。

26. 《通鑑》，頁1683。

串講

《宋弘正直》：宋弘當時任大司空，皇帝本來想試探一下，有無可能將自己新寡的姐姐介紹給他做妻子，因為在姐姐的心目中，宋弘的威容德器是最棒的。果不其然，宋弘真是最棒的，"貴易交，富易妻"的陋習，他絕對看不起。所以，宋弘絕對不可能因為富貴而拋棄自己的糟糠之妻，皇帝的姐姐就沒有機會了。

《班超生入玉門關》：這裏僅為班超的事跡留下一片剪影，詳細的內容可以參看《後漢書·班超傳》的精彩敘述。在中國與西域交通的歷史上，西漢的張騫與東漢的班超，是前後交相輝映的傑出人物。班超出生於著名的史學、文學家庭，將自己畢生精力與才華都貢獻給了國家聯絡、開發西域的事業，成就驚人。班超久在西域，晚年思歸，"但願生入玉門關"。八月自絕域回到洛陽，九月辭世，年七十一，算得上是"忍死望歸"。

《楊震以清白遺子孫》：人都是要死的，我們可以將什麼留給子孫呢？東漢的儒生楊震的主張是，將清白的好名聲留給子孫，比金錢與產業更貴重。有一次，楊震做官赴任，有熟人在夜裏給他送錢，震不收，熟人說"沒人知道"，楊震回答："天知，地知，我知，你知，怎麼能說沒有知道的呢！"

《周舉不曲阿左雄》：皇帝有詔書，令大將軍、三公舉剛毅、武猛、有謀略任將帥者各二人，特進、卿、校尉各一人。左雄時任司隸校尉，遂舉前冀州刺史馮直武猛可任將帥。沒想遭到尚書周舉的彈劾，認為左雄所舉非人，馮直有貪污的紀錄。周舉原來也是左雄薦舉的，如今反過來攻擊自己。周舉對左雄說：你當年推薦我，是認為我能勝任朝廷的職務，而不是我能迎合你吧。左雄遂向周舉認錯。

評析

除了那些分裂割據時期的小朝廷之外，中國歷史上統一的帝國王朝的創業者當中，像東漢光武帝劉秀那樣以儒生而登極的例子，幾乎沒有。東漢一朝儒學風氣之盛，歷史上也罕有其比。後代學者傳習的許鄭之學所代表的"漢學"主要是東漢之學。但是，儒學學校教育所傳授的，不僅僅是經學，更是風紀節義的教化與薰陶，是對普遍人性的錘煉與提升。在此背景上，可以將東漢志士仁人的節義之美與濃郁的儒學風氣聯繫起來理解。

宋弘經歷了西漢、新莽至東漢初，儘管不完全屬於東漢，但是，結合《後漢書》本傳來看，他的個人德行的培植，主要基於儒學的道德教育則無疑義。班超出自習儒、崇儒的家庭。

楊震為"關西孔子"，當然是個大儒。周舉的父親周防，是《後漢書·儒林傳》中人物，周舉字宣光，本人亦為名儒，當時京師洛陽曾經流傳一個說法，曰"五經縱橫周宣光"。

黨錮之禍

一

（東漢桓帝延熹七年）春，二月，丙戌，邟鄉忠侯黃瓊薨[1]。將葬，四方遠近名士會者六七千人。

初，瓊之教授於家，徐穉[2]從之咨訪大義；及瓊貴，穉絕不復交。至是，穉往弔之，進酹[3]，哀哭而去，人莫知者。諸名士推問喪宰[4]，宰曰：“先時有一書生來，衣粗薄而哭之哀，不記姓字。”眾曰：“必徐孺子也。”於是選能言者陳留茅容輕騎追之，及於途。容為沽酒市肉，穉為飲食。容問國家之事，穉不答。更問稼穡之事，穉乃答之。容還，以語諸人，或曰：“孔子云：‘可與言而不與言，失人。’然則孺子其失人乎？”太原郭泰曰：“不然。孺子之為人，清潔高廉，飢不可得食，寒不可得衣，而為季偉[5]飲酒食

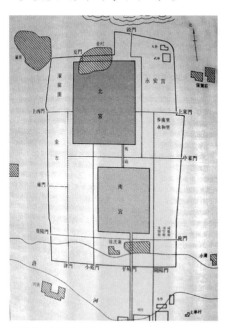

東漢洛陽城平面示意圖

肉，此為已知季偉之賢故也。所以不答國事者，是「其智可及，其愚不可及」也。"

泰博學，善談論。初遊雒陽，時人莫識，陳留符融一見嗟異，因以介於河南尹李膺。膺與相見，曰："吾見士多矣，未有如郭林宗[6]者也。其聰識通朗，高雅密博，今之華夏，鮮見其儔。"遂與為友。於是名震京師。後歸鄉里，衣冠諸儒送至河上，車數千兩，膺唯與泰同舟而濟，眾賓望之，以為神仙焉。

泰性明知人，好獎訓士類，周遊郡國。茅容，年四十餘，耕於野，與等輩避雨樹下，眾皆夷踞[7]相對，容獨危坐[8]愈恭；泰見而異之，因請寓宿。旦日，容殺雞為饌，泰謂為己設；容分半食母，餘半庋置，自以草蔬與客同飯。泰曰："卿賢哉遠矣！郭林宗猶減三牲之具以供賓旅[9]，而卿如此，乃我友也。"起，對之揖，勸令從學，卒為盛德。鉅鹿孟敏，客居太原，荷[10]甑墮地，不顧而去。泰見而問其意，對曰："甑已破矣，視之何益？"泰以為有分決，與之言，知其德性，因勸令遊學，遂知名當世。陳留申屠蟠，家貧，傭為漆工；鄢陵庾乘，少給事縣廷為門士[11]；泰見而奇之，其後皆為名士。自餘或出於屠沽、卒伍，因泰獎進成名者甚眾。

陳國童子魏昭請於泰曰："經師易遇，人師難遭，願在左右，供給灑掃。"泰許之。泰嘗不佳，命昭作粥，粥成，進泰，泰呵之曰："為長者作粥，不加意敬，使不可食！"以杯擲地。昭更為粥重進，泰復呵之。如此者三，昭姿容無變。泰乃曰："吾始見子之面，而今而後，知卿心耳。"遂友而善之。

陳留左原，為郡學生，犯法見斥，泰遇諸路，為設酒餚以慰之。謂曰："昔顏涿聚，梁甫之巨盜，段干木，晉國之大駔[12]，卒為齊之忠臣，魏之名賢。蘧瑗、顏回尚不能無過，況其餘乎！慎勿悉恨，責躬而已。"原納其言而去。或有譏泰不絕惡人者，泰曰："人而不仁，疾之已甚，亂也。"原後忽更懷忿，結客，欲報諸生，其日，泰在學，原愧負前言，因遂罷去。後事露，眾人咸謝服焉。

或問范滂曰："郭林宗何如人？"滂曰："隱不違親，貞不絕俗[13]，天子不得臣，諸侯不得友，吾不知其他。"

泰嘗舉有道[14]，不就。同郡宋沖素服其德，以為自漢元以來[15]，未見其匹，嘗勸之仕。泰曰："吾夜觀乾象，晝察人事，天之所廢，不可支也。吾將優遊卒歲而已。"然猶周旋京師，誨誘不息。徐稺以書戒之曰："大木將顛，非一繩所維，何為棲棲不遑寧處？"泰感寤曰："謹拜斯言，以為師表。"

濟陰黃允，以俊才知名，泰見而謂曰："卿高才絕人，足成偉器，年過四十，聲名著矣。然至於此際，當深自匡持，不然，將失之矣。"後司徒袁隗欲為從女求姻，見允，歎曰："得婿如是，足矣。"允聞而黜遣其妻。妻請大會宗親為別，因於眾中攘袂數允隱慝十五事而去，允以此廢於時。初，允與漢中晉文經並恃其才智，曜名遠近，徵辟不就。託言療病京師，不通賓客，公卿大夫遣門生旦暮問疾，郎吏雜坐其門，猶不得見；三公所辟召者，輒以詢訪之，隨所臧否，以為與奪。符融謂李膺曰："二子行業無聞，以豪桀自置，遂使公卿問疾，王臣坐門，融恐其小道破義，空譽違實，特宜察焉。"膺然之。二人自是名論漸衰，賓徒稍省，旬日之間，慚歎逃去，後並以罪廢棄。

陳留仇香，至行純嘿，鄉黨無知者。年四十，為蒲亭長。民有陳元，獨與母居，母詣香告元不孝。香驚曰："吾近日過元舍，廬落[16]整頓，耕耘以時，此非惡人，當是教化未至耳。母守寡養孤，苦身投老，奈何以一旦之忿，棄歷年之勤乎！且母養人遺孤，不能成濟，若死者有知，百歲之後，當何以見亡者！"母涕泣而起。香乃親到元家，為陳人倫孝行，譬以禍福之言，元感悟，卒為孝子。考城令河內王奐署香主簿，謂之曰："聞在蒲亭，陳元不罰而化之，得無少鷹鸇之志[17]邪？"香曰："以為鷹鸇不若鸞鳳，故不為也。" 奐曰："枳棘之林非鸞鳳所集，百里非大賢之路。"乃以一月奉[18]資香，使入太學。郭泰、符融齎刺謁之，因留宿。明旦，泰起，下床拜之曰："君，泰之師，非泰之友也。"香學畢歸鄉里，雖在宴居，必正衣服，妻子事之若嚴君。妻子有過，免冠自責，妻子庭謝思過，香冠，妻子乃敢升堂，終不見其喜怒聲色之異。不應徵辟，卒於家。[19]

二

（延熹八年）宛陵[20]大姓羊元群罷北海郡，臧[21]污狼籍；郡舍溷軒[22]有奇巧，亦載之以歸。河南尹李膺表按其罪；元群行賂宦官，膺竟反坐。單超[23]弟遷為山陽太守，以罪繫獄，廷尉馮緄考致其死[24]；中官相黨，共飛章誣緄以罪。中常侍蘇康、管霸，固[25]天下良田美業，州郡不敢詰，大司農劉祐移書所在，依科品[26]沒入之；帝大怒，與膺、緄俱輸作左校[27]。[28]

……

陳蕃數言李膺、馮緄、劉祐之枉，請加原宥，升之爵任，言及反覆，誠辭懇切，以至流涕；帝不聽。應奉上疏曰："夫忠賢武將，國之心膂。竊見左校弛刑徒馮緄、劉祐、李膺等，誅舉邪臣，肆[29]之以法；陛下既不聽察，而猥受譖訴，遂令忠臣同怨元惡，自春迄冬，不蒙降恕，遐邇觀聽，為之歎息。夫立政之要，記功忘失；是以武帝捨安國於徒中[30]，宣帝徵張敞於亡命[31]。緄前討蠻荊，均吉甫之功[32]；祐數臨督司，有不吐茹之節[33]；膺著威幽、并，遺愛度遼[34]。今三垂蠢動，王旅未振，乞原膺等，以備不虞。"書奏，乃悉免其刑。久之，李膺復拜司隸校尉。時小黃門張讓弟朔為野王令，貪殘無道，畏膺威嚴，逃還京師，匿於兄家合柱[35]中。膺知其狀，率吏卒破柱取朔，付雒陽獄，受辭[36]畢，即殺之。讓訴冤於帝，帝召膺，詰以不先請便加誅之意。對曰："昔仲尼為魯司寇，七日而誅少正卯。今臣到官已積一旬，私懼以稽留為愆，不意獲速疾之罪。誠自知釁責，死不旋踵，特乞留五日，克殄元惡，退就鼎鑊，始生之願也。"帝無復言，顧謂讓曰："此汝弟之罪，司隸何愆？"乃遣出。自此諸黃門、常侍皆鞠躬屏氣，休沐[37]不敢出宮省。帝怪問其故，並叩頭泣曰："畏李校尉。"時朝廷日亂，綱紀頹弛，而膺獨持風裁，以聲名自高，士有被其容接者，名為登龍門[38]云。[39]

三

（延熹九年）初，帝為蠡吾侯，受學於甘陵周福，及即位，擢福為尚書。時同郡河南尹房植有名當朝，鄉人為之謠曰："天下規矩，房伯武[40]；因師獲印，周仲進[41]。"二家賓客，互相譏揣，遂各樹朋徒，漸成尤隙。由是甘陵有南北部，黨人之議自此始矣。

汝南太守宗資以范滂為功曹，南陽太守成瑨以岑晊為功曹，皆委心聽任，使之褒善糾違，肅清朝府。滂尤剛勁，疾惡如仇。滂甥李頌，素無行，中常侍唐衡以屬資，資用為吏；滂寢而不召。資遷怒，捶書佐朱零，零仰曰："范滂清裁，今日寧受笞而死，滂不可違。"資乃止。郡中中人以下，莫不怨之。於是二郡為謠曰："汝南太守范孟博，南陽宗資主畫諾；南陽太守岑公孝，弘農成瑨但坐嘯。”

太學諸生三萬餘人，郭泰及潁川賈彪為其冠，與李膺、陳蕃、王暢[42]更相褒重。學中語曰：“天下模楷，李元禮；不畏強禦，陳仲舉；天下俊秀，王叔茂。”於是中外承風，競以臧否相尚，自公卿以下，莫不畏其貶議，屣履[43]到門。

宛有富賈張汎者，與後宮有親，又善雕鏤玩好之物，頗以賂遺中宮，以此得顯位，用勢縱橫。岑晊與賊曹史[44]張牧勸成瑨收捕汎等；既而遇赦，瑨竟誅之，並收其宗族賓客，殺二百餘人，後乃奏聞。小黃門晉陽趙津，貪橫放恣，為一縣巨患。太原太守平原劉瓆使郡吏王允討捕，亦於赦後殺之。於是中常侍侯覽使張汎妻上書訟冤，宦官因緣譖訴瑨、瓆。帝大怒，徵瑨、瓆，皆下獄。有司承旨，奏瑨、瓆罪當棄市[45]。

山陽太守翟超以郡人張儉為東部督郵。侯覽家在防東[46]，殘暴百姓；覽喪母還家，大起塋塚。儉舉奏覽罪，而覽伺候遮截，章竟不上。儉遂破覽塚宅，藉沒資財，具奏其狀，復不得御。徐璜兄子宣為下邳令，暴虐尤甚。嘗求故汝南太守李暠女不能得，遂將吏卒至暠家，載其女歸，戲射殺之。東海相汝南黃浮聞之，收宣家屬，無少長，悉考之。掾史以下固爭，浮曰：“徐宣國賊，今日殺之，明日坐死，足以瞑目矣！”即案宣罪棄市，暴其屍。於是宦官訴冤於帝，帝大怒，超、浮並坐髡鉗，輸作左校。

……

符節令汝南蔡衍、議郎劉瑜表救成瑨、劉瓆，言甚切屬，亦坐免官。瑨、瓆竟死獄中。瑨、瓆素剛直，有經術，知名當時，故天下惜之。岑晊、張牧逃竄獲免。

……

河內張成，善風角[47]，推占當赦，教子殺人。司隸李膺督促收捕，既而逢宥獲免；膺愈懷憤疾，竟案殺之。成素以方伎交通宦官，帝亦頗訊其占[48]。宦官教成弟子牢修上書，告膺等養太學遊士，交結諸郡生徒，更相驅馳，共為部黨，誹訕朝廷，疑亂風俗。於是天子震怒，班下郡國，逮捕黨人，佈告天下，使同忿疾。案經三府[49]，太尉陳蕃卻之曰：“今所案者，皆海內人譽，憂國忠公之臣，此等猶將十世宥[50]也，豈有罪名不章，而致收掠者乎！”不肯平署[51]。帝愈怒，遂下膺等於黃門北寺獄，其辭所連及，太僕潁川杜密、御史中丞陳翔及陳寔、范滂之徒二百餘人。或逃遁不獲，皆懸金購募，使者四出相望。陳寔曰：“吾不就獄，眾無所恃。”乃自往請囚。范滂至獄，獄吏謂曰：“凡坐繫者，皆祭皋陶。”滂曰：“皋陶，古之直臣，知滂無罪，將理之於帝，如其有罪，祭之何益！”眾人由此亦止。陳蕃復上書極諫，帝諱其言切，託以蕃辟召非其人，策免之。

時黨人獄所染逮[52]者，皆天下名賢，度遼將軍皇甫規，自以西州豪桀，恥不得與，乃自上言：“臣前薦故大司農張奐，是附黨也。又，臣昔論輸左校[53]時，太學生張鳳等上書訟臣，是為黨人所附也，臣宜坐之。”朝廷知而不問。

杜密素與李膺名行相次，時人謂之李、杜，故同時被繫。[54]

……

（永康元年）陳蕃既免，朝臣震慄，莫敢復為黨人言者。賈彪曰：“吾不西行[55]，大禍不解。”乃入雒陽，說城門校尉竇武、尚書魏郡霍諝等，使訟之。武上疏曰：“陛下即位以來，未聞善政，常侍、黃門，競行譎詐，妄爵非人。伏尋西京[56]，佞臣執政，終喪天下。今不慮前事之失，復循覆車之軌。臣恐二世之難，必將復及，趙高之變，不朝則夕。近者奸臣牢修造設黨議，遂收前司隸校尉李膺等，逮考，連及數百人。曠年拘錄，事無效驗。臣惟膺等建忠抗節，志經王室，此誠陛下稷、契、伊、呂[57]之佐；而虛為奸臣賊子之所誣枉，天下寒心，海內失望。惟陛下留神澄省，時見理出，以厭人鬼喎喎[58]之心。今臺閣近臣，尚書朱寓、荀緄、劉祐、魏朗、劉矩、尹勳等，皆國之貞士，朝之良佐；尚書郎張陵、嬀皓、苑康、楊喬、邊韶、戴恢等，文質彬彬，明達國典，內外之職，群才並列。而陛下委任近習，專樹饕餮[59]，外典州郡，內幹心膂，宜以次貶黜，案罪糾罰；信任忠良，平決臧否，使邪正毀譽，各得其所，寶愛天官，唯善是授，如此，咎徵可消，天應可待。間者有嘉禾、芝草、黃龍之見。夫瑞生必於嘉士，福至實由善人，在德為瑞，無德為災。陛下所行不合天意，不宜稱慶。"書奏，因以病上還城門校尉、槐里侯印綬。霍諝亦為表請。帝意稍解，使中常侍王甫就獄訊黨人范滂等，皆三木囊頭[60]，暴於階下，甫以次辯詰曰："卿等更相拔舉，疊為脣齒[61]，其意如何？"滂曰："仲尼之言：'見善如不及，見惡如探湯。'滂欲使善善同其清，惡惡同其污，謂王政之所願聞，不悟更以為黨。古之修善，自求多福。今之修善，身陷大戮。身死之日，願埋滂於首陽山[62]側，上不負皇天，下不愧夷、齊。"甫愍然為之改容，乃得並解桎梏。李膺等又多引宦官子弟，宦官懼，請帝以天時宜赦。六月，庚申，赦天下，改元；黨人二百餘人，皆歸田里，書名三府，禁錮終身。[63]

四

（漢靈帝建寧二年）初，李膺等雖廢錮，天下士大夫皆高尚其道而污穢朝廷，希之者唯恐不及，更共相標榜，為之稱號：以竇武、陳蕃、劉淑為三君，君者，言一世之所宗也；李膺、荀翌、杜密、王暢、劉祐、魏朗、趙典、朱㝢為八俊，俊者，言人之英也；郭泰、范滂、尹勳、巴肅及南陽宗慈、陳留夏馥、汝南蔡衍、泰山羊陟為八顧，顧者，言能以德行引人者也；張儉、翟超、岑晊、苑康及山陽劉表、汝南陳翔、魯國孔昱、山陽檀敷為八及，及者，言其能導人追宗者也；度尚及東平張邈、王孝、東郡劉儒、泰山胡母班、陳留秦周、魯國蕃向、東萊王章為八廚，廚者，言能以財救人者也。及陳、竇用事，復舉拔膺等；陳、竇誅，膺等復廢[64]。

宦官疾惡膺等，每下詔書，輒申黨人之禁。侯覽怨張儉尤甚，覽鄉人朱並素佞邪，為儉所棄，承覽意指，上書告儉與同鄉二十四人別相署號，共為部黨，圖危社稷，而儉為之魁。詔刊章捕儉等。冬，十月，大長秋曹節因此諷有司奏：「諸鉤黨者故司空虞放及李膺、杜密、朱寓、荀翌、翟超、劉儒、范滂等，請下州郡考治。」是時上[65]年十四，問節等曰：「何以為鉤黨？」對曰：「鉤黨者，即黨人也。」上曰：「黨人何用為惡而欲誅之邪？」對曰：「皆相舉群輩，欲為不軌。」上曰：「不軌欲如何？」對曰：「欲圖社稷。」上乃可其奏。

或謂李膺曰：「可去矣。」對曰：「事不辭難，罪不逃刑[66]，臣之節也。吾年已六十，死生有命，去將安之？」乃詣詔獄，考死。門生故吏並被禁錮。侍御史蜀郡景毅子顧為膺門徒，未有錄牒，不及於譴，毅慨然曰：「本謂膺賢，遣子師之，豈可以漏脫名籍，苟安而已。」遂自表免歸。

汝南督郵[67]吳導受詔捕范滂，至征羌[68]，抱詔書閉傳舍，伏床而泣，一縣不知所為。滂聞之曰：「必為我也。"即自詣獄。縣令郭揖大驚,出,解印綬,引與俱亡,曰:"天下大矣,子何為在此?"滂曰:"滂死則禍塞,何敢以罪累君。又令老母流離乎!"其母就與之訣,滂白母曰:"仲博孝敬,足以供養。滂從龍舒君歸黃泉,存亡各得其所。惟大人割不可忍之恩,勿增感戚!"仲博者,滂弟也。龍舒君者,滂父龍舒侯相顯[69]也。母曰:"汝今得與李、杜[70]齊名,死亦何恨!既有令名,復求壽考,可兼得乎!"滂跪受教,再拜而辭。顧其子曰:"吾欲使汝為惡,惡不可為;使汝為善,則我不為惡。"行路聞之,莫不流涕。

凡黨人死者百餘人,妻子皆徙邊。天下豪桀及儒學有行義者,宦官一切指為黨人。有怨隙者,因相陷害,睚眥之忿,濫入黨中[71]。州郡承旨,或有未嘗交關,亦離禍毒,其死、徙、廢、禁[72]者,又六七百人。

郭泰聞黨人之死,私為之慟曰:"《詩》云:'人之云亡,邦國殄瘁。'[73]漢室滅矣,但未知'瞻烏爰止,于誰之屋'[74]耳!"泰雖好臧否人倫,而不為危言核論[75],故能處濁世而怨禍不及焉。

張儉亡命困迫,望門投止,莫不重其名行,破家相容。後流轉東萊,止李篤家。外黃令毛欽操兵到門,篤引欽就席曰:"張儉負罪亡命,篤豈得藏之!若審在此,此人名士,明廷寧宜執之乎!"欽因起撫篤曰:"蘧伯玉恥獨為君子,足下如何專取仁義?"篤曰:"今欲分之,明廷[76]載半去矣。"欽歎息而去。篤導儉經北海戲子然家，遂入漁陽出塞。其所經歷，伏重誅者以十數，連引收考者布遍天下，宗親並皆殄滅，郡縣為之殘破。儉與魯國孔褒有舊，亡抵褒，不遇，褒弟融，年十六，匿之。後事洩，儉得亡走，國相收褒、融送獄，未知所坐。融曰："保納舍藏者，融也，當坐。"褒曰："彼來求我，非弟之過。"吏問其母，母曰："家事任長，妾當其辜。"一門爭死，郡縣疑不能決，乃上讞之，詔書竟坐褒。及黨禁解，儉乃還鄉里，後為衛尉，卒，年八十四。夏馥聞張儉亡命，歎曰："孽自己作，空污良善，一人逃死，禍及萬家，何以生為！"乃自翦鬚變形，入林慮山中，隱姓名，為冶家傭，親突煙炭[77]，形貌毀瘁，積二三年，人無知者。馥弟靜載縑帛追求餉之，馥不受，曰："弟奈何載禍相餉乎！"黨禁未解而卒。

初，中常侍張讓父死，歸葬潁川，雖一郡畢至，而名士無往者，讓甚恥之，陳寔獨弔焉。及誅黨人，讓以寔故，多所全宥。南陽何顒，素與陳蕃、李膺善，亦被收捕，乃變名姓匿汝南間，與袁紹為奔走之交，常私入雒陽，從紹計議，為諸名士罹黨事者求救援，設權計，使得逃隱，所全免甚眾。

初，太尉袁湯三子，成、逢、隗。成生紹，逢生術。逢、隗皆有名稱，少歷顯官。時中常侍袁赦以逢、隗宰相家，與之同姓，推崇以為外援，故袁氏貴寵於世，富奢甚，不與他公族同。紹壯健有威容，愛士養名，賓客輻湊歸之，輜軒、柴轂[78]，填接街陌。術亦以俠氣聞。逢從兄子闓，少有操行，以耕學為業，逢、隗數饋之，無所受。闓見時方險亂，而家門富盛，常對兄弟歎曰："吾先公福祚，後世不能以德守之，而競為驕奢，與亂世爭權，此即晉之三郤矣。"及黨事起，闓欲投跡深林，以母老，不宜遠遁，乃築土室四周於庭，不為戶，自牖納飲食。母思闓時，往就視，母去，便自掩閉，兄弟妻子莫得見也。潛身十八年，卒於土室。

初，范滂等非訐[79]朝政，自公卿以下皆折節下之，太學生爭慕其風，以為文學將興，處士復用。申屠蟠獨歎曰："昔戰國之世，處士橫議，列國之王至為擁篲先驅，卒有坑儒燒書之禍，今之謂矣。"乃絕跡於梁、碭之間，因樹為屋，自同傭人。居二年，滂等果罹黨錮之禍，唯蟠超然免於評論。[80]

注釋

1. 郔鄉：地名。當時屬潁川郡。黃瓊：為當代名流，官至太尉，年七十九卒。
2. 徐稺：字孺子，當時名士。
3. 酹：祭奠時以酒澆地。
4. 喪宰：負責喪事的人。
5. 季偉：茅容，字季偉。
6. 林宗：郭泰，字林宗。

7. 夷居：指蹲在地上。

8. 危坐：正襟危坐。

9. 三牲之具：指養親之具，即孝敬、贍養父母的東西、食物。賓旅：
　　賓客。

10. 荷：揹負的。

11. 門士：看門站崗的士卒。

12. 駔：會合兩家買賣的人，大略類似於經紀人。

13. "隱不"二句：隱居而不拋棄父母，高尚又不擯絕世俗。

14. 有道：漢代選舉科目之一。

15. 自漢元以來：自漢初以來。

16. 落：院落。

17. 鷹鸇之志：比喻有力打擊不良傾向。

18. 奉：俸。

19.《通鑑》，頁1768－1773。

20. 宛陵：當時為河南府屬縣。

21. 臧：贓。

22. 溷軒：廁所。

23. 單超：一宦官。

24. 考致其死：經拷問以後定為死罪。

25. 固：把持，壟斷。

26. 依科品：根據法律條文。

27. 輸作左校：罰充官營工場的苦工。

28.《通鑑》，頁1780。

29. 肆：陳。

30. 武帝捨安國於徒中：漢景帝時，韓安國從獄中被特赦拜官。《通
　　鑑》原文誤作"武帝"。

31. "宣帝"句：漢宣帝時，楊惲被誅，張敞因為連帶關係亡命，宣帝
　　忽然想起了他，找了來作刺史。

32. 吉甫之功：馮緄曾經鎮壓荊蠻，為朝廷立功，就像周宣王時的吉甫一樣。

33. 不吐茹之節：劉祐曾為司隸校尉，執法公正，柔弱的不欺壓，強橫的也不畏懼。《詩經》上有"柔亦不茹，剛亦不吐"的句子。

34. "膺著威"二句：李膺曾為漁陽太守、烏桓校尉，及度遼將軍，有威望和遺愛在北方和東北地區。

35. 合柱：兩柱相直或兩屋相合之處，可以容得下人。

36. 受辭：接受供詞。

37. 休沐：休息日。

38. 龍門：黃河上的一處地名，此處水流特別湍急，魚鱉之屬都無法從此往上游，所以皆集中在龍門之下，傳說若有幸而騰躍上去的，立刻就變成龍，故名"龍門"。

39. 《通鑑》，頁1784－1785。

40. 伯武：房植，字伯武。

41. 仲進：周福，字仲進。

42. 李膺：時任司隸校尉。陳蕃：時任太尉。王暢：時為議郎。此三人皆當時名士領袖。

43. 屣履：履不攝跟，鞋跟都沒穿好，極言趨附巴結惟恐不及。

44. 賊曹：主管盜賊事務的單位，賊曹史，則為該單位的官吏。

45. 棄市：死刑。古代殺人於市衢以示眾，故曰棄市。

46. 防東：縣名，屬山陽郡。

47. 風角：候四方四隅之風以占吉凶的一種術數。

48. "帝亦"句：皇帝也有時去問卜。

49. 三府：三公之府，東漢以太尉、司徒、司空為三公。

50. 猶將十世宥：到了十代以後，有罪還該赦免。

51. 平署：連署。

52. 染逮：牽連。

53. 輸左校：送至左校署做苦工。

54.《通鑑》，頁1794－1795。

55. 西行：賈彪家在潁川，潁川在洛陽東，自潁川至洛陽為西行。

56. 西京：西漢都長安，在東漢首都洛陽之西，故東漢稱西漢為西京。

57. 稷、契、伊、呂：都是古代的賢臣。

58. 喁喁：切切盼望之意。

59. 饕餮：惡獸的名字，比喻兇惡的人。

60. 三木囊頭：三木，指頭和手、足皆有木械。囊頭，將頭蒙蓋起來。

61. 疊為脣齒：互相鼓吹。一說，像脣、齒一樣互相依護。

62. 首陽山：為周初伯夷、叔齊隱居餓死的地方。

63.《通鑑》，頁1797－1799。

64. "及陳、竇用事"四句：漢桓帝於永康元年（167）病死，無子，皇后父、大將軍竇武迎立宗室子解瀆亭侯劉宏為帝，是為漢靈帝。陳蕃又於竇太后有恩。一時，竇武、陳蕃用事，起用李膺等黨人。竇、陳謀誅宦官，事洩，反而為宦官所殺。"黨人"的滅頂之災遂來臨。

65. 上：指漢靈帝。

66. "事不"二句：事君不避難，有罪不逃刑。

67. 督郵：漢代郡守的助理官，負責糾察屬縣。

68. 征羌：縣名，屬汝南郡。范滂為該縣人。

69. 龍舒：漢代侯國之一。范滂父顯，曾為龍舒侯相，故稱為龍舒君。

70. 李、杜：李膺、杜密。

71. "睚眥"二句：有一點點怨忿者，都濫入黨錮之禍。

72. 廢、禁：廢棄，禁錮。

73. 人之云亡，邦國殄瘁：語出《詩經·瞻卬》。

74. 瞻烏爰止，于誰之屋：語出《詩經·正月》。

75. 不為危言核論：不危言聳聽，不作深刻之論。

76. 明廷：明府，對縣令的尊稱。這裏指毛欽。

77. 親突煙炭：親自挖煤。

78.輜軿、柴轂:貴人坐的車、窮人坐的車。

79.訐:橫議是非。

80.《通鑑》,頁1818－1823。

串講

本文大致可以分為四段。"春,二月,丙戌"等十節,為第一段,敘述在野、在朝名士的聯絡結集,其中李膺、郭泰隱然成為朝、野權衡的中心。雖然當時還未稱為"黨人",但這是黨錮之禍的基礎。由黃瓊的葬禮,談到徐稚來弔喪,漸次以郭泰為中心,敘述名士的結集,然後再轉到李膺。由第一段的敘述,頗可見出當時名士清議具有的力量之大。

"宛陵大姓羊元群罷北海郡"等二節,為第二段,中心人物是李膺。李膺為河南尹,懲治貪官,竟遭宦官報復,反而被治罪下獄;在輿論壓力下,李膺被釋,復拜為司隸校尉,遂以時不我待的速度打擊犯罪,此舉震懾同時也更加得罪了宦官集團,一場更大的暴風雨就要來臨。

"初,帝為蠡吾侯"等十節,為第三段,敘述黨人與黨事的來龍去脈。"黨人"的名稱雖然最初起源於甘陵南北部的各樹朋黨,但歷史上的黨事,主要還是以李膺、郭泰為領袖,以太學為重要根據地的名士清議所建立的短時間的輿論強勢,及其通過各級官僚對宦官勢力的打擊。這一較量,最終以宦官勢力通過皇權的力量公佈二百多人的"黨人榜",書名三府,禁錮終身而告一段落,"黨錮"因此得名。

"初,李膺等雖廢錮"等九節,為第四段,敘黨錮之禍的最終結局。朝廷高層的同情與支持者陳蕃、竇武死後,黨人的勢力徹底失敗。李膺、范滂等死，張儉、夏馥等亡命，唯郭泰、申徒璠二人，以明哲保身、識見卓越得免禍。

評析

　　李膺所代表的黨人，儒學出身，講求道德正義，他們應該成為國家的棟樑和柱石。東漢末年的宦官群體多數與社會不法行為相勾結，危害王朝的發展，已成為國家與社會的毒瘤。代表士大夫的黨人打擊、甚至想剷除宦官的努力，不但沒有成功，反而釀成了使儒學和士大夫受到重創的"黨錮之禍"。回顧近兩千年前的這段歷史，我們除了應該學習李膺等為天下道義負責任、視死如歸的東漢儒家的好榜樣之外，還應該注意到，宦官集團雖然總體上是個腐敗的集團，但是，身殘志不穢的有正義感的宦官也還是有，想把宦官統統殺掉的做法，失之偏激。另一方面，文人士大夫靠標榜品題來建立和維護社會強勢，其實未必是個好主意，儘管我們不能強古人所難。最後，在天下無道、國家已經完全沒有生機的時候，士大夫是不是應該寧為玉碎，不為瓦全呢？按照司馬光的觀點，這種時候，明哲保身的做法，對國家和民族可能反而是更合適的。《通鑑》"黨錮之禍"的結尾部分，有一段司馬光的評論，他贊成郭泰、申徒璠二人的作為，曰："天下有道，君子揚於王庭以正小人之罪，而莫敢不服。天下無道，君子囊括不言以避小人之禍，而猶或不免。黨人生昏亂之世，不在其位，四海橫流，而欲以口舌救之，臧否人物，激濁揚清，撩虺蛇之頭，踐虎狼之尾，以至身被淫刑，禍及朋友，士類殲滅而國隨以亡。不亦悲乎！夫唯郭泰既明且哲，以保其身，申徒璠見幾而作，不俟終日。卓乎其不可及已！"

漢靈帝故事

是歲，初開西邸[1]賣官，入錢各有差；二千石二千萬；四百石四百萬；其以德次應選者半之，或三分之一；於西園立庫以貯之。或詣闕上書占令長，隨縣好醜，豐約有賈。富者則先入錢，貧者到官然後倍輸。又私令左右賣公卿，公千萬，卿五百萬。初，帝為侯[2]時常苦貧，及即位，每歎桓帝不能作家居，曾無私錢，故賣官聚錢以為私藏。

帝嘗問侍中楊奇曰："朕何如桓帝？"對曰："陛下之於桓帝，亦猶虞舜比德唐堯[3]。"帝不悅曰："卿強項[4]，真楊震子孫，死後必復致大鳥[5]矣。"奇，震之曾孫也。[6]

……

是歲，帝作列肆[7]於後宮，使諸采女販賣，更相盜竊爭鬥；帝着商賈服，從之飲宴為樂。又於西園弄狗，著進賢冠，帶綬。又駕四驢，帝躬自操轡，驅馳周旋；京師轉相仿效，驢價遂與馬齊。

帝好為私蓄，收天下之珍貨，每郡國貢獻，先輸中署[8]，名為"導行費"。中常侍呂強上疏諫曰："天下之財，莫不生之陰陽，歸之陛下，豈有公私！而今中尚方斂諸郡之寶，中御府積天下之繒[9]，西園引司農之藏，中廄聚太僕之馬；而所輸之府，輒有導行之財，調廣民困，費多獻少，奸吏因其利，百姓受其敝。又，阿媚之臣，好獻其私，容諂姑息，自此而進。舊典：選舉委任三府，尚書受奏御而已[10]；受試任用，責以成功，功無可察，然後付之尚書舉劾，請下廷尉覆案虛實，行其罪罰。於是三公每有所選，參議掾屬，咨其行狀，度其器能；然猶有曠職廢官，荒穢不治。今但任尚書，或有詔用，如是，三公得免選舉之負，尚書亦復不坐，責賞無歸，豈肯空自勞苦乎！[11]”書奏，不省。[12]

......

是時，三公往往因常侍、阿保[13]入錢西園而得之，段穎、張溫等雖有功勤名譽，然皆先輸貨財，乃登公位。（崔）烈因傅母入錢五百萬，故得為司徒。及拜日，天子臨軒，百僚畢會，帝顧謂親幸者曰：“悔不小斳，可至千萬。”程夫人於傍應曰：“崔公，冀州名士，豈肯買官！賴我得是，反不知姝邪[14]！”烈由是聲譽頓衰。[15]

......

是歲，帝造萬金堂於西園，引司農金錢、繒帛物積堂中，復藏寄小黃門、常侍家錢各數千萬，又於河間[16]買田宅，起第觀。[17]

......

帝使鉤盾令宋典繕修南宮玉堂，又使掖庭令畢嵐鑄四銅人，又鑄四鐘，皆受二千斛。又鑄天祿[18]、蝦蟆吐水於平門外橋東，轉水入宮。又作翻車、渴烏[19]，施於橋西，用灑南北郊路，以為可省百姓灑道之費。[20]

……

望氣者以為京師當有大兵，兩宮流血。帝欲厭之，乃大發四方兵，講武於平樂觀下，起大壇，上建十二重華蓋，蓋高十丈。壇東北為小壇，復建九重華蓋，高九丈。列步騎數萬人，結營為陳。甲子，帝親出臨軍，駐大華蓋下，大將軍（何）進駐小華蓋下。帝躬擐甲、介馬，稱“無上將軍”，行陳三匝而還，以兵授（何）進。帝問討虜校尉蓋勳曰：“吾講武如是，何如？”對曰：“臣聞先王曜德不觀兵。今寇在遠而設近陳，不足以昭果毅，只黷武耳。”帝曰：“善！恨見君晚，群臣初無是言也。”勳謂袁紹曰：“上甚聰明，但蔽於左右耳。”與紹謀共誅嬖幸，蹇碩[21]懼，出勳為京兆尹。[22]

注釋

1. 西邸：該官邸開在西園而得名。
2. 帝為侯：漢靈帝初為解瀆亭侯，桓帝死，無後，大臣迎解瀆亭侯繼承帝位。
3. “陛下”二句：漢桓帝當時已經被認為是個壞皇帝。
4. 強項：指不屈服。
5. 死後必復致大鳥：楊震受迫害自殺，以禮改葬時，有高一丈多的大鳥停在楊震的喪前，當時以為靈異。
6. 《通鑑》，頁1849—1850。
7. 肆：市場。
8. 中署：內署。

9. 中尚方、中御府：皆屬少府，為天子私藏。

10. "尚書"句：尚書收其奏，進呈給皇帝。

11. 這一節是說國家選舉任用官員的制度也沒譜了。

12. 《通鑑》，頁1860─1861。

13. 常侍、阿保：常侍以宦官為之，阿為阿母，保為保母，都是皇帝身邊親近的人。

14. 姝：美。反不知姝邪：是說還不知這事辦得成功呀。

15. 《通鑑》，頁1878─1879。

16. 河間：漢靈帝本來為河間解瀆亭侯。

17. 《通鑑》，頁1882。

18. 天祿：獸名。

19. 翻車、渴烏：設機車以引水，稱為翻車。為曲桶，以氣引水上，稱為渴烏。

20. 《通鑑》，頁1883。

21. 蹇碩：當時宦官的頭目之一，主管禁軍。

22. 《通鑑》，頁1891─1892。

串講

　　皇帝專門開一個官邸，從事賣官的活動，種種官位因其利益大小，所標的價格也不等。又在後宮開闢集市，讓後宮采女等吵吵鬧鬧搞買賣，他本人穿上小販的衣服，在那裏吃喝玩樂。又玩狗、遛驢，影響所及，京城的驢比馬的價格還貴。皇帝還想方設法將中央政府各部門的蓄積搞到自己家裏去，身邊的宦官、保母之流也跟着賺一些。他修建豪侈的皇家林園，又在自己做諸侯時的故地造別墅。為了厭勝，大興兵士，搞盛大的閱兵式，自稱"無上將軍"，有如兒戲。以上就是漢靈帝的一些故事。

評析

　　東漢政權雖然在漢獻帝時被曹魏所篡奪，其實，真正的亡國之君，是漢桓帝、漢靈帝。說漢靈帝是一個荒唐皇帝的代表，毫不誇張。他因為做諸侯時手頭有點緊，當上皇帝後，就拚命撈錢。他愛錢，也愛玩，因為愛玩，在他的影響下，奇巧淫技確實頗有發展，本文所提到銅人、銅鐘、天祿、蝦蟆、翻車、渴烏等不一而足。又愛蓋房子，還招集辭賦書畫之徒，講述閭里故事等。有些論著據此認為漢靈帝是個在文藝、文學史上有貢獻的人，真有點讓人哭笑不得。中國歷史上的亡國之君，有文藝者確實不少，陳後主、李後主、宋徽宗之流都是。漢靈帝要是想躋身在他們的行列中，文藝的才華還嫌不夠，但是，荒唐的勁兒是算得上的。

呂布刺殺董卓

董卓以其弟旻為左將軍，兄子璜為中軍校尉，皆典兵事，宗族內外並列朝廷。卓侍妾懷抱中子皆封侯，弄以金紫。卓車服僭擬天子，召呼三臺[1]，尚書以下皆自詣卓府啟事。又築塢於郿，高厚皆七丈，積穀為三十年儲，自云：“事成，雄據天下；不成，守此足以畢老。”

卓忍於誅殺，諸將言語有蹉跌者，便戮於前，人不聊生。司徒王允與司隸校尉黃琬、僕射士孫瑞、尚書楊瓚密謀誅卓。中郎將呂布，便弓馬，膂力過人，卓自以遇人無禮，行止常以布自衛，甚愛信之，誓為父子。然卓性剛褊，嘗小失卓意，卓拔手戟[2]擲布，布拳捷[3]避之，而改容顧謝，卓意亦解。布由是陰怨於卓。卓又使布守中閤，而私於傅婢[4]，益不自安。王允素善待布，布見允，自陳卓幾見殺之狀，允因以誅卓之謀告布，使為內應。布曰：“如父子何？”曰：“君自姓呂，本非骨肉。今憂死不暇，何謂父子？擲戟之時，豈有父子情邪！”布遂許之。

夏，四月，丁巳，帝[5]有疾新愈，大會未央殿。卓朝服乘車而入，陳兵夾道，自營至宮，左步右騎，屯衛周匝，令呂布等扞衛前後。王允使士孫瑞自書詔以授布[6]，布令同郡騎都尉李肅與勇士秦誼、陳衛等十餘人偽著衛士服，守北掖門內以待卓。卓入門，肅以戟刺之；卓衷甲[7]，不入，傷臂，墮車，顧大呼曰：“呂布何在？”布曰：“有詔討賊臣！”卓大罵曰：“庸狗，敢如是邪！”布應聲持矛刺卓，趣[8]兵斬之。主簿田儀及卓倉頭前赴其屍，布又殺之，凡所殺三人。布即出懷中詔版以令吏士曰：“詔討卓耳，餘皆不問。”吏士皆正立不動，大稱萬歲。百姓歌舞於道，長安中士女賣其珠玉衣裝市酒肉相慶者，填滿街肆。弟旻、

呂布刺殺董卓

璜等及宗族老弱在郿，皆為其群下所斫射死。暴卓屍於市。天時始熱，卓素充肥，脂流於地，守屍吏為大炷，置卓臍中然之，光明達曙，如是積日。諸袁門生聚董氏之屍，焚灰揚之於路。塢中有金二三萬斤，銀八九萬斤，錦綺奇玩積如丘山。

　　以王允錄尚書事，呂布為奮威將軍、假節、儀比三司，封溫侯，共秉朝政。[9]

注釋

1. 三臺：尚書臺、御史臺、符節臺。
2. 手戟：小戟，便於擊刺。

3. 捷：迅疾。

4. 私於傅婢：與婢妾私通。

5. 帝：漢獻帝。

6. "王允"句：因為害怕洩密，所以尚書僕射自書詔書。

7. 衷甲：衣服裏面披着甲，所以刺不進。

8. 趣：促。

9.《通鑑》，頁 1932 — 1934。

串講

　　董卓威福自作，他的宗族的成員都立於朝廷，甚至小妾懷中的嬰幼兒都封了個什麼"侯"。他以天子自擬，不臣之跡明顯。又肆意誅殺，搞得人人惶懼。漢朝司徒王允等人因此謀劃刺殺董卓。執行這一歷史性的使命的人物，竟然是與董卓有"義父子"之誼的董卓的親兵愛將呂布。刺殺的地點在未央殿。刺殺的場面雖然令人驚心動魄，但是所殺只三人，即獲成功。有點像一次成功的外科手術。殺死董卓這個殘暴專橫、威福自作的魔王，終究為民除了一害，長安百姓，歌舞於道。

評析

　　東漢後期的政治勢力，在朝的以宦官與外戚為兩大宗，外戚專政的現象比較突出。前述"黨錮之禍"中的士大夫黨人所尊奉的"三君"之一的竇武，即為當時專攬朝政的外戚，竇武等謀誅宦官失敗，遂引來黨人的滅頂之災。那是在漢桓帝、漢靈帝之際。花開花落，到了漢靈帝去世之時，輪到外戚、大將軍何進專政。中平六年（189），何進為了誅殺宦官，召涼州軍閥董卓率兵進首都洛陽相助。宦官先發制人，將何進殺死。雖然接着就有袁紹率兵盡誅宦官為何進報仇，但是，東漢的災難已看不到盡頭了。

宦官的力量已被消滅，董卓的軍隊開進洛陽，經過一番廢立，董卓自任相國，獨攬朝政。他的軍隊則殺人搶掠，無惡不作。"關東有義士，興兵討群兇。"面臨東方諸軍的討伐，董卓更是一把火將洛陽的宮殿民房燒燬，挾持小皇帝，驅趕洛陽百姓遷都長安。昔日興旺一時的帝國首都，經此浩劫，二百里內，荒無人煙。"呂布刺殺董卓"的節目，上演在遷都長安之後。

赤壁之戰 [1]

　　初，魯肅聞劉表卒 [2]，言於孫權曰："荊州與國 [3] 鄰接，江山險固，沃野萬里，士民殷富，若據而有之，此帝王之資也。今劉表新亡，二子不協，軍中諸將，各有彼此 [4]。劉備天下梟雄，與操有隙 [5]，寄寓於表，表惡其能而不能用也。若備與彼協心，上下齊同，則宜撫安，與結盟好；如有離違，宜別圖之，以濟大事。肅請得奉命弔表二子，並慰勞其軍中用事者 [6]，及說備使撫表眾，同心一意，共治曹操，備必喜而從命。如其克諧 [7]，天下可定也。今不速往，恐為操所先。"權即遣肅行。

　　到夏口，聞操已向荊州，晨夜兼道，比至南郡，而琮 [8] 已降，備南走，肅徑迎之，與備會於當陽長坂。肅宣權旨，論天下事勢，致殷勤之意。且問備曰："豫州 [9] 今欲何至？"備曰："與蒼梧太守吳巨有舊，欲往投之。"肅曰："孫討虜 [10] 聰明仁惠，敬賢禮士，江表英豪，咸歸附之，已據有六郡 [11]，兵精糧多，足以立事。今為君計，莫若遣腹心自結於東，以共濟世業。而欲投吳巨，巨是凡人，偏在遠郡，行將為人所併，豈足託乎！"備甚悅。肅又謂諸葛亮曰："我，子瑜友也。"即共定交。子瑜者，亮兄瑾也，避亂江東，為孫權長史 [12]。備用肅計，進住鄂縣之樊口。

　　曹操自江陵將順江東下。諸葛亮謂劉備曰："事急矣,請奉命求救於孫將軍。"遂與魯肅俱詣孫權。亮見權於柴桑,說權曰:"海內大亂,將軍起兵江東[13],劉豫州收眾漢南[14],與曹操共爭天下。今操芟夷大難[15],略已平矣,遂破荊州,威震四海。英雄無用武之地,故豫州遁逃至此,願將軍量力而處之。若能以吳、越之眾與中國[16]抗衡,不如早與之絕;若不能,何不按兵束甲,北面而事之[17]!今將軍外託服從之名,而內懷猶豫之計,事急而不斷,禍至無日矣。"權曰:"苟如君言,劉豫州何不遂事之乎!"亮曰:"田橫,齊之壯士耳,猶守義不辱;況劉豫州王室之胄,英才蓋世,眾士慕仰,若水之歸海。若事之不濟,此乃天也,安能復為之下乎!"權勃然曰:"吾不能舉全吳之地,十萬之眾,受制於人。吾計決矣!非劉豫州莫可以當曹操者;然豫州新敗之後,安能抗此難乎?"亮曰:"豫州軍雖敗於長坂,今戰士還者及關羽水軍精甲萬人,劉琦[18]合江夏戰士亦不下萬人。曹操之眾,遠來疲敝,聞追豫州,輕騎一日一夜行三百餘里,此所謂'強弩之末勢不能穿魯縞[19]'者也。故《兵法》忌之,曰'必蹶上將軍'。且北方之人,不習水戰;又,荊州之民附操者,偪兵勢耳,非心服也。今將軍誠能命猛將統兵數萬,與豫州協規同力,破操軍必矣。操軍破,必北還;如此,則荊、吳之勢強,鼎足之形成矣[20]。成敗之機,在於今日!"權大悅,與其群下謀之。

是時,曹操遺權書曰:"近者奉辭伐罪[21],旌麾南指，劉琮束手。今治水軍八十萬眾，方與將軍會獵[22]於吳。”權以示群下，莫不響震失色。長史張昭等曰：“曹公，豺虎也，挾天子以征四方，動以朝廷為辭；今日拒之，事更不順。且將軍大勢可以拒操者，長江也。今操得荊州，奄有其地，劉表治水軍，蒙沖鬥艦乃以千數[23]，操悉浮以沿江，兼有步兵，水陸俱下，此為長江之險已與我共之矣，而勢力眾寡又不可論。愚謂大計不如迎之。”魯肅獨不言。權起更衣[24]，肅追於宇[25]下。權知其意，執肅手曰：“卿欲何言？”肅曰：“向察眾人之議，專欲誤將軍，不足與圖大事。今肅可迎操耳，如將軍不可也。何以言之？今肅迎操，操當以肅還付鄉黨，品其名位，猶不失下曹從事[26]，乘犢車[27]，從吏卒，交遊士林，累官故不失州郡也。將軍迎操，欲安所歸乎？願早定大計，莫用眾人之議也。”權歎息曰：“諸人持議，甚失孤望。今卿廓開大計，正與孤同。”

時周瑜受使至番陽，肅勸權召瑜還。瑜至，謂權曰：“操雖託名漢相，其實漢賊也。將軍以神武雄才，兼仗父兄之烈[28]，割據江東，地方數千里，兵精足用，英雄樂業，當橫行天下，為漢家除殘去穢[29]；況操自送死，而可迎之邪！請為將軍籌之：今北土未平，馬超、韓遂尚在關西，為操後患[30]；而操捨鞍馬，仗舟楫[31]，與吳、越爭衡；今又盛寒，馬無槁草[32]，驅中國士眾遠涉江湖之間，不習水土，必生疾病。此數者用兵之患也，而操皆冒行之。將軍禽操，宜在今日。瑜請得精兵數萬人，進住夏口，保為將軍破之！"權曰："老賊欲廢漢自立久矣，徒忌二袁[33]、呂布、劉表與孤耳；今數雄已滅，惟孤尚存。孤與老賊勢不兩立，君言當擊，甚與孤合，此天以君授孤也。"因拔刀斫前奏案[34]曰："諸將吏敢復有言當迎操者，與此案同！"乃罷會。

是夜，瑜復見權曰："諸人徒見操書言水步八十萬而各恐懾，不復料其虛實，便開此議，甚無謂也。今以實校之：彼所將中國人不過十五六萬，且已久疲；所得表眾亦極七八萬耳，尚懷狐疑[35]。夫以疲病之卒御狐疑之眾，眾數雖多，甚未足畏。瑜得精兵五萬，自足制之，願將軍勿慮！"權撫其背曰："公瑾，卿言至此，甚合孤心。子布、元表[36]諸人，各顧妻子，挾持私慮，深失所望；獨卿與子敬與孤同耳，此天以卿二人贊孤也。五萬兵難卒合，已選三萬人，船糧戰具俱辦。卿與子敬[37]、程公[38]便在前發，孤當續發人眾，多載資糧，為卿後援。卿能辦之者誠決，邂逅[39]不如意，便還就孤，孤當與孟德決之。"遂以周瑜、程普為左右督，將兵與備併力逆操；以魯肅為贊軍校尉，助畫方略。

劉備在樊口，日遣邏吏於水次候望權軍[40]。吏望見瑜船，馳往白備，備遣人慰勞之。瑜曰："有軍任，不可得委署[41]；儻能屈威[42]，誠副其所望。"備乃乘單舸[43]往見瑜曰："今拒曹公，深為得計。戰卒有幾？"瑜曰："三

周瑜火攻曹操

萬人。"備曰:"恨少。"瑜曰:"此自足用,豫州但觀瑜破之。"備欲呼魯肅等共會語,瑜曰:"受命不得妄委署。若欲見子敬,可別過之[44]。"備深愧喜[45]。

進,與操遇於赤壁[46]。

時操軍眾已有疾疫,初一交戰,操軍不利,引次江北。瑜等在南岸,瑜部將黃蓋曰:"今寇眾我寡,難與持久。操軍方連船艦,首尾相接,可燒而走也。"乃取蒙沖鬥艦十艘,載燥荻、枯柴,灌油其中,裹以帷幕,上建旌旗,預備走舸[47],繫於其尾。先以書遺操,詐云欲降。時東南風急,蓋以十艦最著前,中江舉帆,餘船以次俱進。操軍吏士皆出營立觀,指言蓋降。去北軍二里餘,同時發火,火烈風猛,船往如箭,燒盡北船,延及岸上營落[48]。頃之,煙炎張天,人馬燒溺死者甚眾。瑜等率輕銳繼其後,雷[49]鼓大進,北軍大壞。操引軍從華容道步走,遇泥濘,道不通,天又大風,悉使羸兵負草填之,騎乃得過。羸兵為人馬所蹈藉,陷泥中,死者甚眾。劉備、周瑜水陸並進,追操至南郡。時操軍兼以飢疫,死者太半。操乃留征南將軍曹仁、橫野將軍徐晃守江陵，折衝將軍樂進守襄陽，引軍北還。

注釋

1. 《通鑑》卷六五，漢獻帝建安十三年（208）。《通鑑》，頁2087—2093。

2. 魯肅：孫權的部下。劉表：漢獻帝時為荆州刺史，後又為鎮南將軍、荆州牧。荆州治襄陽，管轄今湖北、湖南一帶。

3. 國：這裏指當時孫權統治的地區。

4. "今劉表"四句：劉表剛死不久，他的兩個兒子劉琦和劉琮爭權奪利，不能合作，軍中諸將有擁護劉琦的，有擁護劉琮的。

5. 隙：嫌隙。

6. 用事者：掌權的人。

7. 克諧：能夠成功。

8. 琮：劉琮。

9. 豫州：劉備在這之前曾任豫州牧，故稱劉備為"劉豫州"。

10. 孫討虜：孫權這時名義上的官職為漢朝的討虜將軍，故稱孫權為"孫討虜"。

11. 已據有六郡：這時孫權已據有六個郡。六郡：九江、丹陽、廬江、會稽、吳郡、豫章。今江蘇、浙江、安徽、江西一帶。

12. 長史：官名。

13. 江東：長江東南一帶。

14. 漢南：漢水以南一帶。

15. 芟夷大難：剷除禍亂。

16. 中國：指曹操統治的中原地區。

17. 北面而事之：古代君臣相見時，君主朝南坐，臣子朝北拜見。事：侍奉。意思是說投降曹操，做他的臣子。

18. 劉琦：劉表的長子，時任江夏太守。

19. "強弩之末"句：強弓發出的箭，到了射程終了時，連魯地出產的薄絹也穿不透。魯縞：魯地產的縞特別輕細。

20. "如此"三句：荊，指劉備。吳，指孫權。鼎足之形，指三分天下。

21. 奉辭伐罪：奉皇帝的命令，討伐有罪的人。

22. 會獵：會戰，決戰。這是一種含蓄的說法。

23. 蒙沖：一種蒙着生牛皮的輕便的船。鬥艦：一種大型的戰船。

24. 更衣：婉辭，指上廁所。

25. 宇：房檐。

26. 下曹從事：諸曹從事之最下者，指小官。曹：古代官府分科辦事的單位名。

27. 犢車：牛車。

28. 父兄：指孫權的父親孫堅和哥哥孫策。烈：功業，業績。

29. "為漢家"句：為漢王朝掃除殘暴、污穢。這裏指消滅曹操。

30. "馬超、韓遂"二句：指馬超、韓遂尚在函谷關以西，威脅着曹操的後方。

31. 捨鞍馬，仗舟楫：北人習於鞍馬，南人長於舟楫。指曹操捨所長而就所短。

32. 槀草：槀同 "稿"，稿草，稻麥的稈子，可作馬飼料。

33. 二袁：袁紹、袁術。

34. 奏案：批閱文書的几案。

35. 尚懷狐疑：指新投降曹操的這些原來劉表軍中的士兵，心懷狐疑，不會拚命為曹操打仗。

36. 子布：張昭字子布。元表：《通鑑》胡三省注："秦松，字文表。" "元"恐當作 "文"。

37. 子敬：魯肅字子敬。

38. 程公：指程普。江東諸將中，程普年最長，人皆呼程公。

39. 邂逅：一旦，偶然。

40. 邏吏：巡邏人員。水次：江邊。

41. "有軍任"二句：有軍事任務在身，不能輕易棄職。

42. 屈威：自屈其威而來見。

43. 單舸：獨船。

44. 可別過之：可以另外去看他（指魯肅）。

45. 愧喜：劉備既愧且喜，愧的是不該在這時說想見魯肅，喜的是周瑜治軍嚴整，有才幹。

46. 赤壁：赤壁山，即今湖北省武昌縣西赤磯山，與北岸之紗帽山隔長江相對。

47. 預備走舸：走舸，快艇。預備放火以後就逃走。

48. 營落：營壘。

49. 䨓：即"擂"字。

串講

本文分為三段。"初，魯肅聞劉表卒"等三節，為第一段，記敘在曹操的勢力向南強勢發展的壓力下，孫權方面的魯肅、劉備方面的諸葛亮不約而同地認為有團結對方的必要。於是，諸葛亮與魯肅一起去見孫權，說服他與劉備聯合，抗擊曹操。

"是時，曹操遺權書曰"等三節，為第二段，寫曹操向孫權下戰書之後，雖然孫權部下多數主張放棄抵抗，但是，孫權、周瑜、魯肅協同決定聯合劉備抗擊曹操，遂作戰前謀劃。

"劉備在樊口"等三節，為第三段，寫周瑜率軍前往部署並與劉備會面以及赤壁之戰的戰況，其中特別描寫了黃蓋火攻敵軍的戰術與情形。

評 析

　　發生在東漢建安十三年（208）的赤壁之戰，是漢末、三國歷史上具有里程碑意義的重要事件。經此一戰，曹操統一南方的事業受到挫折，苟延殘喘的劉備的勢力有機會得到發展，割據江東的孫權的勢力有所壯大。《通鑑》"赤壁之戰"部分的末尾，引錄了習鑿齒的一段評論："昔齊桓一矜其功而叛者九國；曹操暫自驕伐而天下三分。皆勤之於數十年之內而棄之於俯仰之頃，豈不惜乎！"

　　《赤壁之戰》，經常被講文學的人選來作文章的範本。這篇文章確實精彩無窮，耐人尋味。諸葛亮等三人對時局的議論與規劃、孫權作決斷時的表情以及周瑜前線統軍時的嚴整，均個性鮮明。出奇制勝的戰爭場面，描繪得有聲有色。

魏晉南北朝隋

蜀漢之亡

一

（魏嘉平五年四月）漢姜維自以練西方風俗[1]，兼負其才武，欲誘諸羌、胡以為羽翼，謂自隴以西，可斷而有。每欲興軍大舉，費禕[2]常裁制不從，與其兵不過萬人，曰：「吾等不如丞相[3]亦已遠矣，丞相猶不能定中夏，況吾等乎！不如且保國治民，謹守社稷，如其功業，以俟能者，無為希冀徼幸，決成敗於一舉；若不如志，悔之無及。」及禕死，維得行其志，乃將數萬人出石營，圍狄道[4]。[5]

……

（正元元年）狄道長李簡密書請降於漢。六月，姜維寇隴西。[6]

……

漢姜維自狄道進拔河間、臨洮[7]。將軍[8]徐質與戰，殺其蕩寇將軍張嶷，漢兵乃還。[9]

……

（甘露二年）漢姜維聞魏分關中兵以赴淮南[10]，欲乘虛向秦川[11]，率數萬人出駱谷，至沈嶺。時長城積穀甚多，而守兵少，征西將軍都督雍、涼諸軍事司馬望及安西將軍鄧艾進兵據之，以拒維。維壁於芒水，數挑戰，望、艾不應。

是時，維數出兵，蜀人愁苦。中散大夫譙周作《仇國論》以諷之曰："或問往古能以弱勝強者，其術如何？曰：吾聞之，處大無患者常多慢，處小有憂者常思善；多慢則生亂，思善則生治，理之常也。故周文養民，以少取多，勾踐恤眾，以弱斃強[12]，此其術也。或曰：曩者，項強漢弱，相與戰爭，項羽與漢約分鴻溝，各歸息民，張良以為民志已定，則難動也，率兵追羽，終斃項氏。豈必由文王之事乎？曰：當商、周之際，王侯世尊[13]，君臣久固，民習所專；深根者難拔，據固者難遷。當此之時，雖漢祖安能杖劍鞭馬而取天下乎！及秦罷侯置守[14]之後，民疲秦役，天下土崩，或歲易主，或月易公，鳥驚獸駭，莫知所從，於是豪強並爭，虎裂狼分，疾搏者獲多，遲後者見吞。今我與彼皆傳國易世矣，既非秦末鼎沸之時，實有六國並據之勢，故可為文王，難為漢祖。夫民之疲勞，則騷擾之兆生，上慢[15]下暴，則瓦解之形起。諺曰：'射幸數跌，不如審發[16]。'是故智者不為小利移目，不為意似改步[17]，時可而後動，數合而後舉，故湯、武之師不再戰而克，誠重民勞而度時審也。如遂極武黷征，土崩勢生，不幸遇難，雖有智者將不能謀之矣。"[18]

二

（甘露三年）初，漢昭烈[19]留魏延鎮漢中，皆實兵諸圍[20]以禦外敵，敵若來攻，使不得入。及興勢之役，王平捍拒曹爽，皆承此制。及姜維用事，建議以為"錯守諸圍，適可禦敵，不獲大利。不若使敵至，諸圍皆斂兵聚穀，退就漢、樂二城[21]，聽敵入平[22]，重關頭鎮守以捍之，令遊軍旁出以伺其虛。敵攻關不克，野無散穀，千里運糧，自然疲乏；引退之日，然後諸城並出，與遊軍併力搏之，此殄敵之術也。"於是漢主令督漢中[23]胡濟卻住漢壽，監軍王含守樂城，護軍蔣斌守漢城。[24]

……

（景元三年）漢大將軍姜維將出軍，右車騎將軍廖化曰："兵不戢，必自焚，伯約[25]之謂也。智不出敵而力少於寇，用之無厭，將何以存！"冬，十月，維入寇洮陽，鄧艾與戰於侯和，破之，維退住沓中[26]。初，維以羈旅依漢，身受重任，興兵累年，功績不立。黃皓[27]用事於中，與右大將軍閻宇親善，陰欲廢維樹宇。維知之，言於漢主曰："皓奸巧專恣，將敗國家，請殺之！"漢主曰："皓趨走小臣耳，往董允每切齒，吾常恨之，君何足介意！"維見皓枝附葉連，懼於失言，遜辭而出，漢主敕皓詣維陳謝。維由是自疑懼，返自洮陽，因求種麥沓中，不敢歸成都。[28]

三

司馬昭[29]患姜維數為寇，官騎路遺求為刺客入蜀，從事中郎荀勗曰："明公為天下宰，宜杖正義以伐違貳，而以刺客除賊，非所以刑於四海[30]也。"昭善之。勗，爽之曾孫也。

昭欲大舉伐漢，朝臣多以為不可，獨司隸校尉鍾會勸之。昭諭眾曰：「自定壽春[31]已來，息役六年，治兵繕甲，以擬二虜。今吳地廣大而下濕，攻之用功差難，不如先定巴蜀，三年之後，因順流之勢，水陸並進，此滅虢取虞[32]之勢也。計蜀戰士九萬，居守成都及備他境不下四萬，然則餘眾不過五萬。今絆姜維於沓中，使不得東顧，直指駱谷，出其空虛之地以襲漢中[33]，以劉禪[34]之暗，而邊城外破，士女內震，其亡可知也。」乃以鍾會為鎮西將軍，都督關中。征西將軍鄧艾以為蜀未有釁[35]，屢陳異議；昭使主簿師纂為艾司馬以諭之，艾乃奉命。

姜維表漢主：「聞鍾會治兵關中，欲規進取，宜並遣左右車騎張翼、廖化，督諸軍分護陽安關口及陰平之橋頭，以防未然。」黃皓信巫鬼，謂敵終不自致，啟漢主寢其事，群臣莫知。[36]

……

（景元四年）詔諸軍大舉伐漢，遣征西將軍鄧艾督三萬餘人自狄道趣甘松、沓中，以連綴[37]姜維；雍州刺史諸葛緒督三萬餘人自祁山趣武街橋頭，絕維歸路。鍾會統十餘萬眾分從斜谷、駱谷、子午谷趣漢中。以廷尉衛瓘持節監艾、會軍事，行鎮西軍司。瓘，覬之子也。

會過幽州刺史王雄之孫戎，問：「計將安出？」戎曰：「道家有言『為而不恃』[38]，非成功難，保之難也。」

或以問參相國軍事平原劉寔曰：“鍾、鄧其平蜀乎？”寔曰：“破蜀必矣，而皆不還。”客問其故，寔笑而不答。

秋，八月，軍發洛陽，大賚[39]將士，陳師誓眾。將軍鄧敦謂蜀未可討，司馬昭斬以徇。

漢人聞魏兵且至，乃遣廖化將兵詣沓中，為姜維繼援，張翼、董厥等詣陽安關口，為諸圍外助。大赦，改元炎興。敕諸圍皆不得戰，退保漢、樂二城，城中各有兵五千人。翼、厥北至陰平，聞諸葛緒將向建威，留住月餘待之。鍾會率諸軍平行至漢中。九月，鍾會使前將軍李輔統萬人圍王含於樂城，護軍荀愷圍蔣斌於漢城。會徑過西趣陽安口，遣人祭諸葛亮墓[40]。

初，漢武興督蔣舒在事無稱，漢朝令人代之，使助將軍傅僉守關口，舒由是恨。鍾會使護軍胡烈為前鋒，攻關口[41]。舒詭謂僉曰：“今賊至不擊而閉城自守，非良圖也。”僉曰：“受命保城，惟全為功；今違命出戰，若喪師負國，死無益矣。”舒曰：“子以保城獲全為功，我以出戰克敵為功，請各行其志。”遂率其眾出。僉謂其戰也，不設備。舒率其眾迎降胡烈，烈乘虛襲城，僉格鬥而死。僉，肜之子也。鍾會聞關口已下，長驅而前，大得庫藏積穀。

鄧艾遣天水太守王頎直攻姜維營，隴西太守牽弘邀其前，金城太守楊欣趣甘松。維聞鍾會諸軍已入漢中，引兵還。欣等追躡於強川口，大戰，維敗走。聞諸葛緒已塞道屯橋頭，乃從孔函谷入北道，欲出緒後；緒聞之，卻還三十里。維入北道三十餘里，聞緒軍卻，尋還，從橋頭還，緒趣截維，較一日不及[42]。維遂還至陰平，合集士眾，欲赴關城；未到，聞其已破，退趣白水，遇廖化、張翼、董厥等，合兵守劍閣[43]以拒會。[44]

⋯⋯

鄧艾進至陰平，簡選精銳，欲與諸葛緒自江油趣成都。緒以本受節度邀姜維，西行非本詔，遂引軍向白水，與鍾會合。會欲專軍勢，密白緒畏懦不進，檻車征還，軍悉屬會。

姜維列營守險，會攻之，不能克；糧道險遠，軍食乏，欲引還。鄧艾上言："賊已摧折，宜遂乘之。若從陰平由邪徑經漢德陽亭趣涪，出劍閣西百里，去成都三百餘里，奇兵衝其腹心，出其不意，劍閣之守必還赴涪，則會方軌而進，劍閣之軍不還，則應涪之兵寡矣。"遂自陰平行無人之地七百餘里，鑿山通道，造作橋閣。山高谷深[45]，至為艱險，又糧運將匱，瀕於危殆。艾以氈自裹，推轉而下。將士皆攀木緣崖，魚貫而進。先登至江油，蜀守將馬邈降。諸葛瞻[46]督諸軍拒艾，至涪，停住不進。尚書郎黃崇，權之子也，屢勸瞻宜速行據險，無令敵得入平地，瞻猶豫未納；崇再三言之，至於流涕，瞻不能從。艾遂長驅而前，擊破瞻前鋒，瞻退住綿竹。艾以書誘瞻曰："若降者，必表為琅邪王。"瞻怒，斬艾使，列陣以待艾。艾遣子惠唐亭侯忠等出其右[47]，司馬師纂等出其左。忠、纂戰不利，並引還，曰：“賊未可擊！”艾怒曰：“存亡之分，在此一舉，何不可之有！”叱忠、纂等，將斬之。忠、纂馳還更戰，大破，斬瞻及黃崇。瞻子尚歎曰：“父子荷國重恩，不早斬黃皓，使敗國殄[48]民，用生何為！”策馬冒陣而死。

　　漢人不意魏兵卒至，不為城守調度；聞艾已入平土，百姓擾擾，皆迸山野，不可禁制。漢主使群臣會議，或以為蜀之與吳，本為與國，宜可奔吳；或以為南中七郡[49]，阻險斗絕，易以自守，宜可奔南。光祿大夫譙周以為：“自古以來，無寄他國為天子者，若入吳國，亦當臣服。且治政不殊，則大能吞小，此數之自然也。由此言之，則魏能併吳，吳不能併魏明矣。等為稱臣，為小孰與為大！再辱之恥何與一辱[50]！且若欲奔南，則當早為之計，然後可果。今大敵已近，禍敗將及，群小之心，無一可保，恐發足之日，其變不測，何至南之有乎[51]！”或曰：“今艾已不遠，恐不受降，如之何？”周曰：“方今東吳未賓，事勢不得不受，受之不得不禮。若陛下降魏，魏不裂土以封陛下者，周請身詣京都[52]，以古義爭之。”眾人皆從周議。漢主猶欲入南，狐疑未決。周上疏曰：“南方遠夷之地，平常無所供為[53]，猶數為叛；自丞相亮以兵威逼之，窮乃率從。今若至南，外當拒敵，內供服御，費用張廣，他無所取，耗損諸夷，其叛必矣。”漢主乃遣侍中張紹等奉璽綬以降於艾。北地王諶[54]怒曰：“若理窮力屈，禍敗將及，便當父子君臣背城一戰，同死社稷，以見先帝可也，奈何降乎？”漢主不聽。是日，諶哭於昭烈之廟，先殺妻子而後自殺。

張紹等見鄧艾於雒[55]，艾大喜，報書褒納。漢主遣太僕蔣顯別敕姜維使降鍾會，又遣尚書郎李虎送士民簿於艾，戶二十八萬，口九十四萬，甲士十萬二千，吏四萬人。艾至成都城北，漢主率太子諸王及群臣六十餘人，面縛輿櫬詣軍門[56]。艾持節解縛焚櫬，延請相見；檢御[57]將士，無得虜略，綏納降附，使復舊業；輒依鄧禹故事[58]，承制[59]拜漢主禪行驃騎將軍，太子奉車、諸王駙馬都尉，漢群司各隨高下拜為王官[60]，或領艾官屬；以師纂領益州刺史，隴西太守牽弘等領蜀中諸郡。艾聞黃皓奸險，收閉，將殺之，皓賂艾左右，卒以得免。

姜維等聞諸葛瞻敗，未知漢主所嚮，乃引軍東入於巴[61]。鍾會進軍至涪，遣胡烈等追維。維至郪[62]，得漢主敕命，乃令兵悉放仗[63]，送節傳於胡烈，自從東道與廖化、張翼、董厥等同詣會降。將士咸怒，拔刀斫石。於是諸郡縣圍守皆被漢主敕罷兵降。鍾會厚待姜維等，皆權還其印綬節蓋。[64]

四

鄧艾在成都，頗自矜伐，謂蜀士大夫：“諸君賴遭艾，故得有今日耳。如遇吳漢之徒，已殄滅矣[65]。"艾以書言於晉公昭曰："兵有先聲而後實者，今因平蜀之勢以乘吳，吳人震恐，席捲之時也。然大舉之後，將士疲勞，不可便用，且徐緩之。留隴右兵二萬人、蜀兵二萬人，煮鹽興冶[66]，為軍農要用。並作舟船，豫為順流之事。然後發使

鍾會、鄧艾二將爭功

告以利害，吳必歸化，可不征而定也。今宜厚劉禪以致孫休[67]，封禪為扶風王，錫其資財，供其左右。郡有董卓塢[68]，為之宮舍，爵其子為公侯，食郡內縣，以顯歸命之寵；開廣陵、城陽[69]以待吳人，則畏威懷德，望風而從矣！"昭使監軍衛瓘諭艾："事當須報，不宜輒行。"艾重言曰："銜命征行，奉指授之策，元惡既服，至於承制拜假[70]，以安初附，謂合權宜。今蜀舉眾歸命，地盡南海，東接吳、會，宜早鎮定。若待國命，往復道途，延引日月。《春秋》之義，'大夫出疆，有可以安社稷、利國家，專之可也。'[71]今吳未賓，勢與蜀連，不可拘常，以

失事機。《兵法》：'進不求名，退不避罪。'艾雖無古人之節，終不自嫌以損國家計也！"

鍾會內有異志，姜維知之，欲構成擾亂，乃說會曰："聞君自淮南[72]已來，算無遺策，晉道克昌，皆君之力。今復定蜀，威德振世，民高其功，主畏其謀，欲以此安歸乎！何不法陶朱公泛舟絕跡，全功保身邪[73]！"會曰："君言遠矣，我不能行。且為今之道，或未盡於此也。"維曰："其他則君智力之所能，無煩於老夫矣。"由是情好歡甚，出則同輿，坐則同席，會因鄧艾承制專事，乃與衛瓘密白艾有反狀。會善效人書[74]，於劍閣要艾章表、白事[75]，皆易其言，令辭指悖傲，多自矜伐；又毀晉公昭報書，手作以疑之。

（咸熙元年）春，正月，壬辰，詔以檻車征鄧艾。晉公昭恐艾不從命，敕鍾會進軍成都，又遣賈充將兵入斜谷。昭自將大軍從帝幸長安，以諸王公皆在鄴，乃以山濤為行軍司馬，鎮鄴。

初，鍾會以才能見任，昭夫人王氏言於昭曰："會見利忘義，好為事端，寵過必亂，不可大任。"及會將伐漢，西曹屬邵悌言於晉公曰："今遣鍾會率十餘萬眾伐蜀，愚謂會單身無任[76]，不若使餘人行也。"晉公笑曰："我寧不知此邪！蜀數為邊寇，師老民疲，我今伐之，如指掌耳，而眾言蜀不可伐。夫人心豫怯則智勇並竭，智勇並竭而強使之，適所以為敵禽耳。惟鍾會與人意同，今遣會伐蜀，蜀必可滅。滅蜀之後，就如卿慮，何憂其不能辦邪？夫蜀已破亡，遺民震恐，不足與共圖事；中國將士各自思歸，不肯與同也。會若作惡，只自滅族耳。卿不須憂此，慎勿使人聞也！」及晉公將之長安，悌復曰：「鍾會所統兵，五六倍於鄧艾，但可敕會取艾，不須自行。」晉公曰：「卿忘前言邪，而云不須行乎？雖然，所言不可宣也。我要自當以信意待人，但人不當負我耳，我豈可先人生心哉！近日賈護軍[77]問我：『頗疑鍾會不？』我答言：『如今遣卿行，寧可復疑卿邪？』賈亦無以易我語也。我到長安，則自了矣。」

鍾會遣衛瓘先至成都收鄧艾，會以瓘兵少，欲令艾殺瓘，因以為艾罪。瓘知其意，然不可得距[78]，乃夜至成都，檄艾所統諸將，稱：「奉詔收艾，其餘一無所問；若來赴官軍，爵賞如先；敢有不出，誅及三族！」比至雞鳴，悉來赴瓘，唯艾帳內[79]在焉。平旦，開門，瓘乘使者車，徑入至艾所；艾尚臥未起，遂執艾父子，置艾於檻車。諸將圖欲劫艾，整仗趣瓘營；瓘輕出迎之，偽作表草，將申明艾事[80]，諸將信之而止。

丙子，會至成都，送艾赴京師。會所憚惟艾，艾父子既禽，會獨統大眾，威震西土，遂決意謀反。會欲使姜維將五萬人出斜谷為前驅，會自將大眾隨其後。既至長安，令騎士從陸道，步兵從水道，順流浮渭入河，以為五日可到孟津，與騎兵會洛陽，一旦天下可定也。會得晉公書云：“恐鄧艾或不就徵，今遣中護軍賈充將步騎萬人徑入斜谷，屯樂城，吾自將十萬屯長安，相見在近。”會得書驚，呼所親語之曰：“但取鄧艾，相國知我獨辦之；今來大重，必覺我異矣，便當速發。事成，可得天下；不成，退保蜀、漢，不失作劉備也！”丁丑，會悉請護軍、郡守、牙門騎督以上及蜀之故官，為太后[81]發哀於蜀朝堂，矯太后遺詔，使會起兵廢司馬昭，皆班示坐上人，使下議訖，書版署置，更使所親信代領諸軍；所請群官，悉閉著益州諸曹屋中[82]，城門宮門皆閉，嚴兵圍守。衛瓘詐稱疾篤，出就外廨。會信之，無所復憚。

姜維欲使會盡殺北來諸將，己因殺會，盡坑魏兵，復立漢主，密書與劉禪曰：“願陛下忍數日之辱，臣欲使社稷危而復安，日月幽而復明。”會欲從維言誅諸將，猶豫未決。

會帳下督丘建，本屬胡烈，會愛信之。建愍烈獨坐，啟會，使聽內一親兵出取飲食，諸牙門隨例各內一人。烈紿語親兵及疏與其子淵[83]曰：“丘建密說消息，會已作大坑，白棓[84]數千，欲悉呼外兵入，人賜白幍[85]，拜散將，以次棓殺，內坑中。”諸牙門親兵亦咸說此語，一夜，轉相告，皆遍。己卯，日中，胡淵率其父兵雷[86]鼓出門，諸軍不期皆鼓噪而出，曾無督促之者，而爭先赴城。時會方給姜維鎧仗，白外[87]有匈匈聲，似失火者，有頃，白兵走向城。會驚，謂維曰：“兵來似欲作惡，當云何？”維曰："但當擊之耳！"會遣兵悉殺所閉諸牙門郡守，內人共舉機以挂門，兵斫門，不能破。斯須，城外倚梯登城，或燒城屋，蟻附亂進，矢下如雨，牙門郡守各緣屋出，與其軍士相得。姜維率會左右戰，手殺五六人，眾格斬維，爭前殺會。會將士死者數百人，殺漢太子璿及姜維妻子，軍眾鈔略，死喪狼藉。衛瓘部分諸將，數日乃定。

鄧艾本營將士追出艾於檻車，迎還。衛瓘自以與會共陷艾，恐其為變，乃遣護軍田續等將兵襲艾，遇於綿竹西，斬艾父子。[88]

注釋

1. "漢姜維自以"句：練，練熟習。姜維本是天水人，所以自以為熟習西方風俗。

2. 費禕：為當時蜀漢的執政者。

3. 丞相：指諸葛亮。

4. 狄道：縣名，屬隴西郡。

5. 《通鑑》，頁2405─2406。

6. 《通鑑》，頁2416。

7. 河間：當作"河關"，也是隴西郡的一縣。臨洮：隴西郡的一縣。河關、臨洮皆在狄道西，姜維向西進擊，試圖佔有魏國的邊疆縣，以擴大蜀漢的勢力範圍。

8. 將軍：《通鑑》敘三國時事，以魏國為本位，這裏的"將軍"是魏國方面的。

9. 《通鑑》，頁2419。

10. "漢姜維聞魏"句：這時魏國國內發生了大事，魏征東大將軍諸葛誕於淮南起兵，反抗執政的司馬師，關中的部隊也有部分被抽調去鎮壓諸葛誕。

11. 秦川：秦地四塞以為固，渭水貫其中。渭川左右，沃野千里，世謂之秦川。

12. "故周文養民"四句：周文王、勾踐的故事，都是由小弱變強大的例子。周文王最初在岐，只有方圓百里地，後來發展到三分天下有其二。勾踐被吳國打敗以後，臥薪嘗膽，十年生聚，十年教訓，以弱越最終打敗了強大的吳國。

13. 世尊：指世世居尊位。

14. 罷侯置守：指秦國取消封建諸侯的制度，而分置三十六郡，郡置郡守，由中央集權領導。

15. 慢：懈怠，鬆馳。

16. 射幸數跌，不如審發：射擊數次差而不中，不如審慎再三而後發。

17. "是故"二句：意思是說，聰明人穩步前進，不輕於轉移。

18. 《通鑑》，頁 2440 － 2441。

19. 漢昭烈：劉備。

20. 圍：漢兵對魏作戰的前線據點。

21. 漢、樂二城：當年，諸葛亮為了加強漢中的防禦，諸圍之外，又在此地區修築了漢城、樂城。

22. 聽敵入平：放敵人進入平坦之處。

23. 督漢中：都督漢中軍事的首長。

24. 《通鑑》，頁 2451。

25. 伯約：姜維字。

26. 沓中：在今甘肅省東南部。

27. 黃皓：為漢主劉禪身邊的親信宦官，當時在蜀漢中央專權。

28. 《通鑑》，頁 2462。

29. 司馬昭：這時司馬師已死，魏國執政者為司馬昭。

30. 刑於四海：刑，正法。出於《詩經》，意思是糾正過失，樹立榜樣。

31. 定壽春：指平定諸葛誕的反抗。

32. 滅虢取虞：春秋時候，晉獻公滅虢，乘勢滅虞。

33. 漢中：在今陝西省南鄭一帶。

34. 劉禪：蜀漢後主名。

35. 蜀未有釁：古代用兵，大多觀釁而動。即必須有出兵的理由。

36. 《通鑑》，頁2465－2466。

37. 連綴：牽制。

38. 為而不恃：語出《老子》。

39. 賚：賜。

40. 諸葛亮墓：諸葛亮葬沔陽，在漢中郡往西。

41. 關口：指陽安口。

42. 較一日不及：較遲一日，沒有追上姜維。

43. 劍閣：為諸葛亮所造，在劍山之間，鑿石架空，以通行人。

44. 《通鑑》，頁2466－2469。

45. 山高谷深：中華書局本作"山谷高深"，疑不確。

46. 諸葛瞻：為諸葛亮之子。

47. 亭侯：東漢以後，次於縣侯的，有鄉侯、亭侯。等：中華書局本無。

48. 殄：滅絕。

49. 南中七郡：指越巂、朱提、牂柯、雲南、興古、建寧、永昌。

50. "再辱"句：意謂今日降魏，一辱而已。若奔吳稱臣，是一辱矣；與吳俱亡，又將臣服於魏，是為再辱。

51. "恐發足之日"三句：謂眾心已離，既行之後，中道潰散，必不能至南中。

52. 京都：指魏首都洛陽。

53. "南方"二句：指南中之民既不出租稅以供上用，又不出力為上有所施為。

54. 諶：劉諶。漢帝劉禪之子，封北地王。

55. 雒：雒縣。屬廣漢郡，西南至成都八十餘里。

56. 面縛：縛手於後，唯見其面。櫬：棺。輿櫬，以車載棺自隨，示將死也。二者皆古代國君投降的儀式。

57. 檢御：約束。

58. 鄧禹故事：鄧禹奉東漢光武帝命入關，便宜行事，是遠征的將帥可以援用的前例。

59. 承制：代行皇帝命令。

60. 王官：指魏朝的職官。

61. 巴：巴中。

62. 郪：縣名，屬廣漢郡。

63. 放仗：古稱兵器為仗，放仗即放下武器。

64. 《通鑑》，頁 2470 — 2474。

65. "如遇"二句：吳漢奉東漢光武帝之命伐蜀，與公孫述八戰八克，遂斬述，屠成都。

66. 煮鹽興冶：蜀有鹽井，又出銀、銅、鐵等，鄧艾打算發展煮鹽冶金，興復其利。

67. 孫休：孫權的第六子，這時為吳主。

68. 董卓塢：董卓築塢於扶風郿縣。

69. 廣陵、城陽：魏時廣陵治淮陰，不治廣陵。城陽，亦郡名，今山東省莒縣。

70. 拜假：臨時任命官員。

71. "大夫出疆"句：《春秋公羊傳》之言。

72. 淮南：指平諸葛誕之役。

73. "何不法"二句：春秋時，越國大夫范蠡助越王勾踐滅吳國成功之後，乃扁舟五湖，泛海而止於陶，欲絕其跡，號曰陶朱公。

74. 善效人書：善於模仿別人的筆跡。

75. 章表：上呈魏朝廷的文件。白事：給晉公司馬昭的彙報。

76. 會單身無任：按魏制，凡遣將帥，皆留其家以為質任，而鍾會單身無子弟。

77. 賈護軍：賈充，時為中護軍。

78. “瓘知其意”二句：衛瓘的責任是監鄧艾、鍾會軍，今鍾會遣他去收艾，是衛瓘的本職工作，所以，他不能拒絕。

79. 帳內：指主帥的親兵。

80. “偽作表草”二句：詭稱將申明鄧艾無謀反之心。

81. 太后：魏朝的明元郭太后於前一年去世。

82. “悉閉著”句：全部軟禁在益州官署的各部門的房屋裏。

83. 紿語親兵及疏與其子淵：造一番假話騙親兵，又寫條子給自己的兒子胡淵。

84. 桮：棒。

85. 幍：頭巾。

86. 雷：即“擂”。

87. 白外：疑當作“外白”，即外邊報告。

88. 《通鑑》，頁2476－2482。

串講

　　本文分為四段。“漢姜維自以練西方風俗”等五節，為第一段，主要敍述諸葛亮身後，蜀漢大將姜維一貫的侵略魏國的熱情及諸舉動。這部分也特別敍述到譙周的觀點：反對姜維不斷地對魏國進行軍事挑釁，反對窮兵黷武，主張息戰安民。這一點，與後來魏國大軍侵蜀時譙周的投降主張前後相呼應。

　　“初，漢昭烈留魏延鎮漢中”等二節，為第二段，所主要敍述的二事，從戰略準備上來說，為魏國攻擊蜀漢提供了兩處破綻。姜維主張讓開漢中的第一道防守，誘敵深入，本意是要超越戰略防守，進一步消滅敵人，但是，縱強寇深入，又不啻是開門揖盜，而姜維因為內部問題，避居於遠離漢中的沓中，主帥和主力部隊遠離了戰略防禦的前線地區，更為敵人提供了可乘之機。

"司馬昭患姜維數為寇"等十四節，為第三段，敘述魏軍滅蜀的決策及戰鬥過程。包括魏國決策興兵滅蜀的種種佈置，大戰之初蜀國方面的倉皇退卻與應付，姜維及所部的表現，鄧艾的奇襲成都，諸葛瞻壯烈犧牲，鄧艾的受降等。

"鄧艾在成都"等九節，為第四段，敘述滅蜀之後的一場風波。鍾會、鄧艾雖然成功滅了蜀國，卻果然像預言中說的那樣，都不再生還。鄧艾居功矜伐，先被抓了起來押往京師；鍾會手握重兵，據有全蜀，則試圖謀反；姜維又想利用鍾會之反，復興蜀漢，司馬昭對此已有準備措施。最終的結局是，**魏軍的兵士暴動，亂兵殺了鍾會、姜維，魏軍的將領又追殺鄧艾，一齣大戲落幕。**

評析

從魏、蜀、吳三國的實力對比來說，**魏國擁有的中原地區**幅員最為廣大。曹魏政權後期司馬氏專政，國家政局穩固發展，而蜀、吳兩國都在走下坡路，曹魏統一中國，理論上來說，只是個時間的問題。蜀漢比吳國更為狹小，姜維頻繁入侵魏國邊疆，又改變了固守防禦漢中的傳統戰略，這些都是司馬昭決計先滅蜀漢的原因所在。但是，曹魏滅蜀一戰成功，某種意義上仍算得上是個奇跡。《蜀漢之亡》的故事，其中的蹊蹺值得玩味。

蜀漢國主昏庸，宦官專權，主將頻繁興師，國小民疲，暫且不說。漢中地勢險要，為蜀漢門戶，如果姜維率大軍固守漢中，魏軍要翻越秦嶺就非常困難。鍾會的大軍怎麼能一路暢通，不久就到了蜀中的天險劍閣之下呢？姜維不愧是戎馬高手，魏軍專門安排的兩路大軍都不能完全將他的部隊糾纏住，在國家的生死關頭，他的部隊奇跡般地出現在漢中通往成都的咽喉之地劍閣，蜀漢的命運幾乎就要轉危為安。鄧艾由陰平取綿竹奇襲成都的計策，不僅實施起來難度極大，而且也很冒險。諸葛瞻的戰術失誤等，成就了鄧艾的事業。鄧艾率領的奇兵，兵臨成都城下，漢後主劉禪自縛出降，並下令姜維的部隊放棄抵抗。

漢先主劉備於漢獻帝建安十九年（214）得蜀，魏文帝黃初二年（221）即帝位，魏元帝景元四年（263）後主劉禪降魏，傳二世、四十三年而國亡。此後，司馬氏於延熙二年（265）篡魏，太康元年（280）消滅吳國，實現了中國的統一。

晉惠帝故事

初，和嶠嘗從容言於武帝曰："皇太子有淳古之風，而末世多偽，恐不了陛下家事。"武帝默然。後與荀勖等同侍武帝，武帝曰："太子近入朝，差長進，卿可俱詣之，粗及世事。"既還，勖等並稱太子明識雅度，誠如明詔。嶠曰："聖質如初。"武帝不悅而起。及（惠）帝即位，嶠從太子遞入朝，賈后[1]使帝問曰："卿昔謂我不了家事，今日定如何？"嶠曰："臣昔事先帝，曾有斯言；言之不效，國之福也。"[2]

……

帝為人戇騃[3]，嘗在華林園[4]聞蝦蟇，謂左右曰："此鳴者，為官乎，為私乎？"時天下荒饉，百姓餓死，帝聞之，曰："何不食肉糜[5]？"由是權在群下，政出多門，勢位之家，更相薦託，有如互市。[6]

……

太弟穎[7]僭侈日甚，嬖倖用事，大失眾望。司空東海王越，與右衛將軍陳眕，及長沙王故將上官巳等謀討之。秋，七月，丙申朔，陳眕勒兵入雲龍門，以詔召三公百僚及殿中[8]，戒嚴討穎。石超[9]奔鄴。戊戌，大赦，復皇后羊氏及太子覃。己亥，越奉帝北征。以越為大都督。征前侍中嵇紹詣行在。侍中秦准謂紹曰："今往，安危難測，卿有佳馬乎？"紹正色曰："臣子扈衛乘輿[10]，死生以之，佳馬何為！"

越檄召四方兵，赴者雲集，比至安陽，眾十餘萬，鄴中[11]震恐。穎會群僚問計，東安王繇曰："天子親征，宜釋甲縞素出迎請罪。"穎不從，遣石超帥眾五萬拒戰。折衝將軍喬智明勸穎奉迎乘輿，穎怒曰："卿名曉事，投身事孤；今主上為群小所逼，卿奈何欲使孤束手就刑邪！"

陳昣二弟匡、規自鄴赴行在，云鄴中皆已離散，由是不甚設備。己未，石超軍奄至，乘輿敗績於蕩陰[12]，帝傷頰，中三矢，百官侍御皆散。嵇紹朝服，下馬登輦，以身衛帝，兵人引紹於轅[13]中斫之。帝曰："忠臣也，勿殺！"對曰："奉太弟令，惟不犯陛下一人耳！"遂殺紹，血濺帝衣。帝墮於草中，亡六璽[14]。石超奉帝幸其營，帝餒甚，超進水，左右奉秋桃。穎遣盧志迎帝；庚申，入鄴。大赦，改元曰建武。左右欲浣帝衣。帝曰："嵇侍中血，勿浣也！"[15]

……

王浚、東嬴公騰合兵擊王斌[16]，大破之。浚以主簿祁弘為前鋒，敗石超於平棘，乘勝進軍。候騎至鄴，鄴中大震，百僚奔走，士卒分散。盧志勸穎奉帝還洛陽。時甲士尚有萬五千人，志夜部分，至曉將發，而程太妃[17]戀鄴不欲去，穎狐疑未決。俄而眾潰，穎遂將帳下數十騎與志奉帝御犢車南奔洛陽。倉猝上下無齋，中黃門[18]被囊中齋私錢三千，詔貸[19]之，於道中買飯，夜則御中黃門布被，食以瓦盆。至溫[20]，將謁陵，帝喪履，納從者之履，下拜流涕。及濟河，張方[21]自洛陽遣其子羆帥騎三千，以所乘車奉迎帝。至芒山下，方自帥萬餘騎迎帝。方將拜謁，帝下車自止之。帝還宮，奔散者稍還，百官粗備。辛巳，大赦。[22]

......

張方在洛既久，兵士剽掠殆竭，眾情喧喧，無復留意，議欲奉帝遷都長安[23]；恐帝及公卿不從，欲須[24]帝出而劫之。乃請帝謁廟，帝不許。十一月，乙未，方引兵入殿，以所乘車迎帝，帝馳避後園竹中。軍人引帝出，逼使上車，帝垂泣從之。方於馬上稽首曰："今寇賊縱橫，宿衛單少，願陛下幸臣壘，臣盡死力以備不虞。"時群臣皆逃匿，唯中書監盧志侍側，曰："陛下今日之事，當一從右將軍[25]。"帝遂幸方壘，令方具車載宮人、寶物。軍人因妻略後宮，分爭府藏，割流蘇、武帳為馬帴，魏、晉以來蓄積，掃地無遺。方將焚宗廟、宮室以絕人返顧之心，盧志曰："董卓無道，焚燒洛陽，怨毒之聲，百年猶存，何為襲之！"乃止。

帝停方壘三日，方擁帝及太弟穎、豫章王熾等趨長安，王戎出奔郟。太宰顒帥官屬步騎三萬迎於霸上，顒前拜謁，帝下車止之。帝入長安，以征西府[26]為宮。[27]

注釋

1. 賈后：晉惠帝的皇后。

2. 《通鑑》，頁2603。這一節是說當年和嶠曾經向晉武帝進言，認為皇太子恐怕難以擔當皇朝的重任。後來，有一次武帝說太子有點進步時，和嶠也沒有為了討好武帝而附和他，仍然說了實話，即太子還是老樣子。

3. 戇：愚。騃：癡。

4. 華林園：洛陽的皇家園林。

5. 麋：粥。

6. 《通鑑》，頁2629。

7. 穎：成都王，時為皇太弟。

8. 殿中：三部諸將。

9. 石超：成都王的將領。

10. 乘輿：指皇帝。

11. 鄴中：鄴城是司馬穎的大本營。

12. 蕩陰：與安陽為鄰縣。

13. 轅：古代車子前面駕牲畜用的直木或曲木。

14. 璽：皇帝的印。

15. 《通鑑》，頁2695－2696。這一節敘述的是東海王討伐成都王的戰鬥中晉惠帝的閃光表現。本來東海王奉帝自洛陽親征成都王，結果成都王獲勝，就將惠帝劫到鄴城。

16. "王浚、東嬴公"句：這次是王浚、東嬴公司馬騰共同起兵於幽州、并州，南下討成都王穎，穎遣將王斌、石超擊之。王浚為幽州刺史，司馬騰為東海王越之弟、并州刺史。

17. 程太妃：成都王的母親。

18. 中黃門：指宦官。

19. 貸：借。

20. 溫：司馬氏是河內郡溫縣人，祖上的墳陵多數都在溫縣。

21. 張方：為河間王司馬顒手下健將，當時率軍控制洛陽。

22.《通鑑》，頁2700－2701。

23. 長安：當時為張方所奉之主河間王的大本營。

24. 須：等待。

25. 右將軍：張方時為右將軍。

26. 征西府：征西將軍府。河間王顒為征西將軍。

27.《通鑑》，頁2704－2705。

串講

　　晉惠帝是西晉的一個白癡皇帝。他在花園裏聽到蛤蟆叫，問侍從的官員："這是為公家叫，還是為自己叫呢？"又，聽說百姓遇饑荒餓死，問："他們為什麼不吃肉粥？"

　　本文後半部分，敘述到一些"八王之亂"的內容及晉惠帝在亂中的慘狀。已經立為皇太弟的成都王司馬穎僭越奢侈，日甚一日，東海王司馬越等不平，遂奉晉惠帝出兵自洛陽向鄴城討成都王，成都王派將領石超突襲並打敗惠帝的軍隊於蕩陰，惠帝的臉上中了三根箭，被挾持到鄴城。平北將軍王浚等起兵，自幽州、并州南下討皇太弟成都王，成都王戰敗，倉皇擁晉惠帝還奔洛陽，途經晉皇室祖籍所在的溫縣時，惠帝下車拜謁祖宗墳塋，突然發現腳上的鞋子沒了，只好穿上隨從者的鞋子拜謁祖陵。成都王的同盟河間王司馬顒派將領張方在洛陽幫助成都王，張方因為手下兵士不想在洛陽久呆，準備與成都王一起挾持晉惠帝去長安。車子來了，惠帝躲到花園的竹子裏面不想去，硬是被軍士拉出來，哭也沒用，推上了車，於是晉朝皇帝等遂開赴河間王的大本營長安。

評析

　　皇帝智力上有缺陷，這種醜聞，歷史上少見。統一的西晉王朝沒能抓住機會實現長治久安，晉武帝司馬炎在皇位繼承人的問題上所犯的錯誤，造成了嚴重的後果。本來當時朝議鑑於武帝的太子是個白癡，大多建議立武帝的弟弟、寬厚勤政的齊王司馬攸為太弟，將來繼承皇位。晉武帝選擇了他的白癡太子，也就為晉朝選擇了一個完全不可捉摸的未來。

　　差不多與晉惠帝在位時間相始終，歷時十六年的“八王之亂”，將西晉王朝折騰到極度虛弱、風雨飄搖的地步。本文後半部分，敘述到一些“八王之亂”的內容。以晉朝諸侯為主力的“八王之亂”結束之後，以民族矛盾為主要內容的“永嘉之亂”接踵而至，完成對西晉王朝的最後一擊。“五馬南渡”，晉朝逃到了江南，中原地區的歷史揭開了五胡十六國的篇章。

石勒不記布衣之恨

後趙王（石）勒悉召武鄉[1]耆舊[2]詣襄國[3]，與之共坐歡飲。初，勒微時[4]，與李陽鄰居，數爭漚麻池[5]相毆，陽由是獨不敢來。勒曰："陽，壯士也；漚麻，布衣之恨；孤方兼容天下，豈讎匹夫乎！"遽召與飲，引陽臂曰："孤往日厭卿老拳，卿亦飽孤毒手。"因拜參軍都尉。以武鄉比豐、沛[6]，復之三世[7]。[8]

注釋

1. 武鄉：屬并州上黨郡，在今山西省榆社北。石勒的家鄉。
2. 耆舊：年老有聲望的人。
3. 《通鑑》記此事於晉元帝太興四年（321）。此時石勒已經以襄國為首都建立了後趙政權，自稱大單于、趙王。襄國：今河北省邢臺市。
4. 微時：沒有發達的時候。這裏指石勒年輕在老家居住的時候。
5. 漚麻池：浸泡麻的池子。漚：浸泡並使柔軟。麻桿經過長時間的浸泡，麻既柔韌，也便於脫取。
6. 豐、沛：漢高祖劉邦的家鄉。
7. 復：免除徭役。世：古稱三十年為一世。這裏"三世"指祖孫三代。
8. 《通鑑》，頁2890。

串講

石勒做了後趙的國王，在首都宴請家鄉武鄉的有聲望的故老來作客敘談。他老家的鄰居李陽，因為當年曾經為了爭搶漚麻池的事與石勒打過好多次架，所以不敢來赴宴。石勒聽到此事，說道：李陽是個好漢，當年爭搶漚麻池，是布衣百姓之間的糾紛，我如今都擁有並領導國家了，怎麼還會記當年做小老百姓時的仇恨呢？於是趕緊將李陽召請來，石勒拉着李陽的胳膊說：想當年，我吃夠了你的拳頭，你也嚐足了我的毒手。之後，拜李陽為參軍都尉。石勒又按西漢漢高祖的舊例，下令免除家鄉（武鄉）父老祖孫三代的徭役。

評析

"亂世出英雄"，西晉的"八王之亂"搞出的亂局，後來在北中國愈演愈烈，到了不可收拾的地步。羯族的石勒（274—333）是這一亂局中的一個英雄豪傑。石勒年輕時候曾被人掠賣為奴，歷盡苦難。西晉末年與人一起聚眾起事，憑藉自己出色的軍事才能，在群雄混戰中異軍突起，逐步據有了幽、并、青、冀四州的廣大地區，擊敗前趙政權之後，洛陽、長安都被納入了石勒後趙的版圖，幾乎完全統一了中國的北方，在空前的亂局中，開創了一代基業。至後趙太和三年（330），石勒正式稱皇帝。

在五胡十六國的君主中，石勒是比較有識見、有作為的。石勒不識字，但是，他重視漢族的文化典籍，經常讓人讀書給他聽，從中吸取歷史的經驗。從本文所記載的這件小事，可以略見石勒的德量。

肥水之戰 [1]

一

冬，十月，秦王（苻）堅會群臣於太極殿 [2]，議曰："自吾承業，垂三十載 [3]，四方略定，唯東南一隅 [4]，未霑王化。今略計吾士卒，可得九十七萬，吾欲自將以討之，何如？"秘書監朱肜曰："陛下恭行天罰，必有征無戰，晉主不銜璧軍門 [5]，則走死江海。陛下返中國士民，使復其桑梓 [6]，然後回輿東巡，告成岱宗，此千載一時也。"堅喜曰："是吾志也。"

尚書左僕射權翼曰："昔紂為無道，三仁 [7] 在朝，武王猶為之旋師。今晉雖微弱，未有大惡。謝安、桓沖皆江表 [8] 偉人，君臣輯睦，內外同心。以臣觀之，未可圖也。"堅嘿然良久，曰："諸君各言其志。"

太子左衛率石越曰："今歲鎮守斗 [9]，福德在吳。伐之，必有天殃。且彼據長江之險，民為之用，殆未可伐也。"堅曰："昔武王伐紂，逆歲違卜 [10]。天道幽遠，未易可知。夫差、孫皓皆保據江湖，不免於亡。今以吾之眾，投鞭於江，足斷其流，又何險之足恃乎！"對曰："三國之君皆淫虐無道，故敵國取之，易於拾遺。今晉雖無德，未有大罪，願陛下且按兵積穀，以待其釁。"於是群臣各言利害，久之不決。堅曰："此所謂築舍道旁，無時可成。吾當內斷於心耳。"

群臣皆出，獨留陽平公融，謂之曰："自古定大事者，不過一二臣而已。今眾言紛紛，徒亂人意，吾當與汝決之。"對曰："今伐晉有三難：天道不順，一也；晉國無釁，二也；我數戰兵疲，民有畏敵之心，三也。群臣言晉不可伐者，皆忠臣也，願陛下聽之。"堅作色曰："汝亦如此，吾復何望！吾強兵百萬，資仗如山；吾雖未為令主，亦非暗劣。乘累捷之勢，擊垂亡之國，何患不克，豈可復留此殘寇，使長為國家之憂哉！"融泣曰："晉未可滅，昭然甚明。今勞師大舉，恐無萬全之功。且臣之所憂，不止於此。陛下寵育鮮卑、羌、羯，佈滿畿甸，此屬皆我之深仇。太子獨與弱卒數萬留守京師，臣懼有不虞之變生於腹心肘掖，不可悔也。臣之頑愚，誠不足採；王景略[11]一時英傑，陛下常比之諸葛武侯[12]，獨不記其臨沒之言乎！"堅不聽。於是朝臣進諫者眾，堅曰："以吾擊晉，校其強弱之勢，猶疾風之掃秋葉，而朝廷內外皆言不可，誠吾所不解也。"

太子宏曰："今歲在吳分，又晉君無罪，若大舉不捷，恐威名外挫，財力內竭，此群下所以疑也。"堅曰："昔吾滅燕，亦犯歲而捷，天道固難知也。秦滅六國，六國之君豈皆暴虐乎！"

冠軍[13]、京兆尹慕容垂言於堅曰："弱併於強，小併於大，此理勢自然，非難知也。以陛下神武應期，威加海外，虎旅百萬，韓、白[14]滿朝，而蕞爾江南，獨違王命，豈可復留之以遺子孫哉！《詩》云：'謀夫孔多，是用不集。'陛下斷自聖心足矣，何必廣詢朝眾。晉武平吳，所仗者張、杜[15]二三臣而已，若從朝眾之言，豈有混壹之功乎。"堅大悅，曰："與吾共定天下者，獨卿而已。"賜帛五百匹。

堅銳意欲取江東，寢不能旦。陽平公融諫曰："'知足不辱，知止不殆。'自古窮兵極武，未有不亡者。且國家本戎狄也，正朔會不歸人[16]。江東雖微弱僅存，然中華正統，天意必不絕之。"堅曰："帝王曆數，豈有常邪，惟德之所在耳。劉禪豈非漢之苗裔邪，終為魏所滅。汝所以不如吾者，正病此不達變通耳。"

堅素信重沙門道安，群臣使道安乘間進言。十一月，堅與道安同輦遊於東苑，堅曰："朕將與公南遊吳、越，泛長江，臨滄海，不亦樂乎！"安曰："陛下應天御世，居中土而制四維，自足比隆堯、舜，何必櫛風沐雨，經略遐方乎！且東南卑濕，沴氣易構，虞舜遊而不歸，大禹往而不復。何足以上勞大駕也！"堅曰："天生烝民，而樹之君，使司牧之。朕豈敢憚勞，使彼一方獨不被澤乎！必如公言，是古之帝王皆無征伐也。"道安曰："必不得已，陛下宜駐蹕洛陽，遣使者奉尺書於前，諸將總六師於後，彼必稽首入臣，不必親涉江、淮也。"堅不聽。

堅所幸張夫人諫曰："妾聞天地之生萬物，聖王之治天下，皆因其自然而順之，故功無不成。是以黃帝服牛乘馬，因其性也；禹浚九川，障九澤，因其勢也；后稷播殖百穀，因其時也；湯、武帥天下而攻桀、紂，因其心也。皆有因則成，無因則敗。今朝野之人皆言晉不可伐，陛下獨決意行之，妾不知陛下何所因也。《書》曰：‘天聰明自我民聰明。’[17] 天猶因民，而況人乎！妾又聞王者出師，必上觀天道，下順人心。今人心既不然矣，請驗之天道。諺云：‘雞夜鳴者不利行師，犬群嗥者宮室將空，兵動馬驚，軍敗不歸。’自秋、冬以來，眾雞夜鳴，群犬哀嗥，廄馬多驚，武庫兵器自動有聲，此皆非出師之祥也。”堅曰：“軍旅之事，非婦人所當預也！”

堅幼子中山公詵最有寵，亦諫曰：“臣聞國之興亡，繫賢人之用捨。今陽平公，國之謀主，而陛下違之；晉有謝安、桓沖，而陛下伐之，臣竊惑之。”堅曰：“天下大事，孺子安知！”[18]

二

秦王堅下詔大舉入寇[19]，民每十丁遣一兵；其良家子年二十已下，有材勇者，皆拜羽林郎。又曰：“其以司馬昌明[20]為尚書左僕射，謝安為吏部尚書，桓沖為侍中；勢還不遠，可先為起第。”良家子至者三萬餘騎，拜秦州主簿金城趙盛之為少年都統。是時，朝臣皆不欲堅行，獨慕容垂、姚萇及良家子勸之。陽平公融言於堅曰：“鮮卑、羌虜，我之仇讎[21]，常思風塵之變以逞其志，所陳策畫，何可從也！良家少年皆富饒子弟，不閑軍旅，苟為諂諛之言以會陛下之意。今陛下信而用之，輕舉大事，臣恐功既不成，仍有後患，悔無及也。"堅不聽。

八月，戊午，堅遣陽平公融督張蚝、慕容垂等步騎二十五萬為前鋒；以兗州刺史姚萇為龍驤將軍，督益、梁州諸軍事。堅謂萇曰："昔朕以龍驤建業，未嘗輕以授人，卿其勉之。"左將軍竇沖曰："王者無戲言，此不祥之徵也。"堅默然。

慕容楷、慕容紹言於慕容垂曰："主上驕矜已甚，叔父建中興之業，在此行也！"垂曰："然。非汝，誰與成之！"

甲子，堅發長安，戎卒六十餘萬，騎二十七萬，旗鼓相望，前後千里。九月，堅至項城，涼州之兵始達咸陽，蜀、漢之兵方順流而下，幽、冀之兵至於彭城，東西萬里，水陸齊進，運漕萬艘。陽平公融等兵三十萬，先至潁口。

詔[22]以尚書僕射謝石為征虜將軍、征討大都督，以徐、兗二州刺史謝玄為前鋒都督，與輔國將軍謝琰、西中郎將桓伊等眾共八萬拒之；使龍驤將軍胡彬以水軍五千援壽陽。琰，安之子也。

是時，秦兵既盛，都下震恐。謝玄入，問計於謝安，安夷然，答曰："已別有旨。"既而寂然。玄不敢復言，乃令張玄重請。安遂命駕出遊山墅[23]，親朋畢集，與玄圍棋賭墅。安棋常劣於玄，是日，玄懼，便為敵手而又不勝。安遂遊陟，至夜乃還。桓沖深以根本為憂，遣精銳三千入援京師。謝安固卻之，曰："朝廷處分已定，兵甲無闕，西藩宜留以為防。"沖對佐吏歎曰："謝安石[24]有廟堂之量，不閑將略。今大敵垂至，方遊談不暇，遣諸不經事少年拒之，眾又寡弱，天下事已可知，吾其左衽矣[25]！"

……

冬，十月，秦陽平公融等攻壽陽；癸酉，克之，執平虜將軍徐元喜等。融以其參軍河南郭褒為淮南太守。慕容垂拔鄖城。胡彬聞壽陽陷，退保硤石，融進攻之。秦衛將軍梁成等帥眾五萬屯於洛澗，柵淮以遏東兵。謝石、謝玄等去洛澗二十五里而軍，憚成，不敢進。胡彬糧盡，潛遣使告石等曰："今賊盛，糧盡，恐不復見大軍！"秦人獲之，送於陽平公融。融馳使白秦王堅曰："賊少易擒，但恐逃去，宜速赴之。"堅乃留大軍於項城，引

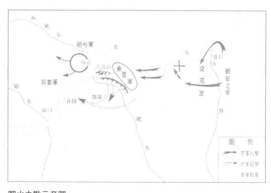

肥水之戰示意圖

輕騎八千，兼道就融於壽陽。遣尚書朱序來說謝石等，以"強弱異勢，不如速降"。序私謂石等曰："若秦百萬之眾盡至，誠難與為敵。今乘諸軍未集，宜速擊之；若敗其前鋒，則彼已奪氣，可遂破也。"

石聞堅在壽陽，甚懼，欲不戰以老秦師。謝琰勸石從序言。十一月，謝玄遣廣陵相劉牢之帥精兵五千趣洛澗，未至十里，梁成阻澗為陳以待之。牢之直前渡水，擊成，大破之，斬成及弋陽太守王詠；又分兵斷其歸津，秦步騎崩潰，爭赴淮水，士卒死者萬五千人。執秦揚州刺史王顯等，盡收其器械軍實。於是謝石等諸軍，水陸繼進。秦王堅與陽平公融登壽陽城望之，見晉兵部陣嚴整，又望見八公山上草木，皆以為晉兵，顧謂融曰："此亦勍敵，何謂弱也！"憮然始有懼色。

秦兵逼肥水而陳，晉兵不得渡。謝玄遣使謂陽平公融曰："君懸軍深入，而置陳逼水，此乃持久之計，非欲速戰者也。若移陳小卻，使晉兵得渡，以決勝負，不亦善乎。"秦諸將皆曰："我眾彼寡，不如遏之，使不得上，可以萬全。"堅曰："但引兵少卻，使之半渡，我以鐵騎蹙而殺之，蔑不勝矣。"融亦以為然，遂麾兵使卻。秦兵遂退，不可復止；謝玄、謝琰、桓伊等引兵渡水擊之。融馳騎略陳，欲以帥退者，馬倒，為晉兵所殺，秦兵遂潰。玄等乘勝追擊，至於青岡。秦兵大敗，自相蹈藉而死者，蔽野塞川。其走者聞風聲鶴唳，皆以為晉兵且至，晝夜不敢息，草行露宿，重以飢凍，死者什七、八。初，秦兵小卻，朱序在陳後呼曰：「秦兵敗矣！」[26] 眾遂大奔。

……

謝安得驛書[27]，知秦兵已敗，時方與客圍棋，攝書置床上，了無喜色，圍棋如故。客問之，徐答曰：「小兒輩遂已破賊。」既罷，還內，過戶限，不覺屐齒[28]之折。[29]

注釋

1.《通鑑》卷一〇四、一〇五。

2. 太極殿：秦都長安，太極殿為其正殿。

3.「自吾」二句：苻堅於晉穆帝升平元年（357）自立，至是年（太元七年，382）凡二十六年。

4. 東南一隅：指東晉。

5. 銜璧軍門：雙手反縛，口銜玉璧，到軍前投降。這是古代戰敗國君主求降的儀式。

6.「陛下」二句：這裏指永嘉南渡的人的子孫，又可以返回祖宗的故鄉了。

7. 三仁：微子、箕子、比干。三人都是紂的臣子，孔子稱他們為「三仁」，見《論語·微子》。

8. 江表：長江以外。江南一帶地方，這裏即指東晉。

9. 歲鎮守斗：歲指木星，鎮指土星；斗，牛女星座，吳、越、揚州分野，主應東南地區。歲鎮守斗，指東南地區正當運，不可侵犯。

10. 逆歲違卜：逆太歲，違卜筮。

11. 王景略：王猛字景略，曾為苻堅之丞相，臨終告堅不要侵略東晉。

12. 諸葛武侯：諸葛亮諡武侯。

13. 冠軍：冠軍將軍。

14. 韓、白：韓信、白起。都是古代著名的將軍。

15. 張、杜：張華、杜預。

16. "且國家"二句：大意是說，中國正朔相傳，不至歸於夷狄。

17. "天聰明"句：見《尚書‧皋陶謨》。

18. 《通鑑》，頁3301－3305。以上晉孝武帝太元七年（382）。

19. 入寇：入侵。《通鑑》作者以東晉為王者正統而著書，因此稱秦王為"入寇"。

20. 司馬昌明：東晉皇帝孝武帝司馬曜，字昌明。

21. "鮮卑"二句：慕容垂，鮮卑人，姚萇，羌人，他們的國家為苻秦所滅，所以，雖臣服於秦，其實皆仇讎。

22. 詔：此詔乃東晉皇帝下詔。

23. 山墅：野外的別墅。

24. 謝安石：謝安，字安石。

25. 吾其左衽矣：夷狄的衣服左衽。意思是說，要淪為夷狄了，將要被夷狄之秦國打敗。

26. "朱序"句：朱序本是晉人，所以暗中助晉軍。

27. 書：信。

28. 屐齒：木屐下面的齒。

29. 《通鑑》，頁3308－3314。以上晉孝武帝太元八年（383）。

串講

本文分為兩大段。第一大段依次敘述苻堅志欲滅東晉，朱肜獻媚討好；權翼指出晉無過失，不可圖；石越指出天文有利於晉，不利於討伐，且晉又有長江之險；苻融陳述伐晉難以成功，秦國又有內部不穩定因素；太子也認為晉不可伐；慕容垂別有用心，贊成並慫恿苻堅伐晉；苻融復諫，以為戎狄之秦國無法滅晉而成為中華正統。眾人又請高僧道安來諫阻，亦無效，最後，寵妃、愛子都出來勸阻，苻堅仍一概不聽，分別答曰：“軍旅之事，非婦人所當預也。”“天下大事，孺子安知。”苻秦伐晉的決策，就這樣在絕大多數反對、眾情不順的情況下制定出來的。

第二大段，又可以刪節省略號為標誌，分為三個部分。“秦王堅下詔”等六節，敘述肥水之戰戰前雙方的準備情況。因為過於驕傲自大，苻堅的敗相，在戰前已經為一些有識者所看破。敵國大軍壓境，東晉方面急遽應付，宰相謝安仍故作鎮定。“冬，十月”等三節，寫肥水之戰。劉牢之洛澗之捷，發晉軍得勝之先聲。肥水之戰，秦軍遂一敗塗地。“謝安得驛書”節，寫謝安雖然百般鎮定，如此獲勝，亦使其喜出望外。

評析

統一的西晉王朝，經歷了非常短暫的承平之世，馬上因為著名的“八王之亂”與接着的“永嘉之亂”，就滅亡了。王室貴族倉皇南渡，在江南建立了一個偏安一隅的東晉王朝。北中國就留給五胡十六國去混戰吧。氐族的苻堅，是十六國君主中比較出色的人物。四世紀初開始的中原地區五十多年的混亂狀態，因為苻堅的稱帝而暫時中止。他經過努力，消滅了各民族割據勢力，最終統一了北方。之後，想繼續以武力征服南方的東晉政權。東晉太元八年（383），歷史上有名的肥水之戰，就是這樣發生的。如果此戰苻堅獲勝，中國歷史上就會出現一個氐族統治的統一帝國。可是，這個“如果”只會出現在苻堅的夢想之中。苻秦統一北方之後，國家內部複雜的民族矛盾宛如一顆顆定時炸彈，遠未得到清除，氐族的軍政統治稍露一點薄弱環節，暫時安定的局面立刻就要爆炸。肥水之戰，這場錯誤的戰爭，苻堅不僅敗給東晉，而且，其所造成的惡果，導致前秦在中原的統治迅速瓦解。當時那麼多人反對苻堅南侵，不是沒有道理的。

本文中東晉方面的最高軍政領袖謝安，在東晉歷史上與王導齊名，被稱為賢相，在中國歷史上也是一個出了名的風流偉人。肥水之戰當中，謝安的雅量，堪稱鎮定國家的利器。根據對東晉一方的軍事實際考察，論者認為，謝安指使謝玄經營多年的“北府兵”築成了一道保護東晉的軍事屏障。本文對這場戰爭本身的描寫，“草木皆兵”、“風聲鶴唳”都是其中的閃亮、逼真的秀句。

劉裕北伐

一

（義熙五年）三月，劉裕抗表伐南燕[1]，朝議皆以為不可，惟左僕射孟昶、車騎司馬謝裕、參軍臧熹以為必克，勸裕行。裕以昶監中軍留府事[2]。謝裕，安之兄孫也。

宋武帝劉裕像

初，苻氏之敗也，王猛之孫鎮惡來奔，以為臨澧令。鎮惡騎乘非長，關弓甚弱，而有謀略，善果斷，喜論軍國大事。或薦鎮惡於劉裕，裕與語，說之，因留宿。明旦，謂參佐曰：「吾聞將門有將，鎮惡信然。」即以為中軍參軍。[3]

……

（四月）己巳，劉裕發建康，帥舟師自淮入泗。五月，至下邳，留船艦、輜重，步進至琅邪。所過皆築城，留兵守之[4]。或謂裕曰：「燕人若塞大峴[5]之險，或堅壁清野，大軍深入，不唯無功，將不能自歸，奈何？」裕曰：「吾慮之熟矣。鮮卑貪婪，不知遠計，進利虜獲，退惜禾苗，謂我孤軍遠入，不能持久，不過進據臨朐，退守廣固，必不能守險清野，敢為諸君保之。」

南燕主超[6]聞有晉師，引群臣會議。征虜將軍公孫五樓曰：“吳兵輕果，利在速戰，不可爭鋒。宜據大峴，使不得入，曠日延時，沮其銳氣，然後徐簡精騎二千，循海而南，絕其糧道，別敕段暉帥兗州之眾，緣山東下[7]，腹背擊之，此上策也。各命守宰依險自固，校其資儲之外，餘悉焚蕩，芟除禾苗，使敵無所資，彼僑軍無食，求戰不得，旬月之間，可以坐制，此中策也。縱賊入峴，出城逆戰，此下策也。”超曰：“今歲星居齊，以天道推之，不戰自克。客主勢殊，以人事言之，彼遠來疲弊，勢不能久。吾據五州之地[8]，擁富庶之民，鐵騎萬群，麥禾佈野，奈何芟苗徙民，先自蹙弱乎！不如縱使入峴，以精騎蹂之，何憂不克。”輔國將軍廣寧王賀賴盧苦諫不從，退謂五樓曰：“必若此，亡無日矣！”太尉桂林王鎮曰：“陛下必以騎兵利平地者，宜出峴逆戰，戰而不勝，猶可退守。不宜縱敵入峴，自棄險固也。”超不從。鎮出，謂韓諱曰：“主上既不能逆戰卻敵，又不肯徙民清野，延敵入腹，坐待攻圍，酷似劉璋矣。今年國滅，吾必死之。卿中華之士，復為文身[9]矣。”超聞之，大怒，收鎮下獄。乃攝莒、梁父二戍，修城隍，簡士馬，以待之。

　　劉裕過大峴，燕兵不出。裕舉手指天，喜形於色。左右曰：“公未見敵而先喜，何也？”裕曰：“兵已過險，士有必死之志；餘糧棲畝[10]，人無匱乏之憂。虜已入吾掌中矣。”六月，己巳，裕至東莞。超先遣公孫五樓、賀賴盧及左將軍段暉等，將步騎五萬屯臨朐，聞晉兵入峴，自將步騎四萬往就之，使五樓帥騎進據巨蔑水。前鋒孟龍符與戰，破之，五樓退走。裕以車四千乘為左右翼，方軌徐進，與燕兵戰於臨朐南，日向昃，勝負猶未決。參軍胡藩言於裕曰：“燕悉兵出戰，臨朐城中留守必寡，願以奇兵從間道取其城，此韓信所以破趙也。”裕遣藩及諮議參軍檀韶、建威將軍河內向彌潛師出燕兵之後，攻臨朐，聲言輕兵自海道至矣。向彌擐甲先登，遂克之。超大驚，單騎就段暉於城南。裕因縱兵奮擊，燕眾大敗，斬段暉等大將十餘人，超遁還廣固，獲其玉璽、輦及豹尾。裕乘勝逐北至廣固，丙子，克其大城，超收眾入保小城。裕築長圍守之，圍高三丈，穿塹三重；撫納降附，採拔賢俊，華、夷大悅。於是因齊地糧儲，悉停江、淮漕運。

超遣尚書郎張綱乞師於秦，赦桂林王鎮，以為錄尚書、都督中外諸軍事，引見，謝之，且問計焉。鎮曰：“百姓之心，繫於一人。今陛下親董六師，奔敗而還。群臣離心，士民喪氣。聞秦人自有內患[11]，恐不暇分兵救人。散卒還者尚有數萬，宜悉出金帛以餌之，更決一戰。若天命助我，必能破敵；如其不然，死亦為美，比於閉門待盡，不猶愈乎！”司徒樂浪王惠曰：“不然。晉兵乘勝，氣勢百倍，我以敗軍之卒當之，不亦難乎！秦雖與勃勃相持，不足為患；且與我分據中原，勢如脣齒，安得不來相救！但不遣大臣則不能得重兵，尚書令韓範為燕、秦所重，宜遣乞師。”超從之。

秋，七月，加劉裕北青、冀二州[12]刺史。

南燕尚書略陽垣尊及弟京兆太守苗逾城來降，裕以為行參軍。尊、苗皆超所委任以為腹心者也。

或謂裕曰："張綱有巧思，若得綱，使為攻具，廣固必可拔也。"會綱自長安還，太山太守申宣執之，送於裕。裕升綱於樓車，使周城呼曰："劉勃勃[13]大破秦軍，無兵相救。"城中莫不失色。江南每發兵及遣使者至廣固，裕輒潛遣兵夜迎之，明日，張旗鳴鼓而至，北方之民執兵負糧歸裕者，日以千數。圍城益急，張華、封愷皆為裕所獲，超請割大峴以南地為藩臣，裕不許。

秦王興[14]遣使謂裕曰："慕容氏相與鄰好，今晉攻之急，秦已遣鐵騎十萬屯洛陽；晉軍不還，當長驅而進。"裕呼秦使者謂曰："語汝姚興：我克燕之後，息兵三年，當取關、洛。今能自送，便可速來！"劉穆之聞有秦使，馳入見裕，而秦使者已去。裕以所言告穆之，穆之尤之曰："常日事無大小，必賜預謀，此宜善詳，云何遽爾答之！此語不足以威敵，適足以怒之。若廣固未下，羌寇[15]奄至，不審何以待之？"裕笑曰："此是兵機，非卿所解，故不相語耳。夫兵貴神速，彼若審能赴救，必畏我知，寧容先遣信命，逆設此言！是自張大之辭也。晉師不出，為日久矣。羌見伐齊，殆將內懼。自保不暇，何能救人邪！"[16]

……

初，（姚）興遣衛將軍姚強帥步騎一萬，隨韓範往就姚紹於洛陽，併兵以救南燕，及為勃勃所敗[17]，追強兵還長安。韓範歎曰：“天滅燕矣！”南燕尚書張俊自長安還，降於劉裕，因說裕曰：“燕人所恃者，謂韓範必能致秦師也，今得範以示之，燕必降矣。”裕乃表範為散騎常侍，且以書招之。長水校尉王蒲勸範奔秦，範曰：“劉裕起布衣，滅桓玄，復晉室；今興師伐燕，所向崩潰，此殆天授，非人力也。燕亡，則秦為之次矣，吾不可以再辱。”遂降於裕。裕將範循城，城中人情離沮。或勸燕主超誅範家，超以範弟諄盡忠無貳，併範家赦之。[18]

……

（義義六年）春，正月，甲寅朔，南燕主超登天門[19]，朝群臣於城上。乙卯，超與寵姬魏夫人登城，見晉兵之盛，握手對泣。韓諄諫曰：“陛下遭埋厄之運，正當努力自強以壯士民之志，而更為兒女子泣邪！”超拭目謝之。尚書令董詵勸超降，超怒，囚之。[20]

……

（二月）南燕賀賴盧、公孫五樓為地道出擊晉兵，不能卻。城久閉，城中男女病腳弱者太半，出降者相繼。超輦而登城，尚書悅壽說超曰：“今天助寇為虐，戰士凋瘁，獨守窮城，絕望外援，天時人事亦可知矣。苟曆數有終，堯、舜避位，陛下豈可不思變通之計乎！”超歎曰：“廢興，命也。吾寧奮劍而死，不能銜璧[21]而生。”

丁亥，劉裕悉眾攻城。或曰：「今日往亡[22]，不利行師。」裕曰：「我往彼亡，何為不利！」四面急攻之。悅壽開門納晉師，超與左右數十騎逾城突圍出走，追獲之。裕數以不降之罪，超神色自若，一無所言，惟以母託劉敬宣[23]而已。裕忿廣固久不下，欲盡坑之，以妻女以賞將士。韓範諫曰：「晉室南遷，中原鼎沸，士民無援，強則附之，既為君臣，必須為之盡力。彼皆衣冠舊族，先帝遺民；今王師弔伐而盡坑之，使安所歸乎！竊恐西北之人無復來蘇之望矣。」裕改容謝之，然猶斬王公以下三千人，沒入家口萬餘，夷其城隍，送超詣建康，斬之。[24]

二

（義熙八年）太尉（劉）裕謀伐蜀[25]，擇元帥而難其人。以西陽太守朱齡石既有武幹，又練吏職，欲用之。眾皆以為齡石資名尚輕，難當重任，裕不從。十二月，以齡石為益州刺史，帥寧朔將軍臧熹、河間太守蒯恩、下邳太守劉鍾等伐蜀，分大軍之半二萬人以配之。熹，裕之妻弟，位居齡石之右，亦隸焉。

裕與齡石密謀進取，曰：「劉敬宣往年出黃虎，無功而退。賊謂我今應從外水往，而料我當出其不意猶從內水來也。如此，必以重兵守涪城以備內道。若向黃虎，正墮其計。今以大眾自外水取成都，疑兵出內水，此制敵之奇也。」而慮此聲先馳，賊審虛實。別有函書封付齡石，署函邊曰：“至白帝乃開。”諸軍雖進，未知處分所由。

毛修之固請行，裕恐修之至蜀，必多所誅殺，土人與毛氏有嫌，亦當以死自固，不許。[26]

……

（義義九年六月）朱齡石等至白帝發函書，曰：“眾軍悉從外水取成都，臧熹從中水取廣漢，老弱乘高艦十餘，從內水向黃虎。”於是諸軍倍道兼行。譙縱果命譙道福將重兵鎮涪城，以備內水。

齡石至平模，去成都二百里，縱遣秦州刺史候暉、尚書僕射譙詵帥眾萬餘屯平模，夾岸築城以拒之。齡石謂劉鍾曰：“今天時盛熱，而賊嚴兵固險，攻之未必可拔，只增疲困。且欲養銳息兵以伺其隙，何如？”鍾曰：“不然。前揚聲言大眾向內水，譙道福不敢捨涪城。今重軍猝至，出其不意，候暉之徒已破膽矣。賊阻兵守險者，是其懼不敢戰也。因其兇懼，盡銳攻之，其勢必克。克平模之後，自可鼓行而進，成都必不能守矣。若緩兵相守，彼將知人虛實。涪軍忽來，併力拒我。人情既安，良將又集，此求戰不獲，軍食無資，二萬餘人悉為蜀子虜矣。”齡石從之。

諸將以水北城地險兵多，欲先攻其南城。齡石曰：“今屠南城，不足以破北，若盡銳以拔北城，則南城不麾自散矣。”秋，七月，齡石帥諸軍急攻北城，克之，斬候暉、譙詵；引兵回趣南城，南城自潰。齡石捨船步進。譙縱大將譙撫之屯牛鞞，譙小苟塞打鼻[27]。臧熹擊撫之，斬之；小苟聞之，亦潰。於是縱諸營屯望風相次奔潰。

戊辰，縱棄成都出走，尚書令馬耽封府庫以待晉師。壬申，齡石入成都，誅縱同祖之親，餘皆按堵，使復其業。縱出成都，先辭墓，其女曰：「走必不免，只取辱焉。等死，死於先人之墓可也。」縱不從。譙道福聞平模不守，自涪引兵入赴，縱往投之。道福見縱，怒曰：「大丈夫有如此功業而棄之，將安歸乎！人誰不死，何怯之甚也！」因投縱以劍，中其馬鞍。縱乃去，自縊死，巴西人王志斬其首以送齡石。道福謂其眾曰：「蜀之存亡，實繫於我，不在譙王。今我在，猶足一戰。」眾皆許諾。道福盡散金帛以賜眾，眾受之而走。道福逃於獠[28]中，巴民杜瑾執送之，斬於軍門。齡石徙馬耽於越巂，耽謂其徒曰：「朱侯不送我京師，欲滅口也[29]，吾必不免。」乃盥洗而臥，引繩而死。須臾，齡石使至，戮其屍。詔以齡石進監梁、秦州六郡諸軍事，賜爵豐城縣侯。[30]

三

（義熙十二年）二月，加太尉裕中外大都督。裕戒嚴將伐秦。詔加裕領司、豫二州[31]刺史，以其世子義符為徐、兗二州[32]刺史。琅邪王德文請啟行戎路，修敬山陵[33]；詔許之。[34]

……

五月，癸巳，加太尉裕領北雍州刺史[35]。[36]

……

裕以世子義符為中軍將軍，監太尉留府事。劉穆之為左僕射，領監軍、中軍二府軍司，入居東府，總攝內外[37]。以太尉左司馬東海徐羨之為穆之之副，左將軍朱齡石守衛殿省，徐州刺史劉懷慎守衛京師，揚州別駕從事史張裕任留州事[38]。懷慎，懷敬之弟也。

東晉南朝武士俑

劉穆之內總朝政，外供軍旅，決斷如流，事無擁滯。賓客輻湊，求訴百端，內外諮稟，盈階滿室；目鑑辭訟，手答箋書，耳行聽受，口並酬應，不相參涉，悉皆贍舉。又喜賓客，言談賞笑，彌日無倦。裁有閑暇，手自寫書，尋覽校定。性奢豪，食必方丈，旦輒為十人饌，未嘗獨餐。嘗白裕曰：「穆之家本貧賤，贍生多闕。自叨忝以來，雖每存約損，而朝夕所須，微為過豐。自此外，一毫不以負公。」中軍諮議參軍張邵言於裕曰：「人生危脆，必當遠慮。穆之若邂逅不幸，誰可代之？尊業[39]如此。苟有不諱[40]，處分云何？」裕曰：「此自委穆之及卿耳。」

（八月）丁巳，裕發建康，遣龍驤將軍王鎮惡、冠軍將軍檀道濟將步軍自淮、肥向許、洛，新野太守朱超石、寧朔將軍胡藩趨陽城，振武將軍沈田子、建威將軍傅弘之趨武關，建武將軍沈林子、彭城內史劉遵考將水軍出石門，自汴入河，以冀州刺史王仲德督前鋒諸軍，開巨野入河[41]。遵考，裕之族弟也。劉穆之謂王鎮惡曰：「公今委卿以伐秦之任，卿其勉之！」鎮惡曰：「吾不克關中，誓不復濟江！」[42]

……

（九月）王鎮惡、檀道濟入秦境，所向皆捷。秦將王苟生以漆丘降鎮惡，徐州刺史姚掌以項城降道濟，諸屯守皆望風款附。惟新蔡太守董遵不下，道濟攻拔其城，執遵，殺之。進克許昌，獲秦潁川太守姚垣及大將楊業。沈林子自汴入河，襄邑人董神虎聚眾千餘人來降，太尉裕版為參軍。林子與神虎共攻倉垣，克之，秦兗州刺史韋華降。神虎擅還襄邑，林子殺之。[43]

……

王仲德水軍入河，將逼滑臺。魏兗州刺史尉建畏懦，帥眾棄城，北渡河。仲德入滑臺，宣言曰：「晉本欲以布帛七萬匹假道於魏，不謂魏之守將棄城遽去。」魏主嗣[44]聞之，遣叔孫建、公孫表自河內向枋頭，因引兵濟河，斬尉建於城下，投屍於河。呼仲德軍人，問以侵寇之狀。仲德使司馬竺和之對曰：「劉太尉使王征虜自河入洛，清掃山陵，非敢為寇於魏也。魏之守將自棄滑臺去，王征虜[45]

借空城以息兵，行當西引，於晉、魏之好無廢也，何必揚旗鳴鼓以曜威乎！”嗣使建以問太尉裕，裕遜辭謝之曰：“洛陽，晉之舊都，而羌據之；晉欲修復山陵久矣。諸桓宗族，司馬休之、國璠兄弟，魯宗之父子，皆晉之蠹也[46]，而羌[47]收之以為晉患。今晉將伐之，欲假道於魏，非敢為不利也。”[48]

……

（十月）秦陽城、滎陽二城皆降，晉兵進至成皋。秦征南將軍陳留公洸鎮洛陽，遣使求救於長安。秦主泓遣越騎校尉閻生帥騎三千救之，武衛將軍姚益男將步卒一萬助守洛陽，又遣并州牧姚懿南屯陝津，為之聲援。寧朔將軍趙玄言於洸曰：“今晉寇益深，人情駭動，眾寡不敵，若出戰不捷，則大事去矣。宜攝諸戍之兵，固守金墉，以待西師之救。金墉不下，晉必不敢越我而西，是我不戰而坐收其弊也。”司馬姚禹陰與檀道濟通，主簿閻恢、楊虔，皆禹之黨也，共嫉玄，言於洸曰：“殿下以英武之略，受任方面；今嬰城示弱，得無為朝廷所責乎！”洸以為然，乃遣趙玄將兵千餘南守柏谷塢，廣武將軍石無諱東戍鞏城。玄泣謂洸曰：“玄受三帝[49]重恩，所守正有死耳。但明公不用忠臣之言，為奸人所誤，後必悔之。”既而成皋、虎牢皆來降，檀道濟等長驅而進，無諱至石關，奔還。龍驤司馬滎陽毛德祖與玄戰於柏谷，玄兵敗，被十餘創，據地大呼。玄司馬蹇鑑冒刃抱玄而泣，玄曰：“吾創已重，君宜速去。"鑑曰："將軍不濟，鑑去安之！"
與之皆死。姚禹逾城奔道濟。甲子，道濟進逼洛陽，丙
寅，洸出降。道濟獲秦人四千餘人，議者欲盡坑之以為
京觀[50]。道濟曰："伐罪弔民，正在今日。"皆釋而遣
之。於是夷、夏感悅，歸之者甚眾。閭生、姚益男未至，
聞洛陽已沒，不敢進。

己丑，詔遣兼司空高密王恢之修謁五陵[51]，置守衛。
太尉裕以冠軍將軍毛修之為河南、河內二郡太守，行司州
事，戍洛陽。[52]

……

（十一月）太尉裕遣左長史王弘還建康，諷朝廷求九
錫。時劉穆之掌留任，而旨從北來，穆之由是愧懼發病。
弘，珣之子也。十二月，壬申，詔以裕為相國、總百揆、
揚州牧，封十郡為宋公，備九錫之禮，位在諸侯王上，領
征西將軍、司、豫、北徐、雍四州刺史如故，裕辭不受。[53]

……

（義義十三年正月）太尉裕引水軍發彭城，留其子彭
城公義隆鎮彭城。詔以義隆為監徐、兗、青、冀四州諸軍
事、徐州刺史。[54]

……

（二月）王鎮惡進軍澠池，遣毛德祖襲尹雅於蠡吾
城，禽之，雅殺守者而逃。鎮惡引兵徑前，抵潼關。

檀道濟、沈林子自陝北渡河，拔襄邑堡，秦河北太守

薛帛奔河東。又攻秦并州刺史尹昭於蒲阪，不克。別將攻匈奴堡，為姚成都所敗。[55]

……

秦主泓以東平公紹為太宰、大將軍、都督中外諸軍事，假黃鉞，改封魯公，使督武衛將軍姚鸞等步騎五萬守潼關，又遣別將姚驢救蒲阪[56]。沈林子謂檀道濟曰：“蒲阪城堅兵多，不可猝拔，攻之傷眾，守之引日。王鎮惡在潼關，勢孤力弱，不如與鎮惡合勢併力，以爭潼關。若得之，尹昭不攻自潰矣。”道濟從之。

三月，道濟、林子至潼關。秦魯公紹引兵出戰，道濟、林子奮擊，大破之，斬獲以千數。紹退屯定城，據險拒守，謂諸將曰：“道濟等兵力不多，懸軍深入，不過堅壁以待繼援。吾分軍絕其糧道，可坐禽也。”乃遣姚鸞屯大路以絕道濟糧道。鸞遣尹雅將兵與晉戰於關南[57]，為晉兵所獲，將殺之。雅曰：“雅前日已當死，幸得脫至今，死固甘心。然夷、夏雖殊，君臣之義一也。晉以大義行師，獨不使秦有守節之臣乎！”乃免之。

丙子夜，沈林子將銳卒襲鸞營，斬鸞，殺其士卒數千人。紹又遣東平公讚屯河上以斷水道；沈林子擊之，讚敗走，還定城。薛帛據河曲[58]來降。

太尉裕將水軍自淮、泗入清河，將溯河西上，先遣使假道於魏；秦主泓亦遣使請救於魏。魏主嗣使群臣議之，皆曰：“潼關天險，劉裕以水軍攻之，甚難；若登岸北侵，其勢便易。裕聲言伐秦，其志難測。且秦，婚姻之國[59]，不可不救也。宜發兵斷河上流，勿使得西。"博士祭酒崔浩曰："裕圖秦久矣。今姚興死，子泓懦劣，國多內難。裕乘其危而伐之，其志必取。若遏其上流，裕心忿戾，必上岸北侵，是我代秦受敵也。今柔然寇邊，民食又乏，若復與裕為敵，發兵南赴則北寇愈深，救北則南州[60]復危，非良計也。不若假之水道，聽裕西上，然後屯兵以塞其東。使裕克捷，必德我之假道；不捷，吾不失救秦之名。此策之得者也。且南北異俗，借使國家棄恒山以南，裕必不能以吳、越之兵與吾爭守河北之地，安能為吾患乎！夫為國計者，惟社稷是利，豈顧一女子乎！"議者猶曰："裕西入關，則恐吾斷其後，腹背受敵；北上，則姚氏必不出關助我，其勢必聲西而實北也。"嗣乃以司徒長孫嵩督山東諸軍事，又遣振威將軍娥清、冀州刺史阿薄干將步騎十萬屯河北岸。[61]

……

劉裕陵墓前的石獸

初，裕命王鎮惡等："若克洛陽，須大軍到俱進。"鎮惡等乘利徑趨潼關，為秦兵所拒，不得前。久之，乏食，眾心疑懼，或欲棄輜重還赴大軍。沈林子按劍怒曰：“相公[62]志清六合，今許、洛已定，關右將平，事之濟否，繫於前鋒。奈何沮乘勝之氣，棄垂成之功乎！且大軍尚遠，賊眾方盛，雖欲求還，豈可得乎！下官授命不顧，今日之事，當自為將軍辦之，未知二三君子將何面以見相公之旗鼓邪！”鎮惡等遣使馳告裕，求遣糧援。裕呼使者，開舫北戶，指河上魏軍以示之曰：“我語令勿進，今輕佻深入。岸上如此，何由得遣軍！”鎮惡乃親至弘農，說諭百姓，百姓競送義租，軍食復振。

魏人以數千騎緣河隨裕軍西行；軍人於南岸牽百丈[63]，風水迅急，有漂渡北岸者，輒為魏人所殺略。裕遣軍擊之，裁登岸則走，退則復來。夏，四月，裕遣白直隊主丁旿帥仗士七百人、車百乘，渡北岸，去水百餘步，為卻月陣，兩端抱河，車置七仗士，事畢，使豎一白毦；魏人不解其意，皆未動。裕先命寧朔將軍朱超石戒嚴，白毦既舉，超石帥二千人馳往赴之，齎大弩百張，一車益二十人，設彭排於轅上。魏人見營陣既立，乃進圍之；長孫嵩帥三萬騎助之，四面肉薄[64]攻營，弩不能制。時超石別齎大鎚及矟千餘張，乃斷矟長三四尺，以鎚鎚之，一矟輒洞貫三四人。魏兵不能當，一時奔潰，死者相積；臨陳斬阿薄干，魏人退還畔城。超石帥寧朔將軍胡藩、寧遠將軍劉榮祖追擊，又破之，殺獲千計。魏主嗣聞之，乃恨不用崔浩之言。

秦魯公紹遣長史姚洽、寧朔將軍安鸞、護軍姚墨蠡、河東太守唐小方帥眾三千屯河北之九原，阻河為固，欲以絕檀道濟糧援。沈林子邀擊，破之，斬洽、黑蠡、小方，殺獲殆盡。林子因啟太尉裕曰："紹氣蓋關中，今兵屈於外，國危於內。恐其凶命先盡，不得以膏齊斧耳。"紹聞洽等敗死，憤恚，發病嘔血，以兵屬東平公讚而卒。讚既代紹，眾力猶盛，引兵襲林子，林子復擊破之。

太尉裕至洛陽，行視城塹，嘉毛修之完葺之功，賜衣服玩好，直二千萬。[65]

……

五月，乙未，齊郡太守王懿降於魏，上書言："劉裕在洛，宜發兵絕其歸路，可不戰而克。"魏主嗣善之。

崔浩侍講在前，嗣問之曰："劉裕伐姚泓，果能克乎？"對曰："克之。"嗣曰："何故？"對曰："昔姚興好事虛名而少實用，子泓懦而多病，兄弟乖爭。裕乘其危，兵精將勇，何故不克！"嗣曰："裕才何如慕容垂？"對曰："勝之。垂藉父兄之資，修復舊業，國人歸之，若夜蟲之就火，少加倚仗，易以立功。劉裕奮起寒微，不階尺土，討滅桓玄，興復晉室，北禽慕容超，南梟盧循，所向無前，非其才之過人，安能如是乎！"嗣曰："裕既入關，不能進退，我以精騎直搗彭城、壽春，裕將若之何？"對曰："今西有屈丐[66]，北有柔然[67]，窺伺國隙。陛下既不可親御六師，雖有精兵，未睹良將。長孫嵩長於治國，短於用兵，非劉裕敵也。興兵遠攻，未見其利，不如且安靜以待之。裕克秦而歸，必篡其主。關中華、戎雜錯，風俗勁悍；裕欲以荊、揚之化施之函、秦，此無異解衣包火，張羅捕虎；雖留兵守之，人情未洽，趨尚不同，適足為寇敵之資耳。願陛下按兵息民以觀其變，秦地終為國家之有。可坐而守也。"嗣笑曰："卿料之審矣！"浩曰："臣嘗私論近世將相之臣：若王猛之治國，符堅之管仲也；慕容恪之輔幼主，慕容暐之霍光也；劉裕之平禍亂，司馬德宗[68]之曹操也。"嗣曰："屈丐何如？"浩曰："屈丐國破家覆，孤子一身，寄食姚氏，受其封殖。不思酬恩報義，而乘時徼利，盜有一方，結怨四鄰。撅豎[69]小人，雖能縱暴一時，終當為人所吞食耳。"嗣大悅，語至夜半，賜浩御縹醪十觚[70]，水精鹽[71]一兩，曰："朕味卿言，如此鹽、酒，故欲與卿共饗其美。"然猶命長孫嵩、叔孫建各簡精兵，伺裕西過，自成臯濟河，南侵彭、沛[72]。若不時過，則引兵隨之。[73]

……

秋，七月，太尉裕至陝。沈田子、傅弘之入武關，秦戍將皆委城走。田子等進屯青泥，秦主泓使給事黃門侍郎姚和都屯嶢柳以拒之。

……

（八月）太尉裕至閿鄉，沈田子等將攻嶢柳。秦主泓欲自將以禦裕軍，恐田子等襲其後，欲先擊滅田子等，然後傾國東出；乃帥步騎數萬，奄至青泥。田子本為疑兵，所領裁千餘人，聞泓至，欲擊之；傅弘之以眾寡不敵止之，田子曰：“兵貴用奇，不必在眾。且今眾寡相懸，勢不兩立，若彼結圍既固，則我無所逃矣。不如乘其始至，營陳未立，先薄之，可以有功。”遂帥所領先進，弘之繼之。秦兵合圍數重。田子撫慰士卒曰：“諸君冒險遠來，正求今日之戰，死生一決，封侯之業於此在矣！”士卒皆踴躍鼓噪，執短兵奮擊，秦兵大敗，斬戩萬餘級，得其乘輿服御物，秦主泓奔還灞上。[74]

......

辛丑，太尉裕至潼關，以朱超石為河東太守，使與振武將軍徐猗之會薛帛於河北，共攻蒲阪。秦平原公璞與姚和都共擊之，猗之敗死，超石奔還潼關。東平公讚遣司馬國璠引魏兵以躡裕後。

王鎮惡請帥水軍自河入渭以趨長安，裕許之。秦恢武將軍姚難自香城引兵而西，鎮惡追之；秦主泓自灞上引兵還屯石橋以為之援，鎮北將軍姚強與難合兵屯涇上以拒鎮惡。鎮惡使毛德祖進擊，破之，強死，難奔長安。

東平公讚退屯鄭城，太尉裕進軍逼之。泓使姚丕守渭橋，胡翼度屯石積，東平公讚屯灞東，泓屯逍遙園。

鎮惡溯渭而上，乘蒙沖小艦，行船者皆在艦內；秦人見艦進而無行船者，皆驚以為神。壬戌旦，鎮惡至渭橋，令軍士食畢，皆持仗登岸，後登者斬。眾既登，渭水迅急，艦皆隨流，倏忽不知所在。時泓所將尚數萬人。鎮惡諭士卒曰："吾屬並家在江南，此為長安北門，去家萬里，舟楫、衣糧皆已隨流。今進戰而勝，則功名俱顯；不勝，則骸骨不返，無他歧矣。卿等勉之！"乃身先士卒，眾騰踴爭進，大破姚丕於渭橋。泓引兵救之，為丕敗卒所蹂踐，不戰而潰。姚諶等皆死，泓單馬還宮。鎮惡入自平朔門，泓與姚裕等數百騎逃奔石橋。東平公讚聞泓敗，引兵赴之，眾皆潰去。胡翼度降於太尉裕。

泓將出降，其子佛念，年十一，言於泓曰："晉人將逞其欲，雖降必不免，不如引決。"泓憮然不應，佛念登宮牆自投而死。癸亥，泓將妻子、群臣詣鎮惡壘門請降，鎮惡以屬吏。城中夷、晉六萬餘戶，鎮惡以國恩撫慰，號令嚴肅，百姓安堵。

九月，太尉裕至長安，鎮惡迎於灞上。裕勞之曰："成吾霸業者，卿也！"鎮惡再拜謝曰："明公之威，諸將之力，鎮惡何功之有！"裕笑曰："卿欲學馮異[75]邪？"[76]

……

裕收秦彝器、渾儀、土圭、記里鼓、指南車送詣建康。其餘金玉、繒帛、珍寶，皆以頒賜將士。秦平原公璞、并州刺史尹昭以蒲阪降，東平公讚帥宗族百餘人詣裕降，裕皆殺之。送姚泓至建康，斬於市。[77]

……

裕議遷都洛陽，諮議參軍王仲德曰："非常之事，固非常人所及，必致駭動。今暴師日久，士卒思歸，遷都之計，未可議也。”裕乃止。[78]

……

（十一月）辛未，劉穆之卒。太尉裕聞之，驚慟哀惋者累日。始，裕欲留長安經略西北，而諸將佐皆久役思歸，多不欲留。會穆之卒，裕以根本無託，遂決意東還。[79]

……

三秦父老聞裕將還，詣門流涕訴曰：“殘民不霑王化，於今百年，始睹衣冠，人人相賀。長安十陵[80]是公家墳墓，咸陽宮殿[81]是公家室宅，捨此欲何之乎？”裕為之愍然，慰諭之曰：“受命朝廷，不得擅留。誠多諸君懷本之志，今以次息[82]與文武賢才共鎮此境，勉與之居。”十二月，庚子，裕發長安，自洛入河，開汴渠而歸。[83]

……

夏王勃勃聞太尉裕東還，大喜，問於王買德曰：“朕欲取關中，卿試言其方略。”買德曰：“關中形勝之地，而裕以幼子守之。狼狽而歸，正欲急成篡事耳，不暇復以中原為意。此天以關中賜我，不可失也。青泥、上洛，南北之險要，宜先遣遊軍斷之；東塞潼關，絕其水陸之路；然後傳檄三輔，施以威德，則義真[84]在網罟之中，不足取也。”[85]

注釋

1. 南燕：當時割據北方的鮮卑政權，佔據相當於今山東半島及其以西一些地區，都廣固，今山東省益都市。

2. 監中軍留府事：劉裕時任中軍將軍，北伐期間，由孟昶代行他的本
部職權，稱為"監中軍留府事"。

3.《通鑑》，頁3613。

4. "所過"二句：築城留兵把守，蓋防備南燕以奇兵斷晉軍後路。

5. 大峴：山名。在南燕國齊地。

6. 南燕主超：南燕國王慕容超。

7. 緣山東下：南燕兗州治梁父，"緣山東下"即指緣梁父之山而東下。

8. 吾據五州之地：南燕并州牧鎮陰平，幽州刺史鎮發干，徐州刺史鎮
莒城，兗州刺史鎮梁父，青州刺史鎮東萊。所以稱擁有五州。

9. "卿中華之士"二句：文身，古者東南之民斷髮紋身。這句意思是說
南燕馬上就要被東南的晉國所滅亡。

10. 餘糧棲畝：這句意思是說燕人沒有芟除田地裏的禾苗。

11. 秦人自有內患：當時後秦正與統治區內的夏王勃勃的勢力打仗，勃
勃從西北地區對後秦構成威脅。

12. 青、冀二州：東晉置南青州、南冀州於淮南地區，北青州、北冀州
於齊地。

13. 劉勃勃：夏王勃勃之祖最初從母姓劉，後改姓赫連。

14. 興：後秦國王姚興。

15. 羌寇：秦政權為羌族，故稱之"羌寇"。

16.《通鑑》，頁3615－3619。

17. 為勃勃所敗：姚興為勃勃所敗，在這一年九月。

18.《通鑑》，頁3620。

19. 天門：廣固內城南門。

20.《通鑑》，頁3625。

21. 銜璧：投降。

22. 往亡：迷信說法中的每月的一個忌日。這一天不利於戰鬥、婚嫁
等。

23. 惟以母託劉敬宣：劉敬宣曾經奔燕，故慕容超將母親託付給他。

24.《通鑑》，頁3626－3627。

25. 蜀：義熙元年，地方豪族譙縱乘桓玄之亂割據益州，稱成都王，亦稱藩於北方的後秦。

26.《通鑑》，頁3656－3657。

27. 打鼻：山名。

28. 獠：當時西南地區的一個邊疆少數民族的名稱。

29.“朱侯”二句：指朱齡石多取蜀府庫中物，殺馬耽以滅口。

30.《通鑑》，頁3660－3662。

31. 司、豫二州：司州、豫州皆在今河南境內，是劉裕北伐將要攻克的地區。

32. 徐、兗二州：徐州、兗州是當時東晉與北方統治區接界的前線地區，也是北伐軍的根據地。

33. 啟行戎路，修敬山陵：意思要首先進入洛陽，因為晉皇室先代的陵墓都在洛陽。

34.《通鑑》，頁3686。

35. 北雍州刺史：西晉置雍州於長安，永嘉之亂，沒於劉淵、石勒。苻秦之亂，雍州之民南出樊沔，晉孝武帝於襄陽僑立雍州。今劉裕欲取長安，故領北雍州刺史，以區別於襄陽的南雍州。

36.《通鑑》，頁3686。

37.“裕以”六句：以劉裕之子劉義符為名義上的居守的最高首長，所有職權由劉穆之代行。穆之住在建康的東府。

38.“左將軍”三句：意思是朱、劉、張三人分別掌管警衛皇宮、京師防衛、京畿揚州地區政務。

39. 尊業：指劉裕已成的功業。

40. 不諱：指劉裕萬一遭遇什麼不幸。

41.“遣龍驤將軍”六句：分五路進攻，其中第一路從安徽經河南南部直指洛陽，為主力部隊。第三路經河南南側，攻入陝西東南的武關，直指長安，這是當年漢高祖入關的路線。第二路攻河南中部，第四、五路為水路，分別從汴水、濟水入黃河。

42.《通鑑》，頁3688－3690。

43.《通鑑》，頁3691－3692。這一節敘述晉軍主力部隊深入敵境，一路奏凱，已經過了許昌，鋒指洛陽。

44.嗣：拓跋嗣。

45.王征虜：王仲德為征虜將軍。

46.“諸桓”四句：這些都是自晉叛逃至後秦而反抗東晉的人。

47.羌：後秦姚氏政權為羌族。

48.《通鑑》，頁3692－3693。此節寫北伐軍進軍途中與北方另一政權魏國的交涉。

49.三帝：後秦姚萇、姚興、姚泓三個皇帝。

50.京觀：積屍封土其上謂之京觀。

51.五陵：晉宣帝陵在河陰，曰高原；景帝陵曰峻平；文帝陵曰崇陽；武帝陵曰峻陽；惠帝陵曰太陽。

52.《通鑑》，頁3693－3695。以上寫北伐軍攻克洛陽。

53.《通鑑》，頁3695。

54.《通鑑》，頁3699。

55.《通鑑》，頁3700。

56.“使督武衛將軍”二句：意思是以姚紹為主帥守潼關，以敵王鎮惡的主力，派兵救蒲阪以拒檀道濟的偏師。

57.關南：潼關以南。

58.河曲：河水自蒲阪南至潼關，激而東流，蒲阪、河北南下轉東的這一帶地方，謂之河曲。

59.“且秦”二句：指魏主拓跋嗣娶秦公主為夫人一事。

60.南州：指魏國南部相州瀕河諸郡。

61.《通鑑》，頁3700－3702。

62.相公：指劉裕。

63. 百丈：用竹子所做的挽船的器物。

64. 肉薄：即“肉搏”，逼近軍營血戰。

65.《通鑑》，頁 3702 — 3704。

66. 屈丐：即赫連勃勃。

67. 柔然：北方一族，經常侵擾魏邊境。

68. 司馬德宗：晉安帝名司馬德宗。

69. 撅豎：突然而起的意思。

70. 縹：青白色。醪：醡酒。觚：飲器，受三升。

71. 水精鹽：鹽透明如水精，謂之水精鹽。

72. 彭、沛：彭城、沛郡。

73.《通鑑》，頁 3705 — 3706。

74.《通鑑》，頁 3706 — 3707。

75. 欲學馮異：馮異謙退不伐，而能定關中。

76.《通鑑》，頁 3707 — 3709。

77.《通鑑》，頁 3709 — 3711。

78.《通鑑》，頁 3711。

79.《通鑑》，頁 3712 — 3713。

80. 長安十陵：西漢十一帝的陵墓皆在長安附近、關中一帶。

81. 咸陽宮殿：與前句“長安十陵”應是互文見義。長安、咸陽的宮殿
皆是漢代故跡。劉裕，乃劉氏子孫。

82. 次息：次子。

83.《通鑑》，頁 3714。

84. 義真：劉義真，劉裕的次子。劉裕還東晉，留義真鎮守長安，任都
督雍、梁、秦三州諸軍事、安西將軍，領雍、東秦二州刺史。

85.《通鑑》，頁 3715。

串講

本文分為三大段。"三月，劉裕抗表伐南燕"等十四節，為第一大段，寫的是劉裕伐滅南燕的經過。從劉裕表請討伐南燕的決策開始，然後寫其進軍過程，這中間敘述到南燕方面的迎戰策略的出臺過程，南燕主慕容超剛愎自用，是個亡國的主兒。這一段也寫到當時北方的主要政權後秦無力支援南燕的事情。廣固圍城歷八個月才最終攻克，劉裕因為城內堅持太久，攻克之後，一度還想屠城，最終還是殺了王公以下三千人。司馬光對此舉有尖銳批評。這一段的開頭將王鎮惡介紹出場，鎮惡是後來劉裕伐滅後秦的主要將帥。

"太尉裕謀伐蜀"等七節，為第二大段，記敘東晉滅蜀之事。劉裕挑選朱齡石擔任主帥，對於進攻策略均有指授。譙蜀亦與後秦結為盟好，此番滅蜀，與前述滅南燕，為稍後更大規模的北伐中原後秦政權的軍事行動作了充分準備。

"二月，加太尉裕中外大都督"以下，為第三大段，敘述伐秦的經過和結果。也是"劉裕北伐"的正文。劉裕安排好了後方，以劉穆之主持留守事務，遂親率大軍自建康出發。北伐軍兵分五路，直指當時北方主要政權羌族後秦的中心長安。北伐軍溯黃河而上的水路進攻，與據有河北的魏國有過交涉，後來大軍經過時，與魏國軍隊之間亦發生零星衝突。檀道濟所部激戰之後攻克洛陽，王鎮惡所部長驅直抵長安的門戶潼關。後秦方面趕緊佈置應對，前鋒交鋒。這時，魏國方面的謀臣崔浩於魏國朝廷對於劉裕北伐後秦形勢之下的諸國前景發表觀察與議論。劉裕大軍出洛陽至陝，向西進擊，王鎮惡自黃河入渭水率水軍奇襲攻破長安。姚泓出降，後秦國滅亡。這時傳來劉穆之在建康去世的消息，根本無託，劉裕趕緊東歸。長安父老流淚挽留，場面感人至甚，劉裕好言安慰，馬上踏上歸程。劉裕一撤，匈奴夏王赫連勃勃就開始謀取長安了。

評析

對於後代的漢族中國人來說，"永嘉南渡"之後最令人揚眉吐氣的事件，東晉義熙十二、十三年（416、417）的劉裕北伐是算得上的。明、清之際的王夫之《讀〈通鑑〉論》曰："宋武興，東滅慕容超，西滅姚泓，拓跋嗣、赫連勃勃斂跡而穴處。自劉淵稱亂以來，祖逖、庾翼、桓溫、謝安經營百年而無能及此。後乎此者，二蕭、陳氏無尺土之展，而浸以削亡。然則永嘉以降，僅延中國生人之氣者，唯劉氏耳。"（《讀〈通鑑〉論》，中華書局，1975，頁478）南宋詞人辛棄疾著名的《永遇樂·京口北固亭懷古》緬懷劉裕在戰場上的驕人業績："斜陽草樹，尋常巷陌，人道寄奴曾住。想當年金戈鐵馬，氣吞萬里如虎。"（按：劉裕小字寄奴。）

三年之後，東晉元熙二年（420）劉裕篡晉，建立宋朝。稍後，拓跋鮮卑的魏國歷經連年征戰，於太延五年（439）達到了統一中國北方的目的。從這一意義上看，劉裕北伐是中古歷史的一個關鍵事件，標誌着南北朝相持局面的開始。

本文所敘述的故事結束之後，劉裕留在關中的將帥不和，自相殘殺，王鎮惡被害。夏王匈奴赫連勃勃乘機攻入長安，一舉消滅東晉留守的軍隊，北伐的成果得而復失，是最令人遺憾的。劉裕北伐的第一功臣王鎮惡，他的祖父王猛是當年氐族前秦政權在北方發展壯大的主要謀主，肥水之戰後，羌族姚萇反叛，殺死前秦國王苻堅，建立後秦；如今王猛的孫子擔當主力，消滅了後秦，又為已故前秦報了仇。不幸，勝利之後不久，王鎮惡亦長眠在關中的土地上。其中的恩恩怨怨，最為深長，耐人尋味。

北魏孝文帝遷都[1]

一

魏主以平城[2]地寒，六月雨雪，風沙常起，將遷都洛陽；恐群臣不從，乃議大舉伐齊，欲以脅眾。（五月）齋於明堂左个[3]，使太常卿王諶筮之，遇《革》[4]，帝曰："湯、武革命，應乎天而順乎人。'[5]吉孰大焉！"群臣莫敢言。尚書任城王澄曰："陛下弈葉[6]重光，帝有中土；今出師以征未服，而得湯、武革命之象，未為全吉也。"帝厲聲曰："繇[7]云：'大人虎變'[8]，何言不吉！"澄曰："陛下龍興已久，何得今乃虎變！"帝作色曰："社稷我之社稷，任城欲沮眾邪！"澄曰："社稷雖為陛下之有，臣為社稷之臣，安可知危而不言！"帝久之乃解，曰："各言其志，夫亦何傷！"

北魏孝文帝元弘像

既還宮[9]，召澄入見，逆謂之曰："嚮者《革卦》，今當更與卿論之。明堂之忿，恐人人競言，沮我大計，故以聲色怖文武耳。想識朕意。"因屏人，謂澄曰："今日之舉，誠為不易。但國家興自朔土，徙居平城；此乃用武之地，非可文治。今將移風易俗，其道誠難，朕欲因此遷宅中原，卿以為何如？"澄曰："陛下欲卜宅中土，以經略四海，此周、漢之所以興隆也。"帝曰："北人習常戀故，必將驚擾，奈何？"澄曰："非常之事，故[10]非常人之所及。陛下斷自聖心，彼亦何所能為。"帝曰："任城，吾之子房[11]也！"

六月，丙戌，命作河橋，欲以濟師。秘書監盧淵上表，以為："前世承平之主，未嘗親御六軍，決勝行陳之間；豈非勝之不足為武，不勝有虧威望乎。昔魏武以弊卒一萬破袁紹，謝玄以步兵三千摧苻秦，勝負之變，決於須臾，不在眾寡也。"詔報曰："承平之主，所以不親戎事者，或以同軌無敵[12]，或以懦劣偷安。今謂之同軌則未然，比之懦劣則可恥，必若王者不當親戎，則先王製革輅[13]，何所施也？魏武之勝，蓋由仗順；苻氏之敗，亦由失政；豈寡必能勝眾，弱必能制強邪！"[14]

……

（七月）魏主使錄尚書事廣陵王羽持節安撫六鎮[15]，發其突騎。丁亥，魏主辭永固陵；己丑，發平城，南伐，步騎三十餘萬；使太尉丕與廣陵王羽留守平城，並加使持節。羽曰："太尉宜專節度，臣正可為副。"魏主曰："老者之智，少者之決，汝無辭也。"[16]

二

　　魏主自發平城至洛陽，霖雨不止。（九月）丙子，詔諸軍前發。丁丑，帝戎服，執鞭乘馬而出。群臣稽顙於馬前[17]。帝曰："廟算[18]已定，大軍將進，諸公更欲何云？"尚書李沖等曰："今者之舉，天下所不願，唯陛下欲之。臣不知陛下獨行，竟何之也！臣等有其意而無其辭，敢以死請！"帝大怒曰："吾方經營天下，期於混壹，而卿等儒生，屢疑大計；斧鉞有常，卿勿復言！"策馬將出，於是安定王休等並殷勤泣諫。帝乃諭群臣曰："今者興發不小，動而無成，何以示後！朕世居幽朔，欲南遷中土；苟不南伐，當遷都於此，王公以為何如？欲遷者左，不欲者右。"安定王休等相帥如右。南安王楨進曰："'成大功者不謀於眾。'[19]今陛下苟輟南伐之謀，遷都洛邑，此臣等之願，蒼生之幸也。"群臣皆呼萬歲。時舊人[20]雖不願內徙，而憚於南伐，無敢言者；遂定遷都之計。

　　李沖言於上曰："陛下將定鼎洛邑，宗廟宮室，非可馬上遊行以待之。願陛下暫還代都，俟群臣經營畢功，然後備文物、鳴和鑾而臨之。"帝曰："朕將巡省州郡，至鄴小停，春首[21]即還，未宜歸北。"乃遣任城王澄還平城，諭留司百官以遷都之事，曰："今日真所謂革也。王其勉之。"

　　帝以群臣意多異同，謂衛尉卿、鎮南將軍于烈曰：

"卿意如何?"烈曰:"陛下聖略淵遠,非愚淺所測。若隱心而言,樂遷之與戀舊,適中半耳。"帝曰:"卿既不唱異,即是肯同,深感不言之益。"使還鎮平城,曰:"留臺庶政,一以相委。"烈,栗磾[22]之孫也。[23]

三

(正月)乙亥,魏主如洛陽西宮。中書侍郎韓顯宗上書陳四事:其一以為:"竊聞輿駕今夏不巡三齊,當幸中山。往冬輿駕停鄴,當農隙之時,猶比屋供奉,不勝勞費。況今蠶麥方急,將何以堪命!且六軍涉暑,恐生癘疫。臣願早還北京[24],以省諸州供張之苦,成

北魏人的形象和服飾

洛都營繕之役。"其二以為:"洛陽宮殿故基,皆魏明帝所造,前世已譏其奢。今茲營繕,宜加裁損。又,頃來北都富室,競以第舍相尚;宜因遷徙,為之制度。及端廣衢路,通利溝渠。"其三以為:"陛下之還洛陽,輕將從騎。王者於闈闥之內猶施警蹕,況涉履山河而不加三思

乎！”其四以為：“陛下耳聽法音，目玩墳典，口對百辟，心虞萬機，景昃而食，夜分而寢；加以孝思之至，隨進而深；文章之業，日成篇卷；雖叡明所用，未足為煩，然非所以嗇神養性，保無疆之祚也。伏願陛下垂拱[25]司契而天下治矣。”帝頗納之。顯宗，麒麟[26]之子也。

顯宗又上言，以為：“州郡貢察[27]，徒有秀、孝之名，而無秀、孝之實；朝廷但檢其門望，不復彈坐[28]。如此，則可令別貢門望以敘士人，何假冒秀、孝之名也。夫門望者，乃其父祖之遺烈，亦何益於皇家！益於時者，賢才而已。苟有其才，雖屠、釣、奴、虜，聖王不恥以為臣；苟非其才，雖三后[29]之胤，墜於皁隸矣。議者或云，‘今世等無奇才，不若取士於門’，此亦失矣。豈可以世無周、邵，遂廢宰相邪！但當校其寸長銖重者先敘之，則賢才無遺矣。”

“又，刑罰之要，在於明當，不在於重。苟不失有罪，雖捶撻之薄，人莫敢犯；若容可僥倖，雖參夷[30]之嚴，不足懲禁。今內外之官，欲邀當時之名，爭以深刻為無私，迭相敦厲，遂成風俗。陛下居九重之內，視人如赤子；百司分萬務之任，遇下如億讎。是則堯、舜止一人，而桀、紂以千百；和氣不至，蓋由於此。謂宜敕示百僚，以惠元元[31]之命。”

“又，昔周居洛邑，猶存宗周[32]；漢遷東都，京兆置尹[33]。案《春秋》之義，有宗廟曰都，無曰邑。況代京，宗廟山陵所託，王業所基，其為神鄉福地，實亦遠矣，今便同之郡國，臣竊不安。謂宜建畿置尹，一如故事[34]，崇本重舊，光示萬葉。」

「又，古者四民異居，欲其業專志定也。太祖道武皇帝創基撥亂，日不暇給，然猶分別士庶，不令雜居，工伎屠沽，各有攸處；但不設科禁，久而混殽。今聞洛邑居民之制，專以官位相從，不分族類。夫官位無常，朝榮夕悴，則是衣冠、皁隸不日同處矣。借使一里之內，或調習歌舞，或講肄詩書，縱群兒隨其所之，則必不棄歌舞而從詩書矣。然則使工伎之家習士人風禮，百年難成；士人之子效工伎容態，一朝而就。是以仲尼稱里仁[35]之美，孟母勤三徙[36]之訓。此乃風俗之原，不可不察。朝廷每選人士，校其一婚一宦以為升降，何其密也！至於度地居民，則清濁連甍[37]，何其略也！今因遷徙之初，皆是空地，分別工伎，在於一言，有何可疑，而闕盛美！」

「又，南人昔有淮北之地，自比中華，僑置郡縣。自歸附聖化，仍而不改，名實交錯，文書難辨。宜依地理舊名，一皆釐革，小者併合，大者分置，及中州郡縣，昔以戶少併省，今民口既多，亦可復舊。」[38]

「又，君人者以天下為家，不可有所私。倉庫之儲，以供軍國之用，自非有功德者不可加賜。在朝諸貴，受祿不輕；比來頒賚，動以千計。若分以賜鰥寡孤獨之民，所濟實多；今直以與親近之臣，殆非‘周急不繼富’之謂也。"帝覽奏,甚善之。[39]

……

（二月）壬寅,魏主北巡;癸卯,濟河;三月,壬申,至平城。使群臣更論遷都利害,各言其志。燕州刺史穆羆曰:"今四方未定,未宜遷都。且征伐無馬,將何以克?"帝曰:"廄牧在代,何患無馬。今代在恒山之北,九州之外,非帝王之都也。"尚書于果曰:"臣非以代地為勝伊、洛之美也。但自先帝以來,久居於此,百姓安之;一旦南遷,眾情不樂。"平陽公丕曰:"遷都大事,當訊之卜筮。"帝曰:"昔周、邵聖賢,乃能卜宅。今無其人,卜之何益。且'卜以決疑,不疑何卜?'黃帝卜而龜焦,天老曰'吉',黃帝從之。然則至人之知未然,審於龜矣。王者以四海為家,或南或北,何常之有!朕之遠祖,世居北荒。平文皇帝始都東木根山,昭成皇帝更營盛樂,道武皇帝遷於平城。朕幸屬勝殘之運,何為獨不得遷乎!"群臣不敢復言。[40]

注釋

1.《通鑑》,卷一三八、一三九。

2.平城:故城在今山西省大同市以東。

3.明堂左个:大寢南堂東偏。這是魏朝依古制所建的明堂的一個組成部分。

4.革:《周易》六十四卦之一。

5."湯、武革命"二句:這是《周易·革卦》的彖辭。

6. 弈葉：累代。

7. 繇：卦兆的占辭。

8. 大人虎變：這是革卦的爻辭。大人：指君主。

9. 還宮：自明堂左个還宮。

10. 故：故、固二字，古代通用。

11. 子房：張良字。張良贊成漢高祖遷都長安，所以以元澄比之。

12. 同軌無敵：指天下統一。同軌：國家統一，則車同軌、書同文。

13. 革輅：古代行軍時所用的輦輅。

14. 《通鑑》，頁4329－4331。

15. 錄尚書事：相當於宰相。六鎮：北魏太武帝滅柔然，分設六鎮：武川、撫冥、懷朔、懷荒、柔遠、御夷，均在今內蒙、山西接界的地區。

16. 《通鑑》，頁4335。

17. 稽顙於馬前：以此試圖諫阻南伐也。

18. 廟算：指朝廷的最高決策。

19. "成大功者"句：這是引用商鞅的話。

20. 舊人：指與魏王室同起於北部邊疆者的子孫，當時稱為"國人"。

21. 春首：春初。

22. 栗磾：于栗磾，魏道武帝時的健將。

23. 《通鑑》，頁4339－4341。以上均齊武帝永明十一年（493）。

24. 北京：平城。

25. 垂拱：清靜無為而治。

26. 麒麟：韓麒麟，魏太和中的名臣。

27. 貢察：察舉秀才、孝廉而貢之於朝廷。

28. 彈坐：彈劾過失，確定罪行。

29. 三后：指夏、商、周之王。

30. 參夷：夷三族。

31. 元元：百姓。

32. "昔周居洛邑"二句：周成王居洛邑，仍以豐鎬為宗周。

33. "漢遷東都"句：東漢遷都洛陽，長安仍置京兆尹，因為是故都。

34. "謂宜建畿置尹"二句：魏初都平城，甸畿置司州，平城置代尹。

35. 仲尼稱里仁：孔子說："里仁為美，擇不處仁，焉得知（智）？"

36. 孟母勤三徙：孟子的母親為了教子而三遷其家，表明選擇鄰居的重要。

37. "至於"二句：意思是說清、濁兩等的人混雜在比鄰之中。甍：屋棟。

38. 此段是說：南朝在淮北地區曾僑置了不少北方的僑州郡，現在淮北已歸北朝，這些僑州郡的名稱就不免和北方原有的州郡名稱有重複，因此主張裁併。

39. 《通鑑》，頁 4348 — 4351。

40. 《通鑑》，頁 4351 — 4352。以上齊明帝建武元年（494）。

串講

　　本文分為三段："魏主以平城地寒"等四節，為第一段，敘述魏孝文帝決計要遷都洛陽，因為擔心群臣反對，所以聲稱要親御六軍，大舉南伐齊朝。這些都是實行遷都之前的步驟，目的是先將大本營往南移動。

　　"魏主自發平城至洛陽"等三節，為第二段，敘述魏孝文帝終於亮出本心，將"南侵"改為"南遷"，因為魏朝文武更反對"南侵"，所以勉強接受了"南遷"。以上是遷都的定計。

　　"乙亥，魏主如洛陽西宮"等八節，為第三段，主要記載韓顯宗上書所論當時政事，可見魏朝的時局；末節寫孝文帝在遷都之前回平城，再次聽取群臣對遷都的意見，仍然是多數不贊同。但是，孝文帝的決心沒有絲毫動搖。

評析

　　肥水之戰以後，隨着氐族苻秦在北方統治的崩潰，拓跋鮮卑的代國趁機在塞北復興，後來改國號為"魏"，時隔五十多年，繼苻秦之後，於太延五年（439）再度統一了中國北方，正式宣告西晉滅亡之後中國北方歷史上的五胡十六國時期的結束。這時，北朝的拓跋魏、南朝的劉宋（後來劉宋為蕭齊所取代）形成北、南對峙的局面。在《劉裕北伐》一文中，劉裕所部東晉北伐軍沿黃河西上進攻後秦時，在河北緊緊跟蹤監視晉軍的就是北魏的部隊。當時，魏國在河北地區基本上形成獨霸的局面。

　　"遷都"即遷移國家的政治中心，在任何時期，對於任何國家來說，都是一件非同小可的大事件。北魏孝文帝在朝野遠未達成一致的情況下，不顧眾多反對，堅持將首都自代北的平城遷往中原的洛陽，是需要極端的勇氣與毅力的。從今天的歷史高度看，北魏孝文帝的改革及遷都，強制性地加速了拓跋鮮卑政權的"漢化"，促進了當時稱為"胡族"的北方少數民族與處於人口多數及文化優勢的漢民族在文化與血統上的融合，將十六國以來北方民族的融合進程推進到前所未有的高度，加強了漢族在文化上的領導地位，為隋唐時代中國的再度統一與富強奠定了重要基礎。但是，落實在具體的歷史環境中考察，另外一些理由亦浮出水面。北魏孝文帝本人極端愛好漢族文化，厭惡鮮卑文化的簡陋，所以才義無反顧地禁斷胡語、胡俗，改衣服，改姓氏，一切跟從漢族習慣，要將鮮卑徹底漢族化。另外，北魏已經據有中原的廣大地域，難免侈心自大，想與周、漢盛世並駕齊驅，自然要坐鎮中華舊都。

遷都前後，因為害怕遷都而發生了謀反，皇太子的被廢與賜死與之相關，遷都又促成統治集團生活的腐化。強制遷都與改革的“人為加速度”，意外造成對洛陽政權的離心力，成為北魏末年大動亂的原因，以致幾十年之後北魏王朝就瓦解了。

梁朝二事

"蕭娘"與"韋虎"

（梁天監五年五月）豫州刺史韋叡遣長史王超等攻小峴，未拔。叡行[1]圍柵，魏出數百人陳於門外，叡欲擊之，諸將皆曰："向者輕來，未有戰備，徐還授甲，乃可進耳。"叡曰："不然。魏城中二千餘人，足以固守，今無故出人於外，必其驍勇者也。苟能挫之，其城自拔。"眾猶遲疑，叡指其節曰："朝廷授此，非以為飾，韋叡法不可犯也！"遂進擊之，士皆殊死戰，魏兵敗走，因急攻之，中宿而拔，遂至合肥。

先是，右軍司馬胡景略等攻合肥，久未下，叡按山川，夜，帥眾堰肥水，頃之，堰成水通，舟艦繼至。魏築東、西小城夾合肥，叡先攻二城，魏將楊靈胤帥眾五萬奄至。眾懼不敵，請奏益兵，叡笑曰："賊至城下，方求益兵，將何所及！且吾求益兵，彼亦益兵。兵貴用奇，豈在眾也。"遂擊靈胤，破之。叡使軍主王懷靜築城於岸以守堰，魏攻拔之，城中千餘人皆沒。魏人乘勝至堤下，兵勢甚盛，諸將欲退還巢湖，或欲保三叉，叡怒曰："寧有此邪！"命取繖扇麾幢，樹之堤下，示無動志。魏人來鑿堤，叡親與之爭，魏兵卻，因築壘於堤以自固。叡起鬥艦，高與合肥城等，四面臨之，城中人皆哭，守將杜元倫登城督戰，中弩死。辛巳，城潰，俘斬萬餘級，獲牛馬[2]

以萬數。

叡體素羸，未嘗跨馬，每戰，常乘板輿督厲將士，勇氣無敵；晝接賓旅，夜半起，算軍書，張燈達曙。撫循其眾，常如不及，故投募之士爭歸之。所至頓舍，館宇藩牆，皆應準繩。

諸軍進至東陵，有詔班師。去魏城既近，諸將恐其追躡，叡悉遣輜重居前，身乘小輿殿後，魏人服叡威名，望之不敢逼，全軍而還。於是遷豫州治合肥[3]。[4]

……

（天監五年九月）臨川王（蕭）宏[5]以帝弟將兵，器械精新，軍容甚盛，北人以為百數十年所未之有。軍次洛口，前軍克梁城，諸將欲乘勝深入，宏性懦怯，部分[6]乖方。魏詔邢巒引兵渡淮，與中山王英[7]合攻梁城。宏聞之，懼，召諸將議旋師。呂僧珍曰："知難而退，不亦善乎？"宏曰："我亦以為然。"柳惔曰："自我大眾所臨，何城不服，何謂難乎！"裴邃曰："是行也，固敵是求，何難之避！"馬仙琕曰："王安得亡國之言！天子掃境內以屬王，有前死一尺，無卻生一寸！"昌義之怒，鬚髮盡磔[8]，曰："呂僧珍可斬也！豈有百萬之師出未逢敵，望風遽退。何而目得見聖主乎！"朱僧勇、胡辛生拔劍而退[9]，曰："欲退自退，下官當前向取死。"議者罷出，僧珍謝諸將曰："殿下昨來風動[10]，意不在軍[11]，深恐大致沮喪，故欲全師而返耳。"宏不敢遽違群議，停軍不前。魏人知其不武，遺以巾幗[12]，且歌之曰："不畏蕭娘與呂姥，但畏合肥有韋虎。"虎，謂韋叡也。僧珍歎曰："使始興、吳平[13]為帥而佐之，豈有為敵人所侮如是乎！"欲遣裴邃分軍取壽陽，大眾停洛口，宏固執不聽，令軍中曰："人馬有前行者斬！"於是將士人懷憤怒。魏奚康生馳遣楊大眼謂中山王英曰："梁人自克梁城已後，久不進軍，其勢可見，必畏我也。王若進據洛水，彼自奔敗。"英曰："蕭臨川雖駃[14]，其下有良將韋、裴之屬，未可輕也。宜且觀形勢，勿與交鋒。"

張惠紹號令嚴明，所至獨克，軍於下邳，下邳人多欲降者，惠紹諭之曰："我若得城，諸卿皆是國人，若不能克，徒使諸卿失鄉里，非朝廷弔民之意也。今且安堵復業，勿妄自辛苦。"降人咸悅。

己丑，夜，洛口暴風雨，軍中驚，臨川王宏與數騎逃去。將士求宏不得，皆散歸，棄甲投戈，填滿水陸，捐棄病者及羸老，死者近五萬人。宏乘小船濟江，夜至白石壘，叩城門求入。臨汝侯淵猷登城謂曰："百萬之師，一朝鳥散，國之存亡，未可知也。恐奸人乘間為變，城不可夜開。"宏無以對，乃縋[15]食饋之。淵猷，淵藻之弟。時昌義之軍梁城，聞洛口敗，與張惠紹皆引兵退。[16]

蕭宏殖貨無厭

（蕭）宏奢僭[17]過度，殖貨[18]無厭。庫屋垂百間，在內堂之後，關籥[19]甚嚴，有疑是鎧仗[20]者，密以聞。上[21]於友愛[22]甚厚，殊不悅。他日，送盛饌[23]與宏愛妾江氏曰：“當來就汝歡宴。”獨攜故人射聲校尉丘佗卿往，與宏及江大飲，半醉後，謂曰：“我今欲履行[24]汝後房。”即呼輿徑往堂後。宏恐上見其貨賄，顏色怖懼。上意益疑之，於是屋屋檢視，每錢百萬為一聚，黃榜標之，千萬為一庫，懸一紫標，如此三十餘間。上與佗卿屈指計，見錢三億餘萬。餘屋貯布絹絲綿漆蜜紵蠟等雜貨，但見滿庫，不知多少。上始知非仗，大悅，謂曰：“阿六[25]，汝生計大可。”乃更劇飲至夜，舉燭而還。兄弟方更敦睦。[26]

注釋

1. 行：巡視。

2. 馬：中華書局本《通鑑》作“羊”，疑誤。此處從四部叢刊本。

3. “於是”句：將豫州治所自晉熙遷至合肥。

4. 《通鑑》，頁4560—4561。

5. 宏：蕭宏，梁武帝的弟弟，封臨川王。

6. 部分：部署指揮。

7. 中山王英：魏中山王元英。

8. 磔：張開。

9. 退：《南史‧梁宗室‧臨川王傳》“退”作“起”。

10. 風動：指蕭宏風疾發作。

11. 意不在軍：心早已不在軍中。

12. 巾幗：古代婦女的頭巾和髮飾。

13. 始興、吳平：始興王蕭憺、吳平侯蕭昺，分別是梁武帝的弟弟、堂弟。蕭宏為梁武帝的弟弟，見本文。

14. **駭**：愚昧。

15. **縋**：繫在繩子上放下去。

16. 《通鑑》，頁4564－4566。

17. **奢**：奢侈。**僭**：超越身份、地位。

18. **殖貨**：搜集、聚斂財物。

19. **關籥**：門關與鎖。

20. **鎧仗**：鎧甲兵器。

21. **上**：梁武帝。

22. **友愛**：指兄弟情誼。

23. **饌**：食物。

24. **履行**：參觀。

25. **阿六**：蕭宏於兄弟排行為第六。

26. 《通鑑》，頁4638。

串講

《"蕭娘"與"韋虎"》：這是六世紀初南朝梁北伐戰爭的一幅景象，"蕭娘"是百萬大軍的統帥，"韋虎"是一個方面軍的將領。當時梁朝新建立，為了向北朝的勁敵魏國顯示實力，這支北伐大軍的裝備之精新，軍容之盛大，是近百年所不曾有過的。韋叡作為一個方面軍的將軍，膽略超人，他率領的部隊圍城進攻之犀利，嚇得敵方滿城痛哭。他自己身體瘦弱，臨戰不能騎馬，就坐在板輿上指揮；大軍撤退時，令輜重先行，他坐在小車上親自殿後，徐徐撤軍。敵人因為震於他的威名，不敢追擊。"韋虎"就是敵軍送給他的綽號。

與"韋虎"形成鮮明對照的，是百萬大軍的統帥，那位被敵人叫做"蕭娘"（蕭娘子）即蕭姓女人的蕭宏。蕭宏手握那麼一支大軍，卻一點也不敢進攻。軍隊駐紮地的一夜暴風雨，嚇得他率領幾個騎兵拚命往家裏逃跑。將士找不到主帥，也就紛紛棄甲投戈，死者近五萬人。梁朝初期如此大規模的一場北伐戰爭以如此方式收場，堪稱一個歷史的笑話。

《蕭宏殖貨無厭》：蕭宏戰場上雖然是個懦夫，在聚斂錢財方面可是個猛漢。他家內堂之後的三十幾間屋子裏堆滿了錢，一聚一庫，井井有條，共約三億多萬，此外絹絲名貴物品還不知有多少。梁武帝借着酒興，在弟弟的寶庫裏面參觀了之後，反而放心了，因為原來傳說以為蕭宏後堂鎖得嚴嚴實實的，必定是武器什麼的，因此他害怕蕭宏政治上有篡奪的野心。皇帝愛錢的故事，漢靈帝那兒我們已經見過了，至於王公貴族的斂財，蕭宏應該可以作為一個代表。

評析

從317年東晉建立，至589年隋朝滅陳，中間大致是二百七十年的南北分裂對峙的局面。這期間，六世紀上半葉，梁武帝統治時期的梁朝，五十年間江表無事，南朝國家的承平之世，達到了一個鼎盛的階段。但是，梁武帝的政策有一個大缺點，用法急於小民而緩於權貴。王公貴族，腐化跋扈，不受什麼制約，暴露出當時政治最醜惡的一面，也埋下了深刻危機。爆發於梁末的侯景之亂之所以能給梁朝以致命打擊，與極端腐敗、自私、無能的梁朝權貴階層的關係是比較大的。梁武帝的弟弟蕭宏，可以充當那個時代腐敗無能的權貴的一個代表。而像韋叡這樣的統軍鎮國的有為之才，至梁末時期，也零落略盡。所以，梁武帝統治梁朝的階段，構成了南北對峙時期南方政權盛極而衰的一個關鍵。過了這個階段，南方就等着北方來統一了。

沙苑之戰

東魏的戰馬

（閏九月）東魏丞相（高）歡將兵二十萬自壺口[1]趣蒲津，使高敖曹將兵三萬出河南。時關中饑，魏丞相（宇文）泰所將將士不滿萬人，館穀於恆農五十餘日，聞歡將濟河，乃引兵入關，高敖曹遂圍恆農。歡右長史薛琡言於歡曰：“西賊連年饑饉，故冒死來入陝州，欲取倉粟。今敖曹已圍陝城，粟不得出。但置兵諸道，勿與野戰，比及麥秋[2]，其民自應餓死。寶炬、黑獺[3]何憂不降！願勿渡河。”侯景曰：“今兹舉兵，形勢極大，萬一不捷，猝難收斂。不如分為二軍，相繼而進，前軍若勝，後軍全力；前軍若敗，後軍承之。”歡不從，自蒲津濟河。

丞相泰遣使戒華州刺史王羆，羆語使者曰：“老羆當道臥，貘子那得過！”歡至馮翊城下，謂羆曰：“何不早降？”羆大呼曰：“此城是王羆塚，死生在此。欲死者來。”歡知不可攻，乃涉洛，軍於許原西。

泰至渭南，徵諸州兵，皆未會。欲進擊歡，諸將以眾寡不敵，請待歡更西以觀其勢。泰曰：“歡若至長安，則人情大擾；今及其遠來新至，可擊也。”即造浮橋於渭，令軍士齎三日糧，輕騎渡渭，輜重自渭南夾渭而西。冬，十月，壬辰，泰至沙苑[4]，距東魏軍六十里。諸將皆懼，宇文深獨賀。泰問其故，對曰：“歡鎮撫河北，甚得眾心。以此自守，未易可圖。今懸師渡河，非眾所欲，獨歡恥失竇泰[5]，愎諫而來，所謂忿兵[6]，可一戰擒也。事理昭然，何為不賀！願假深一節，發王羆之兵邀其走路，使無遺類。”

泰遣須昌縣公達奚武覘[7]歡軍，武從三騎，皆效歡將士衣服，日暮，去營數百步下馬，潛聽得其軍號，因上馬歷營，若警夜者，有不如法，往往撻之，具知敵之情狀而還。

歡聞泰至，癸巳，引兵會之。候騎告歡軍且至，泰召諸將謀之。開府儀同三司李弼曰：“彼眾我寡，不可平地置陳，此東十里有渭曲，可先據以待之。”泰從之，背水東西為陳，李弼為右拒，趙貴為左拒，命將士皆偃戈於葦中，約聞鼓聲而起。晡時，東魏兵至渭曲，都督太安斛律羌舉曰：“黑獺舉國而來，欲一死決，譬如猘狗，或能噬人。且渭曲葦深土濘，無所用力，不如緩與相持，密分精銳徑掩長安，巢穴既傾，則黑獺不戰成擒矣。”歡曰：“縱火焚之，何如？”侯景曰：“當生擒黑獺以示百姓，若眾中燒死，誰復信之！”彭樂盛氣請鬥，曰：“我眾賊寡，百人擒一，何憂不克。”歡從之。

東魏兵望見魏兵少，爭進擊之，無復行列。兵將交，丞相泰鳴鼓，士皆奮起，于謹等六軍與之合戰，李弼率鐵騎橫擊之，東魏兵中絕為二，遂大破之。李弼弟標，身小而勇，每躍馬陷陳，隱身鞍甲之中，敵見皆曰："避此小兒！"泰歎曰："膽決如此，何必八尺之軀！"征虜將軍武川耿令貴殺傷多，甲裳盡赤，泰曰："觀其甲裳，足知令貴之勇，何必數級！"彭樂乘醉深入魏陳，魏人刺之，腸出，內之復戰。

丞相歡欲收兵更戰，使張華原以簿[8]歷營點兵，莫有應者，還，白歡曰："眾盡去，營皆空矣。"歡猶未肯去。阜城侯斛律金曰："眾心離散，不可復用，宜急向河東。"歡據鞍未動，金以鞭拂馬，乃馳去。夜，渡河，船去岸遠，歡跨橐駝就船，乃得渡。喪甲士八萬人，棄鎧仗十有八萬。

丞相泰追歡至河上，選留甲士二萬餘人，餘悉縱歸。都督李穆曰："高歡破膽矣，速追之，可獲。"泰不聽，還軍渭南，所徵之兵甫至。乃於戰所，人植柳一株以旌武功。

侯景言於歡曰："黑獺新勝而驕，必不為備，願得精騎二萬，徑往取之。"歡以告妻妃，妃曰："設如其言，景豈有還理。得黑獺而失景，何利之有！"歡乃止。

魏加丞相泰柱國大將軍，李弼等[9]十二將皆進爵增邑有差。

高敖曹聞歡敗，釋恆農，退保洛陽。[10]

注釋

1. 壺口：後魏平陽郡地名。平陽郡，在今山西臨汾一帶。
2. 麥秋：指夏曆四月麥子成熟的時節。《禮記·月令》："（孟夏之月）麥秋至。"
3. 寶炬、黑獺：西魏文帝名寶炬，丞相宇文泰一名黑獺。
4. 沙苑：在渭水之北，故宇文泰渡渭水進至沙苑。
5. 竇泰：高歡猛將，是年正月為宇文泰所破，兵敗自殺。
6. 忿兵：因為計較小事而忽視大利害，控制不住憤怒的情緒，因而發兵，謂之"忿兵"。
7. 覘：偵察。
8. 簿：軍中的點名冊。
9. 等：中華書局本《通鑑》誤奪"等"字。
10. 《通鑑》，卷一五七，頁 4883 — 4886。

串講

　　本文分為四段。"東魏丞相歡將兵二十萬自壺口趣蒲津"節，為第一段，記高歡率大軍攻魏，戰術上不聽部下建議。"丞相泰遣使戒華州刺史王羆"等三節，為第二段，記西魏宇文泰方面戰略戰術的準備情況，最終將軍隊部署在沙苑，以迎來犯之敵。"歡聞泰至"等四節，為第三段，正面描寫沙苑之戰。東魏一方主忿軍驕，雖人多勢眾，仍不免於敗。"侯景言於歡曰"等三節，為第四段，為戰爭結束之後的一些相關情況的介紹。勝利方賞功，戰敗方撤退而已。

評析

　　在公元六世紀三四十年代，由北魏分裂出來的東、西魏兩國之間進行了一系列的兼併戰爭，小關之戰、沙苑之戰、河橋之戰、邙山之戰、玉璧之戰，東魏的高歡、西魏的宇文泰都志在消滅對方，重新統一北方。綜合起來看，沒完沒了的戰爭，其中任意一場的勝負似乎已無關緊要了，其實未必然。以本文所述沙苑之戰為例，設若高歡此戰滅了宇文泰，則剛剛分開的東、西魏又該合而為一，西北的勢力最終能夠統一中國，就不大可思議了。結果居然是高歡的二十萬之眾，敗於宇文泰不滿萬人的部隊之手。此戰可以算得上一個以少勝多的好例子。

　　從寫作手段看，《通鑑》此段寫西魏方面的李櫝、東魏方面的彭樂的事跡等，以及高歡之逃跑、宇文泰之追擊，均繪聲繪影，如在目前。

西魏二事

宇文泰擢用蘇綽

　　魏丞相（宇文）泰以軍旅未息，吏民勞弊，命所司斟酌古今可以便時適治者，為二十四條新制，奏行之。

　　泰用武功蘇綽為行臺郎中，居歲餘，泰未之知也，而臺中皆稱其能，有疑事皆就決之。泰與僕射周惠達論事，惠達不能對，請出議之。出，以告綽，綽為之區處[1]，惠達入白之，泰稱善，曰："誰與卿為此議者？"惠達以綽對，且稱綽有王佐之才，泰乃擢綽為著作郎。泰與公卿如昆明池觀漁，行至漢故倉池，顧問左右，莫有知者。泰召綽問之，具以狀對。泰悅，因問天地造化之始，歷代興亡之跡，綽應對如流。泰與綽並馬徐行，至池，竟不設網罟而還。遂留綽至夜，問以政事，臥而聽之。綽指陳為治之要，泰起，整衣危坐，不覺膝之前席，語遂達曙[2]不厭。詰朝，謂周惠達曰："蘇綽真奇士！吾方任之以政。"即拜大行臺左丞，參典機密，自是寵遇日隆。綽始制文案程式朱出墨入及計賬、戶籍

宇文泰的墓地

之法，後人多遵用之。[3]

王思政守長社

東魏高岳既失慕容紹宗等[4]，志氣沮喪，不敢復逼長社城。陳元康言於大將軍澄[5]曰：“王自輔政以來，未有殊功。雖破侯景，本非外賊[6]。今潁川垂陷，願王自以為功。”澄從之，戊寅，自將步騎十萬攻長社[7]，親臨作堰。堰三決，澄怒，推負土者及囊並塞之。

……

長社城中無鹽，人病攣腫，死者什八九。大風從西北起，吹水入城，城壞。東魏大將軍澄令城中曰：“有能生致王大將軍者封侯；若大將軍身有損傷，親近左右皆斬。”王思政率眾據土山，告之曰：“吾力屈計窮，唯當以死謝國！”因仰天大哭，西向再拜，欲自刎，都督駱訓曰：“公常語訓等：‘汝齎我頭出降，非但得富貴，亦完一城人。’今高相[8]既有此令，公獨不哀士卒之死乎！”眾共執之，不得引決。澄遣通直散騎趙彥深就土山遺以白羽扇，執手申意，牽之以下。澄不令拜，延而禮之。思政初入潁川，將士八千人，及城陷，才三千人，卒無叛者。澄悉散配其將卒於遠方，改潁州為鄭州，禮遇思政甚重。西閣祭酒盧潛曰：“思政不能死節，何足可重！”澄謂左右曰：“我有盧潛，乃是更得一王思政。”潛，度世之曾孫也。

初，思政屯襄城，欲以長社為行臺治所，遣使者魏仲啟陳於太師（宇文）泰，並致書於淅州刺史崔猷。猷復書曰：“襄城控帶京、洛，實當今之要地，如有動靜，易相應接。潁川既鄰寇境，又無山川之固，賊若潛來，徑至城下。莫若頓兵襄城，為行臺之所。潁川置州，遣良將鎮守，則表裏膠固，人心易安，縱有不虞，豈能為患！”仲見泰，具以啟聞。泰令依猷策。思政固請，且約：“賊水攻期年、陸攻三年之內，朝廷不煩赴救。”泰乃許之。及長社不守，泰深悔之。猷，孝芬之子也。

侯景之南叛[9]也，丞相泰恐東魏復取景所部地，使諸將分守諸城。及潁川陷，泰以諸城道路阻絕，皆令拔軍還[10]。[11]

注釋

1. 區處：分別處理。
2. 曙：拂曉。
3. 《通鑑》，頁 4865。
4. “東魏”句：東魏軍隊圍攻西魏潁川城時，大將慕容紹宗為西魏所擊，溺水死。高岳，東魏太尉，擔任進攻西魏軍隊的統帥。
5. 澄：東魏大將軍高澄，東魏的執政者。
6. “雖破”二句：東魏執政者高歡死，歡子高澄輔政，司徒侯景叛降南朝，為東魏軍擊敗。
7. 長社：潁川郡治所，潁州治潁川郡，所以也是潁州的中心。
8. 高相：高澄亦為東魏丞相。
9. 侯景之南叛：侯景以所統領的地區叛東魏，最初降西魏，接着又改降南朝梁。

10.這一段是說：潁川陷落之後，宇文泰覺得侯景獻納給西魏的那些原屬東魏的地區離西魏比較遠，東魏又要派兵來搶回去，權衡利害，乾脆命令派去接納諸城的西魏部隊撤軍。

11.《通鑑》，頁 5017；5019 — 5020。

串講

《宇文泰擢用蘇綽》：本文記載的是蘇綽、宇文泰君臣相得的故事。宇文泰為西魏的執政者、北周的奠基者，史載他 "崇尚儒學，明達政事"（《周書·文帝紀下》），蘇綽為宇文泰所信用，改革制度，制定記賬、戶籍等法，又撰定治心身、敦教化、盡地利、擢賢良、恤獄訟、均賦役等六條詔書。宇文泰自己把《六條詔書》作為座右銘，並命令百官學習背誦，地方長官如不能通曉《六條詔書》便不能做官。作為西魏政治綱領的《六條詔書》，以儒家信條為核心，在民族成分複雜的關隴地區建構起統一的意識形態，成功規範了各級官員的施政行為，為西魏、北周國家的發展壯大奠定了重要基礎。

《王思政守長社》：王思政為西魏的將軍，當時守衛潁川郡的治所長社。東魏大軍圍攻很久，長社陷落之際，王思政百戰之餘，本來是要自殺以殉臣節的，因為東魏威脅若王思政死，就要殺盡他的部下，思政不得已，活着投降東魏。

評析

宇文泰的功業不僅僅是穩住了北朝的西魏政局、成就了宇文周政權而已，更影響了後世，後來周滅齊，再度統一了北方；隋簒周之後滅陳，統一了中國。蘇綽所訂的制度起了很大作用。"宇文氏滅高齊而以行於山東，隋平陳而以行於江左，唐因之，而治術文章咸近於道，生民之禍為之一息，此天欲啟晦，而（宇文）泰與（蘇）綽開先之功亦不可誣也。"（王夫之《讀〈通鑑〉論》，頁583）從這樣的角度看，蘇綽不僅是宇文泰一朝的謀主智囊，某種意義上亦為中國的千秋大業立了法。所以，宇文泰、蘇綽二人君臣相得的故事，簡直是中華民族的福音。

王思政的故事亦值得品味，儘管他是活着投降敵國的，但是，他的忠節，仍然彪炳史冊，《周書》本傳的傳論說："王思政驅馳有事之秋，慷慨功名之際。及乎策名霸府，作鎮潁川，設縈帶之險，修守禦之術，以一城之眾，抗傾國之師，率疲乏之兵，當勁勇之卒，猶能亟摧大敵，屢建奇功。忠節冠於本朝，義聲動於鄰聽。雖運窮事蹙，城陷身囚，壯志高風，亦足奮於百世矣。"

劉行本置笏於地

　　隋主[1]嘗怒一郎，於殿前笞[2]之。諫議大夫[3]劉行本進曰："此人素清，其過又小，願少寬之。"帝不顧。行本於是正當帝前曰："陛下不以臣不肖，置臣左右，臣言若是，陛下安得不聽；若非，當致之於理[4]。豈得輕臣而不顧也？"因置笏於地而退。帝斂容謝之，遂原所笞者。[5]

注釋

1. 隋主：隋文帝。
2. 笞：用鞭、杖或竹板打。
3. 諫議大夫：官名，掌侍從規諫。
4. 致之於理：指送詣大理寺治罪。
5. 《通鑑》，卷一七五，頁5446。

串講

　　本文大略剪裁自《隋書》的劉行本傳。諫議大夫的本職工作就是給皇帝提建議、意見，皇帝有不妥當的行為時，更要進行諫阻。隋文帝於殿前笞一郎官，諫議大夫劉行本認為該郎官過錯不大，記錄也很好，不應該受此懲罰，所以要求皇帝原諒他。皇帝不接受意見，諫議大夫遂置笏於地。笏，是個狹長的板子，是立朝做官的一個標誌。放下它的意思，就是說我不做你家的官了。劉行本的行為向隋文帝傳達的意思是，大家都有一個本分，諫議大夫的話若是對的，皇帝就必須聽從；如果是錯的，皇帝就應該治諫議大夫的罪，沒有不予理睬的道理。隋文帝頓時醒悟過來，遂對諫議大夫說聲對不起。

評析

劉行本是劉璠的姪子，劉璠是梁朝人，西魏滅梁江陵之後，入西魏、周，是一個方正正直聞名於史的人物，《周書》、《北史》有傳。劉行本正色立朝，似乎也是他們一家的門風使然。

隋文帝平陳[1]

一

隋文帝楊堅像

（陳禎明元年，隋開皇七年）初，隋主受禪[2]以來，與陳鄰好甚篤，每獲陳諜，皆給衣馬禮遣之，而高宗[3]猶不禁侵掠。故太建[4]之末，隋師入寇；會高宗殂，隋主即命班師，遣使赴弔，書稱姓名頓首。帝[5]答之益驕，書末云：“想彼統內如宜，此宇宙清泰。”隋主不悅，以示朝臣。上柱國楊素以為主辱臣死，再拜請罪。

隋主問取陳之策於高熲[6]，對曰：“江北地寒，田收差晚；江南水田早熟。量彼收穫之際，微徵士馬，聲言掩襲，彼必屯兵守禦，足得廢其農時。彼既聚兵，我便解甲。再三若此，彼以為常；後更集兵，彼必不信。猶豫之頃，我乃濟師[7]；登陸而戰，兵氣益倍。又，江南土薄，舍多茅竹，所有儲積皆非地窖。若密遣行人因風縱火，待彼修立，復更燒之。不出數年，自可財力俱盡。”隋主用其策，陳人始困。

於是楊素、賀若弼及光州刺史高勱、虢州刺史崔仲方等爭獻平江南之策。仲方上書曰："今唯須武昌以下，蘄、和、滁、方、吳、海等州，更帖[8]精兵，密營度計；益、信、襄、荊、基、郢等州，速造舟楫，多張形勢，為水戰之具。蜀、漢二江是其上流，水路衝要，必爭之所。賊雖流頭、荊門、延洲、公安、巴陵、隱磯、夏首、蘄口、盜城置船，然終聚漢口、峽口，以水戰大決。若賊必以上流有軍，令精兵赴援者，下流諸將即須擇便橫渡；如擁眾自衛，上江水軍鼓行以前[9]。彼雖恃九江、五湖之險，非德無以為固；徒有三吳、百越之兵，非恩不能自立矣。"隋主以仲方為基州刺史。

及受蕭巖等降[10]，隋主益忿，謂高熲曰："我為民父母，豈可限一衣帶水不拯之乎！"命大作戰船。人請密之，隋主曰："吾將顯行天誅，何密之有！"使投其柿[11]於江，曰："若彼懼而能改，吾復何求！"

楊素在永安[12]，造大艦，名曰"五牙"。上起樓五層，高百餘尺；左右前後置六拍竿[13]，並高五十尺，容戰士八百人。次曰"黃龍"，置兵百人。自餘平乘、舴艋各有等差。

晉州刺史皇甫績將之官，稽首言陳有三可滅。帝問其狀，曰："大吞小，一也；以有道伐無道，二也；納叛臣蕭巖，於我有詞，三也。陛下若命將出師，臣願展絲髮之效！"隋主勞而遣之。[14]

二

（陳禎明二年，隋開皇八年三月）戊寅，隋主下詔曰：“陳叔寶據手掌之地，恣溪壑之慾[15]，劫奪閭閻，資產俱竭，驅逼內外，勞役弗已；窮奢極侈，俾[16]晝作夜；斬直言之客，滅無罪之家；欺天造惡，祭鬼求恩；盛粉黛而執干戈，曳羅綺而呼警蹕；自古昏亂，罕或能比。君子潛逃，小人得志。天災地孽，物怪人妖。衣冠鉗口，道路以目。重以背德違言，搖蕩疆場；晝伏夜遊，鼠竊狗盜。天之所覆，無非朕臣，每關聽覽，有懷傷惻。可出師授律，應機誅殄；在斯一舉，永清吳越。”又送璽書暴帝[17]二十惡；仍散寫[18]詔書三十萬紙，遍諭江外[19]。[20]

……

隋按盾武士

（十月）己未，隋置淮南行省[21]於壽春，以晉王（楊）廣為尚書令。

……

甲子，隋以出師，有事於太廟[22]，命晉王廣、秦王俊[23]、清河公楊素皆為行軍元帥。廣出六合[24]，俊出襄陽，素出永安[25]，荊州刺史劉仁恩出江陵，蘄州刺史王世積出蘄春，盧州總管韓擒虎出盧江，吳州總管賀若弼出廣陵[26]，青州總管弘農燕榮出東海，凡總管九十，兵五十一萬八千，皆受晉王節度。東接滄海，西拒巴、蜀，旌旗舟楫，橫亙數千里。以左僕射高熲為晉王元帥長史，右僕射王韶為司馬[27]，軍中事皆取決焉；區處支度，無所凝滯。

十一月，丁卯，隋主親餞將士；乙亥，至定城，陳師誓眾。[28]

……

（十二月）隋軍臨江，高熲謂行臺吏部郎中薛道衡曰："今茲大舉，江東必可克乎？"道衡曰："克之。嘗聞郭璞[29]有言：'江東分王三百年，復與中國合。'[30]今此數將周，一也。主上恭儉勤勞，叔寶荒淫驕侈，二也。國之安危在所委任，彼以江總為相，唯事詩酒，拔小人施文慶，委以政事，蕭摩訶、任蠻奴[31]為大將，皆一夫之用耳，三也。我有道而大，彼無德而小，量其甲士不過十萬，西自巫峽，東至滄海，分之則勢懸而力弱，聚之則守此而失彼，四也。席捲之勢，事在不疑。"熲欣然曰："得君言成敗之理，令人豁然。本以才學相期，不意籌略乃爾。"

秦王俊督諸軍屯漢口，為上流節度。詔[32]以散騎常侍周羅睺都督巴峽緣江諸軍事以拒之。

楊素引舟師下三峽，軍至流頭灘。將軍戚昕以青龍[33]百餘艘、兵數千人，守狼尾灘，地勢險峭，隋人患之。素曰：「勝負大計，在此一舉。若晝日下船，彼見我虛實，灘流迅激，制不由人，則吾失其便；不如以夜掩之。」素親帥黃龍[34]數千艘，銜枚而下，遣開府儀同三司王長襲引步卒自南岸擊昕別柵，大將軍劉仁恩帥甲騎自北岸趣白沙，遲明而至，擊之；昕敗走，悉俘其眾，勞而遣之，秋毫不犯。素帥水軍東下，舟艫被江，旌甲曜日。素坐平乘[35]大船，容貌雄偉，陳人望之，皆懼，曰：「清河公即江神也！」

江濱鎮戍聞隋軍將至，相繼奏聞；施文慶、沈客卿[36]並抑而不言。

初，上以蕭巖、蕭瓛，梁之宗室，擁眾來奔，心忌之，故遠散其眾，以巖為東揚州刺史，瓛為吳州刺史；使領軍任忠出守吳興郡，以襟帶二州。使南平王嶷鎮江州，永嘉王彥鎮南徐州[37]。尋召二王赴明年元會[38]，命緣江諸防船艦悉從二王還都，為威勢以示梁人之來者。由是江中無一鬥船，上流諸州兵皆阻楊素軍[39]，不得至。

湘州[40]刺史晉熙王叔文，在職既久，大得人和，上以其據有上流，陰忌之；自度素與群臣少恩，恐不為用，無可任者，乃擢施文慶為都督、湘州刺史，配以精兵二千，欲令西上；仍微叔文還朝。文慶深喜其事，然懼出外之後，執事者持己短長，因進其黨沈客卿以自代。

未發間，二人共掌機密。護軍將軍樊毅言於僕射袁憲曰：「京口、采石俱是要地，各須銳兵五千，並出金翅[41]

二百，緣江上下，以為防備。"憲及驃騎將軍蕭摩訶皆為
以然，乃與文武群臣共議，請如毅策。施文慶恐無兵從
己，廢其述職[42]，而客卿又利文慶之任[43]，己得專權[44]，
俱言於朝曰："必有論議，不假面陳；但作文啟，即為通
奏。"憲等以為然，二人齎啟入，白帝曰："此是常事，
邊城將帥足以當之。若出人船，必恐驚擾。"

　　及隋軍臨江，間諜驟至，憲等殷勤奏請，至於再三。
文慶曰："元會將逼，南郊之日，太子多從；今若出兵，
事便廢闕。"帝曰："今且出兵，若北邊無事，因以水軍
從郊，何為不可！"又曰："如此則聲聞鄰境，便謂國
弱。"後又以貨動江總[45]，總內為之遊說。帝重違其意，
而迫群官之請，乃令付外詳議。總又抑憲等，由是議久不
決。

　　帝從容謂侍臣曰："王氣在此。齊兵三來，周師再
來[46]，無不摧敗。彼何為者邪！"都官尚書孔範曰："長
江天塹，古以為限隔南北，今日虜軍豈能飛渡邪！邊將欲
作功勞，妄言事急。臣每患官卑，虜若渡江，臣定作太尉
公矣！"或妄言北軍馬死，範曰："此是我馬，何為而
死[47]！"帝笑以為然，故不為深備，奏伎、縱酒、賦詩不
輟。[48]

三

（隋開皇九年）春，正月，乙丑朔，陳主朝會群臣，

大霧四塞，入人鼻，皆辛酸。陳主昏睡，至晡時[49]乃寤。

是日，賀若弼自廣陵引兵濟江。先是弼以老馬多買陳船而匿之，買弊船五六十艘，置於瀆內。陳人覘之，以為內國[50]無船。弼又請緣江防人每交代之際，必集廣陵，於是大列旗幟，營幕被野，陳人以為隋兵大至，急發兵為備，既知防人交代，其眾復散；後以為常，不復設備。又使兵緣江時獵，人馬喧噪。故弼之濟江，陳人不覺。韓擒虎將五百人自橫江[51]宵濟采石，守者皆醉，遂克之。晉王廣率大軍屯六合鎮桃葉山。

丙寅，采石戍主徐子建馳啟告變；丁卯，召公卿入議軍旅。戊辰，陳主下詔曰："犬羊陵縱，侵竊郊畿，蜂蠆有毒，宜時掃定。朕當親御六師，廓清八表，內外並可戒嚴。"以驃騎將軍蕭摩訶、護軍將軍樊毅、中領軍魯廣達並為都督，司空司馬消難、湘州刺史施文慶並為大監軍，遣南豫州[52]刺史樊猛帥舟師出白下[53]，散騎常侍皋文奏將兵鎮南豫州。重立賞格，僧、尼、道士，盡令執役。

庚午，賀若弼攻拔京口，執南徐州刺史黃恪。弼軍令嚴肅，

隋武士俑

秋毫不犯，有軍士於民間酤酒者，弼立斬之。所俘獲六千餘人，弼皆釋之，給糧勞遣，付以敕書，令分道宣諭。於是所至風靡。

樊猛在建康，其子巡攝行南豫州事。辛未，韓擒虎進攻姑孰。半日，拔之，執巡及其家口。皋文奏敗還。江南父老素聞擒虎威信，來謁軍門者晝夜不絕。

魯廣達之子世真在新蔡[54]，與其弟世雄及所部降於擒虎，遣使致書招廣達。廣達時屯建康，自劾，詣廷尉請罪；陳主慰勞之，加賜黃金，遣還營。樊猛與左衛將軍蔣元遜將青龍八十艘於白下遊弈，以禦六合兵；陳主以猛妻子在隋軍，懼有異志，欲使鎮東大將軍任忠代之，令蕭摩訶徐諭猛，猛不悅，陳主重傷其意而止。

於是賀若弼自北道，韓擒虎自南道並進[55]，緣江諸戍，望風盡走；弼分兵斷曲阿[56]之衝而入。陳主命司徒豫章王叔英屯朝堂，蕭摩訶屯樂遊苑，樊毅屯耆闍寺，魯廣達屯白土岡，忠武將軍孔範屯寶田寺。己卯，任忠自吳興入赴，仍屯朱雀門。

辛未，賀若弼進據鍾山，頓白土岡之東。晉王廣遣總管杜彥與韓擒虎合軍，步騎二萬屯於新林。蘄州總管王世積以舟師出九江，破陳將紀瑱於蘄口[57]，陳人大駭，降者相繼。晉王廣上狀，帝大悅，宴賜群臣。

時建康甲士尚十餘萬人，陳主素怯懦，不達軍事，唯日夜啼泣，臺內處分，一以委施文慶。文慶既知諸將疾己,恐其有功,乃奏曰:"此輩怏怏,素不伏官,迫此事機,那可專信!"由是諸將凡有啟請,率皆不行。

賀若弼之攻京口也,蕭摩訶請將兵逆戰,陳主不許。及弼至鍾山,摩訶又曰:"弼懸軍深入,壘塹未堅,出兵掩襲,可以必克。"又不許。陳主召摩訶、任忠於內殿議軍事,忠曰:"兵法:客貴速戰,主貴持重。今國家足兵足食,宜固守臺城,緣淮立柵,北軍雖來,勿與交戰;分兵斷江路,無令彼信得通。給臣精兵一萬,金翅三百艘,下江徑掩六合,彼大軍必謂其渡江將士已被俘獲,自然挫氣。淮南土人與臣舊相知悉,今聞臣往,必皆景從[58]。臣復揚聲欲往徐州,斷彼歸路,則諸軍不擊自去。待春水既漲,上江周羅睺等眾軍必沿流赴援。此良策也。"陳主不能從。明日,欻然[59]曰:"兵久不決,令人腹煩,可呼蕭郎一出擊之。"任忠叩頭苦請勿戰。孔範又奏:"請作一決,當為官勒石燕然[60]。"陳主從之,謂摩訶曰:"公可為我一決。"摩訶曰:"從來行陳,為國為身;今日之事,兼為妻子。"陳主多出金帛賦[61]諸軍以充賞。甲申,使魯廣達陳於白土岡,居諸軍之南,任忠次之,樊毅、孔範又次之,蕭摩訶軍最在北。諸軍南北互二十里,首尾進退不相知。

賀若弼將輕騎登山,望見眾軍,因馳下,與所部七總管楊牙、員明等甲士凡八千,勒陳以待之。陳主通於蕭摩訶之妻,故摩訶初無戰意;唯魯廣達以其徒力戰,與弼相當。隋師退走者數四，弼麾下死者二百七十三人，弼縱煙以自隱，窘而復振。陳兵得人頭，皆走獻陳主求賞，弼知其驕惰，更引兵趣孔範；範兵暫交即走，陳諸軍顧之，騎卒亂潰，不可復止，死者五千人。員明擒蕭摩訶，送於弼，弼命牽斬之。摩訶顏色自若，弼乃釋而禮之。

任忠馳入臺，見陳主言敗狀，曰："官好住[62]，臣無所用力矣！"陳主與之金兩縢[63]，使募人出戰。忠曰："陛下唯當具舟楫，就上流眾軍，臣以死奉衛。"陳主信之，敕忠出部分，令宮人裝束以待之，怪其久不至。時韓擒虎自新林進軍，忠已帥數騎迎降於石子岡。領軍蔡徵守朱雀航，聞擒虎將至，眾懼而潰。忠引擒虎軍直入朱雀門，陳人欲戰，忠揮之曰："老夫尚降，諸君何事！"眾皆散走。於是城內文武百司皆遁，唯尚書僕射袁憲在殿中，尚書令江總等數人居省中。陳主謂袁憲曰："我從來接遇卿不勝餘人，今日但以追愧。非唯朕無德，亦是江東衣冠道盡！"

陳主遑遽，將避匿，憲正色曰："北兵之入，必無所犯。大事如此，陛下去欲安之！臣願陛下正衣冠，御正殿，依梁武帝見侯景故事[64]。"陳主不從，下榻馳去，曰："鋒刃之下，未可交當，吾自有計。"從宮人十餘出後堂景陽殿，將自投於井，憲苦諫不從；後閣舍人夏侯公韻以身蔽井，陳主與爭，久之，乃得入。既而軍人窺井，呼之，不應，欲下石，乃聞叫聲；以繩引之，驚其太重，及出，乃與張貴妃、孔貴嬪同束而上。沈后居處如常。太子深年十五，閉閤而坐，舍人[65]孔伯魚侍側，軍士叩閤而入，深安坐，勞之曰："戎旅在途，不至勞也。"軍士咸致敬焉。時陳人宗室王侯在建康者百餘人，陳主恐其為變，皆召入，令屯朝堂，使豫章王叔英總督之，又陰為之備，及臺城失守，相帥出降。

賀若弼乘勝至樂遊苑，魯廣達猶督餘兵苦戰不息，所殺獲數百人，會日暮，乃解甲，面臺再拜慟哭，謂眾曰："我身不能救國，負罪深矣！"士卒皆流涕歔欷，遂就擒。諸門衛皆走，弼夜燒北掖門入，聞韓擒虎已得陳叔寶，呼視之，叔寶惶懼，流汗股栗，向弼再拜。弼謂之曰："小國之君當大國之卿，拜乃禮也。入朝不失作歸命侯[66]，無勞恐懼。"既而恥功在韓擒虎後，與擒虎相詢，挺刃而出；欲令蔡徵為叔寶作降箋，命乘騾車歸己，事不果。弼置叔寶於德教殿，以兵衛守。

高熲先入建康，熲子德弘為晉王廣記室，廣使德弘馳詣熲所，令留張麗華，熲曰："昔太公蒙面以斬妲己[67]，今豈可留麗華！"乃斬之於青溪。德弘還報，廣變色曰："昔人云，'無德不報'[68]，我必有以報高公矣！"由是恨熲。

丙戌，晉王廣入建康，以施文慶受委不忠，曲為諂佞以蔽耳目，沈客卿重賦厚斂以悅其上，與太市令陽慧朗、刑法監徐析、尚書都令史暨慧皆為民害，斬於石闕下，以謝三吳。使高熲與元帥府記室裴矩收圖籍,封府庫,資財一無所取,天下皆稱廣,以為賢。矩,讓之之弟子也。

廣以賀若弼先期決戰,違軍令,收以屬吏。上驛召之,詔廣曰:"平定江表,弼與韓擒虎之力也。"賜物萬段;又賜弼與擒虎詔,美其功。[69]

……

陳水軍都督周羅睺與郢州刺史荀法尚守江夏[70],秦王俊督三十總管水陸十餘萬屯漢口,不得進,相持逾月。陳荊州刺史陳慧紀遣南康內史呂忠肅屯岐亭,據巫峽,於北岸鑿巖,綴鐵鎖三條,橫截上流以遏隋船,忠肅竭其私財以充軍用。楊素、劉仁恩奮兵擊之,四十餘戰,忠肅守險力爭,隋兵死者五千餘人,陳人盡取其鼻以求功賞。既而隋師屢捷,獲陳之士卒,三縱之。忠肅棄柵而遁,素徐去其鎖;忠肅復據荊門之延洲,素遣巴蜑[71]千人,乘五牙四艘,以拍竿碎其十餘艦,遂大破之,俘甲士二千餘人,忠肅僅以身免。陳信州刺史顧覺屯安蜀城,棄城走。陳慧紀屯公安[72],悉燒其儲蓄,引兵東下,於是巴陵以東無復城守者。陳慧紀帥將士三萬人,樓船千餘艘,沿江而下,欲入援建康,為秦王俊所拒,不得前。是時,陳晉熙王叔文罷湘州,還,至巴州[73],慧紀推叔文為盟主。而叔文已帥巴州刺史畢寶等致書請降於俊,俊遣使迎勞之。會建康平,晉王廣命陳叔寶手書招上江諸將,使樊毅詣周羅睺,陳慧紀子正業詣慧紀諭指。時諸城皆解甲,羅睺乃與諸將大臨三日，放兵散，然後詣俊降，陳慧紀亦降，上江皆平。楊素下至漢口，與俊會。王世積在蘄口，聞陳已亡，移書告諭江南諸郡，於是江州司馬黃偲棄城走，豫章等[74]諸郡太守皆詣世積降。

癸巳，詔遣使者巡撫陳州郡。二月，乙未，廢淮南行臺省[75]。[76]

四

於是陳國皆平[77]，得州三十，郡一百，縣四百。詔建康城邑宮室，並平蕩耕墾，更於石頭置蔣州[78]。

晉王廣班師，留王韶鎮石頭城，委以後事。三月，己巳，陳叔寶與其王公百司發建康，詣長安，大小在路，五百里纍纍不絕。帝命權分長安士民宅以俟之，內外修整，遣使迎勞；陳人至者如歸。夏，四月，辛亥，帝幸驪山，親勞旋師。乙巳，諸軍凱入[79]，獻俘於太廟，陳叔寶及諸王侯將相並乘輿服御、天文圖籍等以次行列，仍以鐵騎圍之，從晉王廣、秦王俊入，列於殿廷。拜廣為太尉，賜輅車、乘馬、袞冕之服、玄圭、白璧。丙辰，帝坐廣陽門觀[80]，引陳叔寶於前，及太子、諸王二十八人，司空司馬消難以下至尚書郎凡二百餘人，帝使納言宣詔勞之；次使內史令宣詔，責以君臣不能相輔，乃至滅亡。叔寶及其群臣並愧懼伏地，屏息不能對。既而宥之。[81]

……

帝給賜陳叔寶甚厚，數得引見，班同三品；每預宴，恐致傷心，為不奏吳音。後監守者奏言："叔寶云：'既無秩位，每預朝集，願得一官號。'"帝曰："叔寶全無心肝。"監者又言："叔寶常醉，罕有醒時。"帝問："飲酒幾何？"對曰："與其子弟日飲一石。"帝大驚，使節其酒，既而曰："任其性；不爾，何以過日。"帝以陳氏子弟既多，恐其在京城為非，乃分置邊州，給田業使為生，歲時賜衣服以安全之。[82]

……

（隋開皇十年）江表自東晉已來，刑法疏緩，世族陵駕寒門；平陳之後，牧民者盡更變之。蘇威[83]復作《五教》，使民無長幼悉誦之，士民嗟怨。民間復訛言隋欲徙之入關，遠近驚駭。於是婺州汪文進、越州高智慧、蘇州沈玄憎皆舉兵反，自稱天子，署置百官。樂安蔡道人、蔣山李稜、饒州吳世華、溫州沈孝徹、泉州王國慶、杭州楊寶英、交州李春等皆自稱大都督，攻陷州縣。陳之故境，大抵皆反。大者有眾數萬，小者數千，共相影響。執縣令，或抽其腸，或臠其肉食之，曰："更能使儂誦《五教》邪！"詔以楊素為行軍總管以討之。[84]

注釋

1.《通鑑》，卷一七六、一七八。
2.隋主受禪：隋朝政權係自北周禪讓而得。

3. 高宗：陳宣帝廟號高宗。

4. 太建：陳宣帝的年號。

5. 帝：指陳後主。在隋滅陳之前，《通鑑》敘事以陳朝為本位，所以稱陳後主為“帝”。

6. 高熲：隋宰相，特別受隋文帝器重。

7. 濟師：舉兵渡江。

8. 帖：增添。

9. “若賊”五句：意思是說，隋軍於上流、下流同時準備進攻江南。敵赴上流，則下流渡江；敵擁眾於下流，則上流順江而下。

10. 蕭巖受降：隋附庸國後梁大臣蕭巖等叛逃，陳朝接受了他們。事件發生在本年。

11. 柿：削下的木片。

12. 永安：三國蜀劉備於白帝建永安宮，永安為今四川省奉節縣，在巴東。

13. 拍竿：可以發動來拍敵船的竿子。

14. 《通鑑》，頁5492－5494。

15. “陳叔寶”二句：這兩句是說，地方雖小而貪慾無窮。陳叔寶：陳後主名叔寶。

16. 俾：使。

17. 帝：這裏指陳後主。

18. 散寫：此時還未發明印刷術，所以宣傳品仍須手寫。

19. 江外：中原以江南為江外。

20. 《通鑑》，頁5496。

21. 行省：行臺。

22. “隋以出師”二句：出師先須告廟。

23. 晉王廣、秦王俊：均隋文帝之子。

24. 六合：今江蘇省有六合縣，在南京市的長江對岸。

25. 素出永安：楊素鎮巴東永安，自永安下三峽。

26. 廣陵：吳州治廣陵。

27. 長史、司馬：是元帥的最高級別的助手。

28. 《通鑑》，頁 5497 — 5498。

29. 郭璞：晉人，博學善術數。

30. "江東"二句：此乃郭璞的預言，當時已經傳遍人口。

31. 任蠻奴：即任忠。

32. 詔：為陳後主詔。

33. 青龍：一種戰艦的名稱。

34. 黃龍：楊素所造的一種大戰艦。

35. 平乘：一種大船的名稱。

36. 施文慶、沈客卿：為當時陳朝主要管事的人。

37. 江州、南徐州：分別治潯陽（今江西省九江市）、京口（今江蘇省鎮江市），皆緣江重鎮。

38. 元會：元旦的朝賀典禮。

39. 阻楊素軍：被楊素的軍隊所阻擋。

40. 湘州：治湖南省長沙市。

41. 金翅：一種船名。

42. 述職：古時諸侯朝於天子謂之"述職"。這裏指出守藩方。

43. 之任：赴任。

44. "而客卿"二句：當時施文慶、沈客卿共掌機密，文慶若出，則客卿得專權。

45. 貨動江總：用財物賄賂江總。

46. "齊兵"二句：指南朝梁、陳時期北朝齊、周部隊分別對南朝的進攻，均未獲成功。陳後主以過去例現在，以為隋軍這次同樣不能拿陳朝怎麼樣。

47. "此是我馬"二句：意謂隋軍的戰馬若渡江，必不能北歸，將為陳朝所有。這也是孔範的大話。

48. 《通鑑》，頁 5498 — 5502。

49. 晡時：申時，下午三至五點。

50. 內國：即中國。隋人避諱，改中國為內國。

51. 橫江，即橫江浦，在今安徽省含山縣界。

52. 南豫州：陳南豫州治宣城，當時移鎮姑孰。姑孰在今安徽省當塗縣。

53. 白下：在今南京市。

54. 新蔡：在今湖北省黃梅縣，魯廣達世代在此，為一方之主。

55. "於是"二句：京口於建康為北，姑孰於建康為南。

56. 曲阿：在今江蘇省武進、丹陽二縣之間。賀若弼分兵斷其衝，以防備三吳之兵入援建康。

57. 蘄口：蘄水入江之口。

58. 景從：就像影子跟着形體一樣聽從。

59. 欻然：忽然。

60. 勒石燕然：東漢竇憲北伐匈奴，破之，勒石刻碑於燕然山。孔範以此作比方，說大話。

61. 賦：分發。

62. 好住：當時習語，意即好自珍重。

63. 兩縢：兩捆。

64. 侯景故事：侯景攻破建康臺城，梁武帝猶御殿正色見侯景，侯景畏懼流汗而出。

65. 舍人：此處指太子舍人。

66. 歸命侯：當年西晉滅吳國，吳主孫皓降晉，封歸命侯。

67. "昔太公"句：傳說周師伐紂，捕得妲己，太公因為她太美麗，於是蒙面而斬之。

68. 《詩經·大雅》的話。

69. 《通鑑》，頁5503—5511。

70. 江夏：陳郢州刺史治所。

71. 巴蜑：蜑亦為蠻，居巴中者曰巴蜑。此處水蜑非常熟習水中行船。

72. 公安：陳荊州刺史治所。

73. 巴州：治巴陵。

74. 中華書局本《通鑑》缺"等"字，疑誤。

75. 淮南行臺省：該行省本為伐陳而設，是時陳已平，晉王廣將凱旋，故廢之。

76.《通鑑》，頁5511—5513。

77. "於是"句：陳高祖受梁禪於梁太平二年（557），至隋開皇九年（589）滅陳，陳朝享國共五主，三十三年。

78. 蔣州：因為該城市有蔣山，故名。

79. 凱入：奏凱樂而入場。

80. 廣陽門觀：廣陽門的觀禮臺。

81.《通鑑》，頁5515—5516。

82.《通鑑》，頁5519。

83. 蘇威：時為隋尚書右僕射。

84.《通鑑》，頁5529—5530。

串講

本文分為四大段。"初，隋主受禪以來"等六節，為第一段，寫隋朝動議伐陳的具體過程。當時隋朝篡奪北周政權尚不太久，最初，隋文帝在處理與陳朝的關係上還是有點低調的，但是，陳朝兩代君主都沒有表示足夠的禮貌，已經激怒了隋文帝；再加上陳朝接受隋附屬國後梁大臣的叛逃，隋大舉伐陳遂不可避免。總結起來說，隋伐陳的理由，正如本段末節皇甫績所表述的，"大吞小，一也；以有道伐無道，二也；納叛臣蕭巖，於我有詞，三也。"

"戊寅，隋主下詔曰"等十三節，為第二段，寫隋文帝正式下詔伐陳，各路軍事佈置、楊素在長江上游所進行的前期戰鬥以及陳朝方面臣奸主荒、驕狂無備、飲酒作樂賦詩如故的情況。

"春，正月"等十九節，為第三段，主要寫賀若弼、韓擒虎所部隋軍自長江下游進攻陳都建康的實況，因為準備不足，陳朝軍隊沒有什麼鬥志，陳後主很快就投降了。隋軍統帥晉王楊廣進入建康，令陳後主使長江中上游諸軍向隋軍繳械。

"於是陳國皆平"等四節，為第四段，寫的是平陳之後的一些事情，包括晉王楊廣凱旋獻俘，隋文帝既慰勞又責備亡國之君陳後主，隋文帝對陳後主的優待以及對陳王室成員的相關處置。陳亡之後，陳地百姓不適應隋朝官員的統治方式，紛紛造反，隋派楊素前往討伐。

評析

隋朝繼承北周以來，北周已經滅了北齊，所以，隋朝最初控制的是北方的大半個中國。不久，原來一直是北周附屬國的江陵的後梁國又被隋文帝滅掉。這時，南朝的最後一任王朝陳朝還控制着江南的廣大地區。但是，天下大勢已今非昔比，隋文帝得政權不久，兢兢業業，隋朝尚處於王朝創立之初的上升期；而陳朝陳後主整日詩酒流連，昏庸腐朽，又任用非人，國政日壞。此消彼長，南、北對峙的格局失衡，南朝終於要作北朝的俎上魚肉了。

歷來從北方進攻南方的，都把長江當作一道難以克服的天然障礙。如何渡過這一"天險"？晉武帝平吳國，通過自長江上游發動進攻，然後順流而下，搗毀金陵的方式獲得成功。隋文帝此次平陳，如本文所述，事先經過非常周密的策劃，提前幾年即已着手騷擾破壞，以期逐步削弱並拖垮敵方。而渡江作戰的方案，所使用的是“聲東擊西”的戰術，先在上游多張聲勢，將陳朝的精兵吸引至長江中上游，然後，隋軍的主力部隊從長江下游直接渡江作戰，攻擊陳朝首都建康，擄獲陳後主。陳亡，隋朝統一中國。

自東漢末年中央失去對地方的統治能力，地方割據勢力開始形成以來，已經四百年。中間只有西晉太康以後、永嘉以前短暫的三十來年統一的時光，在此期間，面對分裂的局面，由南向北，則桓溫、劉裕，由北向南，則曹操、苻堅、拓跋燾，均作過統一中國的努力，但是，沒有成功。隋文帝平陳，終結了漢末以來四百年、或永嘉以來近三百年的國家分裂的局面，為隋唐三百多年的統一富強奠定了基礎。

唐五代

蕭瑀受敕必勘

（唐高祖）委蕭瑀[1]以庶政，事無大小，莫不關掌。瑀亦孜孜盡力，繩違舉過，人皆憚之，毀之者眾，終不自理。上嘗有敕而內史不時宣行[2]，上責其遲，瑀對曰：“大業[3]之世，內史宣敕，或前後相違，有司不知所從，其易在前，其難在後；臣在省日久[4]，備見其事。今王業經始[5]，事繫安危，遠方有疑，恐失機會，故臣每受一敕必勘審，使與前敕不違，始敢宣行；稽緩之愆，實由於此。”上曰：“卿用心如是，吾復何憂！”[6]

注釋

1. 蕭瑀：時為內史令。
2. “上嘗有”句：按隋唐制度，凡王言下內史省，皆宣署申覆而施行之。
3. 大業：隋煬帝的年號，共十三年，公元605－617年。
4. 臣在省日久：蕭瑀在隋朝為內史侍郎，所以說“在省日久”。
5. 王業經始：《通鑑》敘此事於唐高祖武德元年（618），是唐有天下之第一年也。
6. 《通鑑》，頁5793－5794。

串講

蕭瑀為後梁王室成員，隋煬帝皇后的弟弟，於李唐皇室也是親戚。史稱蕭瑀以儒術梗直知名。本節故事發生在他擔任唐高祖內史令時。隋唐之際的內史省就是中書省，掌管發佈皇帝的政令，是國家的中樞機構。唐高祖信任蕭瑀，有一次皇帝發敕命至內史省，但是內史省遲遲不對外宣佈，皇帝遂詢問原因。蕭瑀答說：在隋煬帝的時代，經常有所發佈的皇帝的敕命前後矛盾的例子，搞得下面執行的官員不知所從。這些事情蕭瑀本人在隋朝內史省任職時就親歷過，為防止此類事件的發生，他每受一敕命，都得與以前發佈過的敕命仔細對勘，確認沒有矛盾，然後再發佈。這樣，其難在前，其易在後，國家政令暢通就可以期望了。

評析

　　這節故事反映了古代官僚的敬業精神。唐初的人物，全都是從隋朝過來的。隋朝國家再次統一，國力達到空前富強的地步，居然不多久就亡國了。這件事是親歷過那個時代的人所無法忘懷的，所以，唐初的人特別愛引用隋代的教訓。這有點像二十世紀七八十年代的中國大陸的人講起"文化大革命"一樣，剛剛過去的一場浩劫，觸目驚心，如在目前。

李世民克洛陽

一

（唐武德四年二月）王世充[1]太子玄應將兵數千人，自虎牢運糧入洛陽，秦王（李）世民遣將軍李君羨邀擊，大破之，玄應僅以身免。

世民使宇文士及奏請進圍東都，上[2]謂士及曰："歸語爾王：今取洛陽，止欲[3]息兵。克城之日，乘輿法物，圖籍器械，非私家所須者，委汝收之。其餘子女玉帛，並以分賜將士。"

辛丑，世民移軍青城宮，壁壘未立，王世充帥眾二萬自方諸門出，憑故馬坊垣塹，臨穀水以拒唐兵[4]，諸將皆懼。世民以精騎陳於北邙，登魏宣武陵以望之，謂左右曰："賊勢窘矣，悉眾而出，徼幸一戰，今日破之，後不敢復出矣。"命屈突通帥步卒五千渡水擊之，戒通曰："兵交則縱煙。"煙作，世民引騎南下，身先士卒，與通合勢力戰。世民欲知世充陳厚薄，與精騎數十衝之，直出其背，眾皆披靡，殺傷甚眾。既而限以長堤，與諸騎相失，將軍丘行恭獨從世民，世充數騎追及之，世民馬中流矢而斃。行恭回騎射追者，發無不中，追者不敢前。乃下馬以授世民，行恭於馬前步執長刀，距躍[5]大呼，斬數人，突陳而出，得入大軍。世充亦帥眾殊死戰，散而復合者數四，自辰至午，世充兵始退。世民縱兵乘之，直抵城下，俘斬七千人，遂圍之。驃騎將軍段志玄與世充兵力戰，深入，馬倒，為世充兵所擒，兩騎夾持其髻，將渡洛水，志玄踴身而奮，二人俱墜馬。志玄馳歸，追者數百騎，不敢逼。

初，驃騎將軍王懷文為唐軍斥候[6]，為世充所獲，世充欲慰悅之，引置左右。壬寅，世充出右掖門[7]，臨洛水為陳，懷文忽引槊刺世充，世充衷甲[8]，槊折不能入，左右猝出不意，皆愕眙不知所為。懷文走趣唐軍，至寫口[9]，追獲，殺之。世充歸，解去衷甲，袒示群臣曰："懷文以槊刺我，卒不能傷，豈非天所命乎！"

先是，御史大夫鄭頲不樂仕世充，多稱疾不預事，至是謂世充曰："臣聞佛有金剛不壞身，陛下真是也。臣實多幸，得生佛世，願棄官削髮為沙門，服勤精進，以資陛下之神武。"世充曰："國之大臣，聲望素重，一旦入道，將駭物聽。俟兵革休息，當從公志。"頲固請，不許。退謂其妻曰："吾束髮從官，志慕名節，不幸遭遇亂世，流離至此，側身猜忌之朝，累足危亡之地，智力淺薄，無以自全。人生會當有死，早晚何殊？姑從吾所好，死亦無憾。"遂削髮被僧服。世充聞之，大怒曰："爾以我為必敗，欲苟免邪？不誅之，何以制眾！"遂斬頲於市。頲言笑自若，觀者壯之。[10]

……

庚戌，王泰棄河陽走[11]，其將趙夐等以城來降。別將單雄信、裴孝達與總管王君廓相持於洛口，秦王世民帥步騎五千援之，至轘轅，雄信等遁去，君廓追敗之。[12]

......

秦王世民圍洛陽宮城，城中守禦甚嚴，大砲飛石重五十斤，擲二百步，八弓弩箭如車輻，鏃如巨斧，射五百步。世民四面攻之，晝夜不息，旬餘不克。城中欲翻城者凡十三輩，皆不果發而死。唐將士皆疲弊思歸，總管劉弘基等請班師。世民曰：“今大舉而來，當一勞永逸。東方諸州已望風款服，唯洛陽孤城，勢不能久，功在垂成，奈何棄之而去！”乃下令軍中曰：“洛陽未破，師必不還，敢言班師者斬！”眾乃不敢復言。上聞之，亦密敕世民使還，世民表稱洛陽必可克，又遣參謀軍事封德彝入朝面論形勢。德彝言於上曰：“世充得地雖多，率皆羈屬[13]，號令所行，唯洛陽一城而已，智盡力窮，克在朝夕。今若旋師，賊勢復振，更相連接，後必難圖。”上乃從之。世民遣世充書，諭以禍福；世充不報。

戊午，王世充鄭州司兵沈悅遣使詣左武侯大將軍李世勣[14]請降。左衛將軍王君廓[15]夜引兵襲虎牢，悅為內應，遂拔之，獲其荊王行本及長史戴冑。悅，君理之孫也。[16]

二

（三月）唐兵圍洛陽，掘塹築壘而守之。城中乏食，絹一匹直粟三升，布十四直鹽一升，服飾珍玩，賤如土芥。民食草根木葉皆盡，相與澄取浮泥，投米屑作餅食之，皆病，身腫腳弱，死者相枕倚於道。皇泰主[17]之遷民入宮城也，凡三萬家，至是無三千家。雖貴為公卿，糠核不充，尚書郎以下，親自負戴，往往餒死。

竇建德使其將范願守曹州，悉發孟海公、徐圓朗之眾，西救洛陽。至滑州，王世充行臺僕射韓洪開門納之。己卯，軍於酸棗。[18]

......

竇建德陷管州，殺刺史郭士安；又陷滎陽、陽翟等縣，水陸並進，泛舟運糧，溯河西上。王世充之弟徐州行臺世辯遣其將郭士衡將兵數千會之，合十餘萬，號三十萬，軍於成皋[19]之東原，築宮板渚，遣使與王世充相聞。

先是，建德遺秦王世民書，請退軍潼關，返鄭侵地，復修前好。世民集將佐議之，皆請避其鋒，郭孝恪曰：“世充窮蹙，垂將面縛，建德遠來助之，此天意欲兩亡之也。宜據武牢[20]之險以拒之，伺間而動，破之必矣。”記室薛收曰：“世充保據東都，府庫充實，所將之兵，皆江、淮精銳，即日之患，但乏糧食耳。以是之故，為我所持，求戰不得，守則難久。建德親帥大眾，遠來赴援，亦當極其精銳，致死於我。若縱之至此，兩寇合從，轉河北之粟以饋洛陽，則戰爭方始，偃兵無日，混一之期，殊未有涯也。今宜分兵守洛陽，深溝高壘，世充出兵，慎勿與戰，大王親帥驍銳，先據成皋，厲兵訓士，以待其至，以逸待勞，決可克也。建德既破，世充自下，不過二旬，兩主就縛矣。」世民善之。收，道衡之子也。蕭瑀、屈突通、封德彝皆曰：「吾兵疲老，世充憑守堅城，未易猝拔，建德席勝而來，鋒銳氣盛；吾腹背受敵，非完策也，不若退保新安，以承其弊。」世民曰：「世充兵摧食盡，上下離心，不煩力攻，可以坐克。建德新破海公，將驕卒惰，吾據武牢，扼其咽喉。彼若冒險爭鋒，吾取之甚易。若狐疑不戰，旬月之間，世充自潰。城破兵強，氣勢自倍，一舉兩克，在此行矣。若不速進，賊入武牢，諸城新附，必不能守；兩賊併力，其勢必強，何弊之承？吾計決矣！」通等又請解圍據險以觀其變，世民不許。中分麾下，使通等副齊王元吉圍守東都，世民將驍勇三千五百人東趣武牢。時正晝出兵，歷北邙，抵河陽，趨鞏而去[21]。王世充登城望見，莫之測也，竟不敢出。

癸未，世民入武牢；甲申，將驍騎五百，出武牢東二十餘里，覘建德之營。緣道分留從騎，使李世勣、程知節、秦叔寶分將之，伏於道旁，才餘四騎，與之偕進。世民謂尉遲敬德曰：「吾執弓矢，公執槊相隨，雖百萬眾若我何！」又曰：「賊見我而還，上策也。」去建德營三里所，建德遊兵遇之，以為斥候也。世民大呼曰：「我秦王也。」引弓射之，斃其一將。建德軍中大驚，出五六千騎逐之；從者咸失色，世民曰：「汝弟[22]前行，吾自與敬德為殿。」於是按轡徐行，追騎將至，則引弓射之，輒斃一人。追者懼而止，止而復來，如是再三，每來必有斃者，世民前後射殺數人，敬德殺十許人，追者不敢復逼。世民逡巡稍卻以誘之，入於伏內，世勣等奮擊，大破之，斬首三百餘級，獲其驍將殷秋、石瓚以歸。乃為書報建德，諭以："趙魏之地，久為我有，為足下所侵奪。但以淮安見禮，公主得歸[23]，故相與坦懷釋怨。世充頃與足下修好，已嘗反覆，今亡在朝夕，更飾辭相誘，足下乃以三軍之眾，仰哺他人，千金之資，坐供外費，良非上策。今前茅相遇，彼遽崩摧，郊勞未通，能無懷愧！故抑止鋒銳，冀聞擇善；若不獲命，恐雖悔難追。"[24]

……

（四月）壬寅，王世充騎將楊公卿、單雄信引兵出戰，齊王元吉擊之，不利，行軍總管盧君諤戰死。[25]

……

王世充平州刺史周仲隱以城來降。[26]

三

竇建德迫於武牢不得進，留屯累月，戰數不利，將士思歸。丁巳，秦王世民遣王君廓將輕騎千餘抄其糧運，又破之，獲其大將軍張青特。

凌敬言於建德曰："大王[27]悉兵濟河，攻取懷州、河陽，使重將守之，更鳴鼓建旗，逾太行，入上黨，徇汾、晉，趣蒲津，如此有三利：一則蹈無人之境，取勝可以萬全；二則拓地收眾，形勢益強；三則關中震駭，鄭圍自解。為今之策，無以易此。"建德將從之，而王世充遣使告急相繼於道，王琬、長孫安世朝夕涕泣，請救洛陽，又陰以金玉啖建德諸將，以撓其謀。諸將皆曰："凌敬書生，安知戰事，其言豈可用也。"建德乃謝敬曰："今眾心甚銳，天贊我也，因之決戰，必將大捷，不得從公言。"敬固爭之，建德怒，令扶出。其妻曹氏謂建德曰："祭酒[28]之言不可違也。今大王自滏口乘唐國之虛，連營漸進，以取山北[29]，又因突厥西抄關中，唐必還師自救，鄭圍何憂不解！若頓兵於此，老師費財，欲求成功，在於何日？"建德曰："此非女子所知！吾來救鄭，鄭今倒懸，亡在朝夕，吾乃捨之而去，是畏敵而棄信也，不可。"

　　諜者告曰："建德伺唐軍芻盡，牧馬於河北，將襲武牢。"五月，戊午，秦王世民北濟河，南臨廣武，察敵形勢，因留馬千餘匹，牧於河渚以誘之，夕還武牢。己未，建德果悉眾而至，自板渚出牛口置陳，北距大河，西薄汜水，南屬鵲山，亙二十里，鼓行而進。諸將皆懼，世民將數騎升高丘而望之，謂諸將曰："賊起山東，未嘗見大敵。今度險而囂[30]，是無紀律；逼城而陳，有輕我心；我按甲不出，彼勇氣自衰。陳久卒飢，勢將自退，追而擊之，無不克者。與公等約，甫過日中，必破之矣。"建德意輕唐軍，遣三百騎涉汜水，距唐營一里所止。遣使與世民相聞曰：“請選銳士數百與之劇[31]。”世民遣王君廓將長槊二百以應之，相與交戰，乍進乍退，兩無勝負，各引還。王琬乘隋煬帝驄馬，鎧仗甚鮮，迴出陳前以誇眾。世民曰：“彼所乘真良馬也！”尉遲敬德請往取之，世民止之曰：“豈可以一馬喪猛士？”敬德不從，與高甑生、梁建方三騎直入其陳，擒琬，引其馬以歸，眾無敢當者。世民使召河北馬，待其至，乃出戰。

建德列陳，自辰至午，士卒飢倦，皆坐列[32]，又爭飲水，逡巡欲退。世民命宇文士及將三百騎經建德陳西，馳而南上，戒之曰：“賊若不動，爾宜引歸，動則引兵東出。”士及至陳前，陳果動，世民曰：“可擊矣。”時河渚馬亦至，乃命出戰。世民率輕騎先進，大軍繼之，東涉汜水，直薄[33]其陳。建德群臣方朝謁，唐騎猝來，朝臣趨就建德，建德召騎兵使拒唐兵，騎兵阻朝臣不得過，建德揮朝臣令卻，進退之間，唐兵已至，建德窘迫，退依東陂。竇抗引兵擊之，戰小不利。世民帥騎赴之，所向皆靡。淮陽王道玄挺身陷陳，直出其後，復突陳而歸，再入再出，飛矢集其身如蝟毛，勇氣不衰，射人，皆應弦而仆。世民給以副馬，使從己。於是諸軍大戰，塵埃漲天。世民帥史大奈、程知節、秦叔寶、宇文歆等捲斾而入，出其陳後，張唐旗幟，建德將士顧見之，大潰；追奔三十里，斬首三千餘級。建德中槊，竄匿於牛口渚。車騎將軍白士讓、楊武威逐之，建德墜馬，士讓援槊欲刺之，建德曰：「勿殺我，我夏王也，能富貴汝[34]。」武威下擒之，載以從馬，來見世民。世民讓之曰：「我自討王世充，何預汝事，而來越境，犯我兵鋒！」建德曰：「今不自來，恐煩遠取。」建德將士皆潰去，所俘獲五萬人，世民即日散遣之，使還鄉里。

封德彝入賀，世民笑曰：「不用公言，得有今日。智者千慮，不免一失乎？」德彝甚慚。

建德妻曹氏與左僕射齊善行將數百騎遁歸洺州。

甲子，世充偃師、鞏縣皆降。

乙丑，以太子左庶子鄭善果為山東道撫慰大使。

世充將王德仁棄故洛陽城[35]而遁，亞將趙季卿以城降。秦王世民囚竇建德、王琬、長孫安世、郭士衡等至洛陽城下，以示世充。世充與建德語而泣，仍遣安世等入城言敗狀。世充召諸將議突圍，南走襄陽，諸將皆曰：「吾所恃者夏王，夏王今已為擒，雖得出，終必無成。」丙寅，世充素服帥其太子、群臣、二千餘人詣軍門降。世民禮接之，世充俯伏流汗。世民曰：「卿常以童子見處，今見童子，何恭之甚邪？」世充頓首謝罪。於是部分諸軍，先入洛陽，分守市肆，禁止侵掠，無敢犯者。

丁卯，世民入宮城，命記室房玄齡先入中書、門下省收隋圖籍制詔，已為世充所毀，無所獲。命蕭瑀、竇軌等封府庫，收其金帛，頒賜將士。收世充之黨罪尤大者段達、王隆、崔洪丹、薛德音、楊汪、孟孝義、單雄信、楊

公卿、郭什柱、郭士衡、董叡、張童兒、王德仁、朱粲、
郭善才等十餘人，斬於洛水之上。[36]

四

秦王世民坐閶闔
門[37]，蘇威[38]請見，稱
老病不能拜。世民遣人
數之曰：“公隋室宰
相，危不能扶，使君弒
國亡。見李密[39]、王世
充皆拜伏舞蹈。今既老
病，無勞相見。”及至
長安，又請見，不許。

秦王破陣樂

既老且貧，無復官爵，卒於家，年八十二。

秦王世民觀隋宮殿，歎曰：“逞侈心，窮人欲，無
亡。得乎？”命撤端門[40]樓，焚乾陽殿，毀則天門[41]及
闕；廢諸道場，城中僧尼，留有名德者各三十人，餘皆返
初[42]。[43]

……

（七月）甲子，秦王世民至長安。世民被黃金甲，齊
王元吉、李世勣等二十五將從其後，鐵騎萬匹，甲士三萬
人，前後部鼓吹[44]，俘王世充、竇建德及隋乘輿、御物獻
於太廟，行飲至[45]之禮以饗之。[46]

注釋

1. 王世充：隋末割據勢力之一，自立為帝，以洛陽為首都建立了鄭政權。

2. 上：唐高祖。

3. "欲"：中華書局本作"於"，疑誤，此處從四部叢刊本《通鑑》。

4. 方諸門：洛陽城西連着禁苑（即皇家公園），方諸門即都城通往禁苑的城門，青城宮在禁苑中，穀、洛二水亦會於禁苑之中。

5. 距躍：超距而跳躍。

6. 斥候：指偵察員。

7. 右掖門：洛陽城南面共三門，中曰端門，左曰左掖門，右曰右掖門。洛水從前流過，水上共有天津、永濟、中橋共三橋。

8. 衷甲：衣服裏面披着鎧甲。

9. 寫口：即瀉口，為洛陽城污水在城外的排污口。

10. 《通鑑》，頁 5902 — 5904。

11. "王泰"句：去年，王世充使王泰守河陽。

12. 《通鑑》，頁 5904。

13. 羈屬：羈縻屬之，勉強附屬。

14. 李世勣：時屯管城。

15. 王君廓：時屯洛口。

16. 《通鑑》，頁 5905。

17. 皇泰主：隋義寧二年（618），隋煬帝遇弒於江都，隋越王侗即皇帝位於東都洛陽，改元皇泰。此前一年，唐高祖李淵已於長安立隋恭帝。《通鑑》此節記事，以唐為本位，故稱隋越王為"皇泰主"。

18. 《通鑑》，頁 5908。

19. 成皋：即虎牢。

20. 虎牢：唐諱虎，改虎牢為武牢。

21. 趨鞏而去：鞏縣在洛陽之東一百一十里。時李世民大軍駐紮於洛陽西北包圍洛陽，出兵向武牢，則歷北邙，抵河陽，向鞏縣方向而去。

22. 弟：第，但。

23. "但以"二句：武德二年，竇建德盡取趙、魏等地，虜唐淮安王神
通及同安公主，待淮安以客禮，次年八月，遣公主歸。

24.《通鑑》，頁5908－5911。

25.《通鑑》，頁5911。

26.《通鑑》，頁5912。

27. 大王：時竇建德建夏國，為夏王。

28. 祭酒：凌敬為竇建德國子祭酒。

29. 山北：建德都洺州，時在山南，并、代、汾、晉，皆山北也。

30. 囂：喧囂。

31. 劇：戲。

32. 坐列：戰士坐列，表明沒有鬥志。

33. 薄：迫。

34. "勿殺我"三句：意思是說得到我獻上去，能使你們富貴。

35. 故洛陽城：指漢、魏故都之城。

36.《通鑑》，頁5912－5917。

37. 閶闔門：晉都洛陽城西面北來第三門為閶闔門。隋都城該門不詳，
或即此門。

38. 蘇威：北周蘇綽之子，仕隋很久，為宰相時間亦長。

39. 李密：隋末逐鹿的割據勢力之一，後來降唐。

40. 端門：洛陽皇城南面共三門，中間的為端門。

41. 則天門：洛陽宮城南面三門，中間一門，隋曰則天門。

42. 返初：返初服。即不再做僧尼。

43.《通鑑》，頁5917－5918。

44. 鼓吹：指軍樂。秦王凱旋之師，隊伍的前後均有軍樂隊。

45. 飲至：古禮，凱旋的軍隊回來，在太廟飲宴慶祝，列數戰車、戰
士、軍械及戰俘、戰利品等。

46.《通鑑》，頁 5922。

串講

　　本文分為四段。"王世充太子玄應將兵數千人"等八節，為第一段，寫秦王李世民進兵包圍王世充於洛陽初期的情況。秦王壁壘未成之時，兩軍即有首次較量，唐兵先聲奪人，取得先手，氣勢上壓住了城裏的敵軍。兩軍相持之後，進入疲勞戰階段，唐軍將士有撤軍的呼聲，秦王誓言：洛陽不破，師必不還。

　　"唐兵圍洛陽"等七節，為第二段，寫竇建德入援王世充所帶來的新挑戰與秦王的相應對策。唐軍圍困洛陽，已使城中糧盡，死者相枕藉。在這一關鍵時刻，竇建德率大軍赴援洛陽，致書李世民，要求唐軍退回潼關以外，返還所侵王世充鄭國的土地，來勢洶猛。秦王審時度勢，決定兵分兩路，令齊王率大軍繼續圍困洛陽，親自率領驍勇幾千人前往鎮守武牢，迎擊竇建德的大軍，挫其鋒芒。

　　"竇建德迫於武牢不得進"等十節，為第三段，寫唐軍與竇建德軍的大決戰。竇軍被擊敗，王世充洛陽亦降。竇建德軍被阻於武牢數月，銳氣已盡，秦王遂因勢利導，誘其決戰，唐軍一舉擊敗之。洛陽隨之亦告破，秦王的勝利之師進入洛陽。

　　"秦王世民坐聞闔闔門"等三節，為第四段，寫勝利之後的凱旋等情況。秦王感慨隋之窮侈極慾而亡國，又責備隋宰相不能盡責。最後是秦王凱旋長安飲至獻俘告捷的景象。

評析

武德元年（618）唐高祖李淵在長安稱帝時，富強一時的隋朝天下已經被各派武裝勢力分割完畢。形式上李淵的皇位通過隋恭帝的禪讓而得，事實上，唐朝的天下完全是武力征伐取得的。在唐朝再度以武力統一中國的過程中，唐高祖的二兒子秦王（即後來的唐太宗）李世民的地位最為突出。《李世民克洛陽》一文成功展示出他年少氣盛、戎馬征戰的丰采。

唐高祖晉陽起兵以後，十九歲的李世民即統兵開始了他的征戰生涯，已經先後指揮打了幾次大的戰役。本文所述武德四年對王世充、竇建德的這場戰爭，也是唐軍在統一過程中規模最大的一次戰爭，前後經歷約十個月，前八個月主要是對王世充、後兩個月主要是對竇建德的戰爭。王世充本是隋朝的東都守將，隋煬帝死後，他消滅了競爭對手的力量，逐漸掌握政權，於武德二年四月自立為帝，國號鄭。竇建德所部則是當時在河北地區發展壯大起來的農民起義的部隊。王世充的鄭政權直接繼承自隋政權，佔據東都洛陽，又吸收了隋末農民起義瓦崗軍的一些將士及地盤，在當時割據諸勢力中地位最為突出。武德三年七月，唐高祖命秦王李世民統軍東擊王世充，本文的敘述開始於武德四年二月李世民進兵圍攻洛陽之時。

當時年僅二十三歲的唐軍統帥李世民，在戰爭戰略的抉擇上表現得成熟果斷。對洛陽的攻堅戰，首先要完成大的佈局上的合圍，然後通過逐步攻克、控制外圍據點，使洛陽陷於完全孤立的地位。唐、鄭兩軍對峙日久，竇建德的援軍乘勇而至，這時唐軍部分謀臣鑑於洛陽堅城一時難克，主張戰略撤退，以避竇軍鋒芒，然而，世民當機立斷，採納另一部分謀臣的意見，留大軍繼續圍守東都，而親率精兵數千，馳赴虎牢關（武牢），迎戰竇建德部隊。唐軍前線部隊與竇軍相持不久之後即迅速決戰，竇軍被擊潰，建德臨陣被擒。洛陽的王世充見此大的敗局已定，馬上亦向世民投降。

年輕的李世民貴為全軍統帥，每戰必在前線，充當前敵指揮，又甚至經常親率偵察隊、敢死隊，深入敵窟，威震敵膽。年少英武，勇略蓋世。當時民間即有"秦王破陣樂"流行。

唐太宗故事

剖身藏珠

上[1]謂侍臣曰："吾聞西域賈胡得美珠[2]，剖身以藏之，有諸？"侍臣曰："有之。"上曰："人皆知笑彼之愛珠而不愛其身也；吏受賕[3]抵法，與帝王徇奢欲而亡國者，何以異於彼胡之可笑邪！"魏徵[4]曰："昔魯哀公謂孔子曰：'人有好忘者，徙宅而忘其妻。'孔子曰：'又有甚者，桀、紂乃忘其身。'亦猶是也。"上曰："然。朕與公輩宜戮力相輔，庶免為人所笑也！"[5]

唐太宗李世民像

鷂死懷中

（魏）徵狀貌不逾中人，而有膽略，善回人主意[6]，每犯顏苦諫；或逢上怒甚，徵神色不移，上亦為霽威[7]。嘗謁告上塚[8]，還，言於上曰："人言陛下欲幸南山，外皆嚴裝已畢，而竟不行，何也？"上笑曰："初實有此心，畏卿嗔，故中輟耳。"上嘗得佳鷂[9]，自臂之，望見徵來，匿懷中；徵奏事固久不已，鷂竟死懷中。[10]

三鏡

鄭文貞公[11]魏徵寢疾，上遣使者問訊，賜以藥餌，相望於道。又遣中郎將李安儼宿其第，動靜以聞[12]。上復與太子同至其第，指衡山公主[13]，欲以妻其子叔玉。戊辰，徵薨，命百官九品以上皆赴喪，給羽葆鼓吹，陪葬昭陵[14]。其妻裴氏曰："徵平生儉素，今葬以一品羽儀，非亡者之志。"悉辭不受，以布車載柩而葬。上登苑西樓[15]，望哭盡哀。上自製碑文，並為書石。上思徵不已，謂侍臣曰："人以銅為鏡，可以正衣冠；以古為鏡，可以見興替；以人為鏡，可以知得失。魏徵沒，朕亡一鏡矣！"[16]

注釋

1. 上：唐太宗。
2. 賈：商人。胡：古代對北方和西方少數民族的泛稱。
3. 賕：賄賂。
4. 魏徵：唐太宗朝的名臣，曾任宰相。
5. 《通鑑》，頁6041－6042。
6. 回：扭轉。人主：君主。
7. 霽威：人主之威，重於雷霆。霽威，意謂雨霽，雷霆亦收威。
8. 謁告上塚：請假回去上墳。
9. 鷂：鷹的一種。古人有鬥鷹的愛好。
10. 《通鑑》，頁6059。

11. 鄭文貞公：魏徵封鄭國公，諡曰文貞。故曰鄭文貞公。

12. 動靜以聞：病情有什麼變化，及時報告。

13. 衡山公主：唐太宗的女兒。

14. 昭陵：預營的唐太宗的陵墓。

15. 苑西樓：長安禁苑之西樓。

16. 《通鑑》，頁6183－6184。

串講

《剖身藏珠》：傳說西域的商人得到名貴的珍珠，會挖開身體將珍珠藏在身體裏面。唐太宗的朝廷上，君臣之間曾就此事有一番對話。太宗問有無此事，侍臣說有。太宗感慨說：其實，貪贓枉法的官員、窮侈極慾的帝王，與這個外國的商人差不多，都已經為了外在的誘惑，而忘了自身的安全了。魏徵接着補充了孔子與魯哀公對話的一段掌故。魯哀公說有位健忘的人，搬家忘了老婆；孔子說：還有人會忘了自己呢，亡國的亂君夏桀、商紂，就都忘了自身。最後，太宗說：我們都要努力，不要成為後世的笑料。

《鷂死懷中》：魏徵善於也勇於進諫，唐太宗都有點怕他。有一次，魏徵聽說皇帝準備好了要去終南山一趟，但是，後來又沒動靜了，就問太宗，太宗說，原來是要去的，後來怕你諫阻，就不去了。還有一次，唐太宗得到一隻好的鷂鷹，正將它架在手臂上玩耍，忽然遠處看見魏徵來了，趕緊藏在懷裏。魏徵與太宗說話稍久了一些，鷂鷹竟死在了太宗的懷中。

《三鏡》：古人所用鏡子為銅鏡。唐太宗說：對着銅鏡，可以穿好衣服，戴正帽子；對照歷史的鏡子，可以看見國家的興亡盛衰；還有一種"人鏡"，對着它，可以隨時知道自己所作所為的得與失。魏徵去世，我失去了這樣一面鏡子。

評析

　　唐朝是至今仍令國人引以為傲的歷史上的強大王朝，僑居海外的中國僑民大多還稱為"唐人"。在古代君主制下，皇帝個人的素質對於整個王朝來說是很重要的。唐朝功業輝煌的君主數唐太宗、唐玄宗、唐憲宗，但是，只有唐太宗有始有終，"貞觀之治"也最為人所稱道。太宗其實也是唐朝的創業之主，他戎馬征戰的丰采，已見上文《李世民克洛陽》。從本文所選錄的這幾則故事，可以略微看出一些一代英主統治國家時期的雅量與風格。

武則天得政權

一

武則天像

（唐永徽五年三月）初，王皇后無子，蕭淑妃有寵，王后疾之。上[1]之為太子也，入侍太宗，見才人[2]武氏而悅之。太宗崩，武氏隨眾感業寺為尼[3]。忌日[4]，上詣寺行香，見之，武氏泣，上亦泣。王后聞之，陰令武氏長髮，勸上內之後宮，欲以間淑妃之寵。武氏巧慧，多權數，初入宮，卑辭屈體以事后。后愛之，數稱其美於上。未幾大幸，拜為昭儀，后及淑妃寵皆衰，更相與共譖之[5]，上皆不納。昭儀欲追贈其父而無名，故託以褒賞功臣，遍贈屈突通[6]等，而武士彠[7]預焉。[8]

……

王皇后、蕭淑妃與武昭儀更相譖訴，上不信后、淑妃之語，獨信昭儀。后不能曲事上左右，母魏國夫人柳氏及舅中書令柳奭入見六宮，又不為禮。武昭儀伺后所不敬者，必傾心與相結，所得賞賜分與之。由是后及淑妃動靜，昭儀必知之，皆以聞於上。

后寵雖衰，然上未有意廢也。會昭儀生女，后憐而弄之，后出，昭儀潛扼殺之，覆之以被。上至，昭儀陽[9]歡笑，發被觀之，女已死矣，即驚啼。問左右，左右皆曰："皇后適來此。"上大怒曰："后殺吾女！"昭儀因泣訴其罪。后無以自明，上由是有廢立之志。又畏大臣不從，乃與昭儀幸太尉長孫無忌[10]第，酣飲極歡，席上拜無忌寵姬子三人皆為朝散大夫，仍載金寶繒錦十車以賜無忌。上因從容言皇后無子以諷無忌，無忌對以他語，竟不順旨，上及昭儀皆不悅而罷。昭儀又令母楊氏詣無忌第，屢有祈請，無忌終不許。禮部尚書許敬宗亦數勸無忌，無忌厲色折之。[11]

……

（永徽六年）六月，武昭儀誣王后與其母魏國夫人柳氏為厭勝[12]，敕禁后母柳氏，不得入宮。秋，七月，戊寅，貶吏部尚書柳奭[13]為遂州刺史。奭行至扶風，岐州長史于承素希旨奏奭漏洩禁中語，復貶榮州刺史。

唐因隋制，後宮有貴妃、淑妃、德妃、賢妃，皆視一品。上欲特置宸妃，以武昭儀為之，韓瑗、來濟諫，以為故事無之，乃止。

中書舍人饒陽李義府為長孫無忌所惡，左遷壁州司馬。敕未至門下，義府密知之，問計於中書舍人幽州王德儉，德儉曰："上欲立武昭儀為后，猶豫未決者，直恐宰臣異議耳。君能建策立之，則轉禍為福矣。"義府然之，是日，代德儉直宿，叩閣上表，請廢皇后王氏，立武昭儀，以厭兆庶之心[14]。上悅，召見，與語，賜珠一斗，留居舊職。昭儀又密遣使勞勉之，尋超拜中書侍郎。於是衛尉卿許敬宗、御義大夫崔義玄、中丞袁公瑜皆潛佈腹心於武昭儀矣。[15]

二

（九月）上一日退朝，召長孫無忌、李勣、于志寧、褚遂良入內殿。遂良曰："今日之召，多為中宮，上意既決，逆之必死。太尉元舅，司空功臣[16]，不可使上有殺元舅及功臣之名。遂良起於草茅，無汗馬之勞，致位至此，且受顧託，不以死爭之，何以下見先帝[17]！"勣稱疾不入。無忌等至內殿，上顧謂無忌曰："皇后無子，武昭儀有子，今欲立昭儀為后，何如？"遂良對曰："皇后名家，先帝為陛下所娶。先帝臨崩，執陛下手謂臣曰：'朕佳兒佳婦，今以付卿。'此陛下所聞，言猶在耳。皇后未聞有過，豈可輕廢！臣不敢曲從陛下，上違先帝之命！"上不悅而罷。明日又言之，遂良曰："陛下必欲易皇后，伏請妙擇天下令族，何必武氏！武氏經事先帝，眾所具知，天下耳目，安可蔽也。萬代之後，謂陛下為如何！願留三思！臣今忤陛下，罪當死！"因置笏於殿階，解巾叩頭流血曰："還陛下笏，乞放歸田里。"上大怒，命引出。昭儀在簾中大言曰："何不撲殺此獠[18]！"無忌曰："遂良受先朝顧命，有罪不可加刑！"于志寧不敢言。

韓瑗因間奏事，涕泣極諫，上不納。明日又諫，悲不自勝，上命引出。瑗又上疏諫曰：“匹夫匹婦，猶相選擇，況天子乎！皇后母儀萬國，善惡由之，故嫫母輔佐黃帝，妲己傾覆殷王，《詩》云：‘赫赫宗周，褒姒滅之。’[19]每覽前古，常興歎息，不謂今日塵黷聖代。作而不法，後嗣何觀！願陛下詳之，無為後人所笑！使臣有以益國，菹醢之戮，臣之分也！昔吳王不用子胥之言而麋鹿遊於姑蘇[20]。臣恐海內失望，棘荊生於闕庭，宗廟不血食，期有日矣！”來濟上表諫曰：“王者立后，上法乾坤，必擇禮教名家，幽閑令淑，副四海之望，稱神祇之意。是故周文造舟以迎太姒[21]，而興《關雎》之化，百姓蒙祚；孝成[22]縱欲，以婢為后，使皇統亡絕，社稷傾淪。有周之隆既如彼，大漢之禍又如此，惟陛下詳察！”上皆不納。

他日，李勣入見，上問之曰：“朕欲立武昭儀為后，遂良固執以為不可。遂良既顧命大臣[23]，事當且已乎？”對曰：“此陛下家事，何必更問外人！”上意遂決。許敬宗宣言於朝曰：“田舍翁多收十斛麥，尚欲易婦；況天子欲立一[24]后，何豫諸人事而妄生異議乎！”昭儀令左右以聞。庚午，貶遂良為潭州都督。[25]

三

冬，十月，己酉，下詔稱：“王皇后、蕭淑妃謀行鴆毒，廢為庶人，母及兄弟，並除名，流嶺南。”許敬宗奏：“故特進贈司空王仁祐告身尚存[26]，使逆亂餘孽猶得為廕，並請除削。”從之。

乙卯，百官上表請立中宮，乃下詔曰：“武氏門著勳庸，地華纓黻，往以才行選入後庭，譽重椒闈，德光蘭掖。朕昔在儲貳，特荷先慈，常得侍從，弗離朝夕，宮壼之內，恆自飭躬，嬪嬙之間，未嘗迕目[27]。聖情鑑悉，每垂賞歎，遂以武氏賜朕，事同政君[28]，可立為皇后。”

丁巳，赦天下。是日，皇后上表稱：“陛下前以妾為宸妃，韓瑗、來濟面折庭爭，此既事之極難，豈非深情為國！乞加褒賞。”上以表示瑗等，瑗等彌憂懼，屢請去位，上不許。

十一月，丁卯朔，臨軒命司空李勣齎璽綬冊皇后武氏。是日，百官朝皇后於肅義門。

故后王氏、故淑妃蕭氏，並囚於別院，上嘗念之，間行至其所，見其室封閉極密，惟竅壁[29]以通食器，惻然傷之，呼曰：“皇后、淑妃安在？”王氏泣對曰：“妾等得罪為宮婢，何得更有尊稱！”又曰：“至尊若念疇昔，使妾等再見日月，乞名此院為回心院。”上曰：“朕即有處置。”武后聞之，大怒，遣人杖王氏及蕭氏各一百，斷去手足，投酒甕中，曰：“令二嫗骨醉！”數日而死，又斬之。王氏初聞宣敕，再拜曰：“願大家萬歲！昭儀承恩，死自吾分。”淑妃罵曰：“阿武妖猾，乃至於此！願他生我為貓，阿武為鼠，生生扼其喉。”由是宮中不畜貓。尋又改王氏姓為蟒氏，蕭氏為梟氏。武后數見王、蕭為祟[30]，被髮瀝血如死時狀。後徙居蓬萊宮，復見之，故多在洛陽，終身不歸長安。

己巳，許敬宗奏曰：“永徽爰始，國本未生，權引彗星，越升明兩[31]。近者元妃載誕，正胤降神，重光日融，爝暉宜息。安可反植枝幹，久易位於天庭；倒襲裳衣，使違方於震位！又，父子之際，人所難言，事或犯鱗，必嬰嚴憲，煎膏染鼎，臣亦甘心。”上召見，問之，對曰：“皇太子，國之本也，本猶未正，萬國無所繫心。且在東宮者，所出本微，今知國家已有正嫡，必不自安。竊位而懷自疑，恐非宗廟之福，願陛下熟計之。”上曰：“忠已自讓。”對曰：“能為太伯[32]，願速從之。”[33]

……

（顯慶元年）春，正月，辛未，以皇太子忠為梁王、梁州刺史，立皇后子代王弘為皇太子，生四年矣。[34]

四

韓瑗上疏，為褚遂良訟冤曰：“遂良體國忘家，捐身徇物，風霜其操，鐵石其心，社稷之舊臣，陛下之賢佐。無聞罪狀，斥去朝廷，內外盱黎，咸嗟舉措。臣聞晉武[35]弘裕，不貽劉毅之誅；漢祖[36]深仁，無恚[37]周昌之直。而遂良被遷，已經寒暑，違忤陛下，其罰塞焉。伏願緬[38]鑒無辜，稍寬非罪，俯矜微款，以順人情。”上謂瑗曰：

武后行從圖

"遂良之情，朕亦知之。然其悖戾好犯上，故以此責之，卿何言之深也！"對曰："遂良社稷忠臣，為讒諛所毀。昔微子去而殷國以亡，張華存而綱紀不亂。陛下無故棄逐舊臣，恐非國家之福！"上不納。瑗以言不用，乞歸田里，上不許。

劉洎之子訟其父冤，稱貞觀之末，為褚遂良所譖而死，李義府復助之。上以問近臣，眾希義府之旨，皆言其枉。給事中長安樂彥瑋獨曰："劉洎大臣，人主暫有不豫，豈得遽自比伊、霍！今雪洎之罪，謂先帝用刑不當乎！"上然其言，遂寢其事。39

……

三月，甲辰，以潭州都督褚遂良為桂州都督。

……

（顯慶二年七月）許敬宗、李義府希皇后旨，誣奏侍中韓瑗、中書令來濟與褚遂良潛謀不軌，以桂州用武之地，授遂良桂州都督，欲以為外援。八月，丁卯，瑗坐貶振州刺史，濟貶台州刺史，終身不聽朝覲。又貶褚遂良為愛州刺史，榮州刺史柳奭為象州刺史。

遂良至愛州，上表自陳：「往者濮王、承乾交爭[40]之際，臣不顧死亡，歸心陛下。時岑文本、劉洎奏稱'承乾惡狀已彰，身在別所，其於東宮，不可少時虛曠，請且遣濮王往居東宮'。臣又抗言固爭，皆陛下所見。卒與無忌等四人共定大策。及先朝大漸[41]，獨臣與無忌同受遺詔。陛下在草土之辰，不勝哀慟，臣以社稷寬譬，陛下手抱臣頸。臣與無忌區處眾事，咸無廢闕，數日之間，內外寧謐。力小任重，動罹愆過，螻蟻餘齒，乞陛下哀憐。」表奏，不省。[42]

五

（顯慶四年四月）武后以太尉趙公長孫無忌受重賜而不助己，深怨之。及議廢王后，燕公於志寧中立不言，武后亦不悅。許敬宗屢以利害說無忌，無忌每面折之，敬宗亦怨。武后既立，無忌內不自安，后令敬宗伺其隙而陷之。

會洛陽人李奉節告太子洗馬韋季方、監察御史李巢朋黨事，敕敬宗與辛茂將鞫之。敬宗按之急，季方自刺，不死，敬宗因誣奏季方欲與無忌構陷忠臣近戚，使權歸無忌，伺隙謀反，今事覺，故自殺。上驚曰：「豈有此邪！舅為小人所間，小生疑阻則有之，何至於反？」敬宗曰：「臣始末推究，反狀已露，陛下猶以為疑，恐非社稷之福。」上泣曰：「我家不幸，親戚間屢有異志，往年高陽公主與房遺愛謀反，今元舅復然，使朕慚見天下之人。茲事若實，如之何？」對曰：「遺愛乳臭兒，與一女子謀反，勢何所成！無忌與先帝謀取天下，天下服其智；為宰相三十年，天下畏其威；若一旦竊發，陛下遣誰當之？今賴宗廟之靈，皇天疾惡，因按小事，乃得大奸，實天下之慶也。臣竊恐無忌知季方自刺，窘急發謀，攘袂一呼，同惡雲集，必為宗廟之憂。臣昔見宇文化及父述為煬帝所親任，結以婚姻，委以朝政；述卒，化及復典禁兵，一夕於江都作亂，先殺不附己者，臣家亦豫其禍，於是大臣蘇威、裴矩之徒，皆舞蹈馬首，唯恐不及，黎明遂傾隋室。前事不遠，願陛下速決之！」上命敬宗更加審察。明日，敬宗復奏曰：「昨夜季方已承與無忌同反，臣又問季方：『無忌與國至親，累朝寵任，何恨而反？』季方答云：『韓瑗嘗語無忌云：「柳奭、褚遂良勸公立梁王為太子，今梁王既廢，上亦疑公，故出高履行[43]於外。」自此無忌憂恐，漸為自安之計。後見長孫祥又出，韓瑗得罪，日夜與季方等謀反。』臣參驗辭狀，咸相符合，請收捕準法。」上又泣曰：「舅若果爾，朕決不忍殺之；若殺之，天下將謂朕何！後世將謂朕何！」敬宗對曰：「薄昭，漢文帝之舅也，文帝從代來，昭亦有功，所坐止於殺人，文帝遣百官素服哭而殺之，至今天下以文帝為明主。今無忌忘兩朝之大恩，謀移社稷，其罪與薄昭不可同年而語也。幸而奸狀自發，逆徒引服，陛下何疑，猶不早決！古人有言：'當斷不斷，反受其亂。'安危之機，間不容髮[44]。無忌今之奸雄，王莽、司馬懿之流也；陛下少更遷延，臣恐變生肘腋，悔無及矣！"上以為然，竟不引問無忌。戊辰，下詔削無忌太尉及封邑，以為揚州都督，于黔州安置，準一品供給。祥，無忌之從父兄子也，前此，自工部尚書出為荊州長史，故敬宗以此誣之。

敬宗又奏："無忌謀逆，由褚遂良、柳奭、韓瑗構扇而成；奭仍潛通宮掖，謀行鴆毒，于志寧亦黨附無忌。"於是詔追削遂良官爵，除奭、瑗名，免志寧官。遣使發道次兵援送無忌詣黔州。無忌子秘書監駙馬都尉沖等皆除名，流嶺表。遂良子彥甫、彥沖流愛州，於道殺之。益州長史高履行累貶洪州都督。[45]

……

（五月）涼州刺史趙持滿，多力善射，喜任俠，其從母為韓瑗妻，其舅駙馬都尉長孫銓，無忌之族弟也，銓坐無忌，流巂州。許敬宗恐持滿作難，誣云與[46]無忌同反，驛召至京師，下獄，訊掠備至，終無異辭，曰："身可殺也，辭不可更。"吏無如之何，乃代為獄辭結奏。戊戌，誅之，屍於城西，親戚莫敢視。友人王方翼歎曰："欒布哭彭越，義也；文王葬枯骨，仁也。下不失義，上不失仁，不亦可乎！"乃收而葬之。上聞之，不罪也。方翼，廢后之從祖兄也。長孫銓至流所，縣令希旨杖殺之。

六月，丁卯，詔改《氏族志》為《姓氏錄》。

初，太宗命高士廉等修《氏族志》，升降去取，時稱允當。至是，許敬宗等以其書不敍武氏本望，奏請改之，乃命禮部郎中孔志約等比類升降，以后族為第一等，其餘悉以仕唐官品高下為準，凡九等。於是士卒以軍功致位五品，豫士流，時人謂之"勳格"。[47]

……

秋，七月，命御史往高州追長孫恩，象州追柳奭，振州追韓瑗，並枷鎖詣京師，仍命州縣簿錄其家。恩，無忌之族弟也。

壬寅，命李勣、許敬宗、辛茂將與任雅相、盧承慶更共覆按無忌事。許敬宗又遣中書舍人袁公瑜等詣黔州，再鞠無忌反狀，至則逼無忌令自縊。詔柳奭、韓瑗所至斬決。使者殺柳奭於象州。韓瑗已死，發驗而還。籍沒三家，近親皆流嶺南為奴婢。常州刺史長孫祥坐與無忌通書，處絞。長孫恩流檀州。[48]

……

（八月）乙卯，長孫氏、柳氏緣無忌、奭貶降者十三人。高履行貶永州刺史。于志寧貶榮州刺史，于氏貶者九人。自是政歸中宮矣。[49]

六

（顯慶五年）房州刺史梁王忠，年浸長，頗不自安，或私衣婦人服以備刺客；又數自占吉凶。或告其事，秋，七月，乙巳，廢忠為庶人，徙黔州，囚於承乾故宅[50]。[51]

……

冬，十月，上初苦風眩頭重，目不能視，百司奏事，上或使皇后決之。后性明敏，涉獵文史，處事皆稱旨。由是始委以政事，權與人主侔矣[52]。[53]

……

乾陵（高宗與武后合葬墓）無字碑

（麟德元年）初，武后能屈身忍辱，奉順上意，故上排群議而立之；及得志，專作威福，上欲有所為，動為后所制，上不勝其忿。有道士郭行真，出入禁中，嘗為厭勝之術，宦者王伏勝發之。上大怒，密召西臺侍郎、同東西臺三品上官儀議之。儀因言：「皇后專恣，海內所不與，請廢之。」上意亦以為然，即命儀草詔。

左右奔告於后，后遽詣上自訴。詔草猶在上所，上羞縮不忍，復待之如初；猶恐后怨怒，因紿之曰：「我初無此心，皆上官儀教我。」儀先為陳王[54]諮議，與王伏勝俱事故太子忠，后於是使許敬宗誣奏儀、伏勝與忠謀大逆。

十二月，丙戌，儀下獄，與其子庭芝、王伏勝皆死，籍沒其家。戊子，賜忠死於流所。右相劉祥道坐與儀善，罷政事，為司禮太常伯[55]，左肅機[56]鄭欽泰等朝士流貶者甚眾，皆坐與儀交通故也。

自是，上每視事，則后垂簾於後，政無大小皆與聞之。天下大權，悉歸中宮。黜陟、生殺，決於其口。天子拱手而已，中外謂之"二聖"。[57]

注釋

1. 上：唐高宗。
2. 才人：皇帝後宮的一個職位。
3. "太宗崩"二句：皇帝卒後，後宮嬪妃入佛寺為尼姑。
4. 忌日：這裏指先帝唐太宗去世的紀念日。
5. 譖之：說她的壞話。
6. 屈突通：唐太宗時的功臣。
7. 武士彠：武則天的父親。
8. 《通鑑》，頁6284。
9. 陽：假裝。
10. 長孫無忌：當時權力最大的大臣，也是唐高宗的舅舅。
11. 《通鑑》，頁6286—6287。
12. 厭勝：方術的一種，以詛咒的方式制服人或物。
13. 柳奭：王皇后的舅舅。
14. 厭：滿足。兆庶：廣大百姓。
15. 《通鑑》，頁6288—6289。
16. "太尉"二句：太尉指長孫無忌；司空指李勣，原名世勣。
17. 先帝：太宗。

18. 獠：古時罵人的詞語。

19. "匹夫匹婦"等句：韓瑗的意思是說，女在德不在色，嫫母雖醜，佐黃帝有天下，妲己、褒姒以美豔而亡殷、周。

20. "昔吳王"句：伍子胥為春秋吳國忠臣，不聽子胥的話，吳國後來亡國了。

21. 太姒：周文王妃，佐文王興王業，《關雎》讚美這件事。

22. 孝成：漢成帝。

23. 顧命大臣：已故皇帝臨終託付輔佐新君的大臣。

24. 一：中華書局本無，據四部叢刊本補。

25. 《通鑑》，頁 6289 — 6292。

26. 王仁祐：王皇后之父。告身：按唐制度，凡受官者皆給以符，謂之告身。司空為正一品，三品以上官，蔭及曾孫。

27. 迕目：這裏指冒犯而看。

28. 政君：漢宣帝太子因所喜歡的司馬良娣去世而忽忽不樂，宣帝因此令皇后選擇後宮家人子可以娛侍太子者，送太子宮，所選擇者，為王政君。唐高宗詔書引用這一典故，意思是說，武氏是先帝唐太宗從自己的後宮選擇來送給他的。

29. 竅壁：牆壁上鑿個洞。

30. 為祟：為鬼怪而害人。

31. "權引"二句：將彗星越次引到太陽的地位。意思是說現皇太子沒有資格繼承帝位。

32. 能為太伯：指吳太伯讓王位繼承權於其弟。

33. 《通鑑》，頁 6293 — 6295。

34. 《通鑑》，頁 6296。

35. 晉武：晉武帝。

36. 漢祖：漢高祖。

37. 恚：怨恨。

38. 緬：遠。

39.《通鑑》，頁 6300 — 6301。

40. 濮王、承乾交爭：濮王泰與太子承乾爭奪皇位繼承權，事在唐太宗時期，結果反而授予未參與爭奪的晉王治，即唐高宗。

41. 先朝大漸：先帝臨終之際。

42.《通鑑》，頁 6303 — 6304。

43. 高履行：長孫無忌舅之子，去年出為益州刺史。

44. 髮：一絲頭髮。

45.《通鑑》，頁 6312 — 6315。

46. 與：據文意補。

47.《通鑑》，頁 6315 — 6316。

48.《通鑑》，頁 6316。

49.《通鑑》，頁 6317。

50. 承乾故宅：太宗貞觀十七年，徙太子承乾於黔州。

51.《通鑑》，頁 6321。

52.“由是”二句：一般認為，武則天篡奪唐朝，至此時可謂勢成矣。

53.《通鑑》，頁 6322。

54. 陳王：當初，李忠自陳王立為皇太子。

55. 司禮太常伯：禮部尚書。

56. 左肅機：尚書左丞。

57.《通鑑》，頁 6342 — 6343。

串講

本文分為六段。“初，王皇后無子”等六節，為第一段，寫武氏初得寵的過程。大略有三個步驟：最初，王皇后因為害於蕭淑妃之寵，支持唐高宗將當時在感業寺為尼的武氏接到後宮，封為昭儀，沒想武氏很快就盡奪王、蕭二人之寵，於是，王、蕭又聯合起來對付武昭儀。武氏志不在小，這時，已經將目光瞄向皇后的位置，所使用的辦法，是將自己的親生女兒扼死，然後嫁禍於王皇后，這成功地使唐高宗產生了廢皇后的念頭。武氏乘勝打擊王皇后的措施，是誣陷她與其母在宮中搞厭勝，唐高宗禁止皇后母入宮，又將其舅舅貶官。這時，奸臣李義府上書請廢立皇后，至此，武氏已逼近皇后的地位。

"上一日退朝"等三節，為第二段，寫就皇后廢立一事，唐高宗與前朝顧命大臣長孫無忌、褚遂良等之間的較量。顧命大臣態度強硬，但是，朝中大臣已有相當一部分被武氏所掌握，結果以斥逐褚遂良告終。

"冬，十月"等七節，為第三段，寫皇后的廢立。武皇后將王廢后、蕭淑妃殺死，對皇太子進行處置。武氏立為皇后，她所生的四歲小孩立為皇太子，前皇太子被廢。至此，武氏的地位已經基本穩定。

"韓瑗上疏"等五節，為第四段，寫武皇后對朝中大臣異己勢力的進一步清理。

"武后以太尉趙公長孫無忌受重賜而不助己"等九節，為第五段，寫武皇后對以長孫無忌為代表的異己勢力的決定性的打擊。長孫無忌為宰相三十年，又是唐太宗皇后的哥哥、唐高宗的舅舅，代表着唐王朝來源的關隴集團，其在國家與朝廷的威望，對於嚮往專制朝政的武皇后來說，自然是一個最大的障礙。武皇后通過誣陷長孫無忌謀反，一舉擊倒這棵大樹，進而將異己勢力斬草除根。唐朝的政權，至此歸於武氏矣。

"房州刺史梁王忠"等五節，為第六段，所述不過是事件的餘波而已。唐高宗因為不能忍受武皇后的專恣，在上官儀啟發下，下令草詔想廢皇后。無奈武氏專制國家大局已成，結果僅是上官儀送死，唐高宗道歉而已。在這種形勢下，武氏廢掉一個國家與王朝，完全只是等待時機而已。

評析

武則天死後，她與高宗的合葬墓前立着一座無字碑，意思是，千秋功罪任由後人評說。武則天自己建立了王朝，做了皇帝，政治上的功業之大，在中國歷代婦女之中，空前絕後。本文大致描繪出了武則天走上權力巔峰的前面大半段歷程。她個人的聰慧才幹是沒有問題的，而她權力之路上的伴侶兼對手、她的夫君唐高宗，正好又是一位"懦，恐不能守社稷"（唐太宗語，見《通鑑》，頁6206）的人物。如此二人配，演出的大戲是什麼結局，應該不言自明。當然，情節遠非如此單純。武氏本來是唐高宗的父皇唐太宗的宮人，怎樣又成為唐高宗的夫人？高宗現有的皇后怎麼辦？還有，一代英主唐太宗臨終所託付來扶持他兒子高宗的那些顧命大臣呢？文中將這一連串的歷史事件一一道來，堪稱非常精彩。

後代有論者認為武則天的政治才幹不錯，所以，篡奪之後，天下治理得不壞；也有論者認為，武氏的篡奪唐朝政權，有階級集團的利益摻和在裏面。儘管如此，從武則天為了篡奪政權，殺人如麻，甚至不惜殺死自己的兒子、孫子的作為來看，她完全成了一具追逐權力、毫無人性的政治機器。令人側目，令人髮指。武氏的殘忍，從本文所述她為了嫁禍於王皇后，不惜親手扼死自己的親生女兒一事，可見一斑。

唐高宗、中宗朝二事

"李貓"

中書侍郎李義府參知政事。義府容貌溫恭，與人語，必嬉怡微笑，而狡險忌克，故時人謂義府笑中有刀；又以其柔而害物，謂之"李貓"。

……

李義府恃寵用事。洛州婦人淳于氏，美色，繫大理獄，義府屬大理寺丞畢正義枉法出之，將納為妾，大理卿段寶玄疑而奏之。上[1]命給事中劉仁軌等鞫之，義府恐事洩，逼正義自縊於獄中。上知之，原義府罪不問。

侍御史漣水王義方欲奏彈之，先白其母曰："義方為御史，視奸臣不糾則不忠，糾之則身危而憂及於親，為不孝，二者不能自決，奈何？"母曰："昔王陵之母，殺身以成子之名[2]。汝能盡忠以事君，吾死不恨！"義方乃奏稱："義府於輦轂之下，擅殺六品寺丞[3]；就云正義自殺，亦由畏義府威，殺身以滅口。如此，則生殺之威不由上出，漸不可長，請更加勘當。"於是對仗，叱義府令下；義府顧望不退。義方三叱，上既無言，義府始趨出。義方乃讀彈文。上釋義府不問，而謂義方毀辱大臣，言辭不遜，貶萊州司戶。[4]

鄭愔先哭後笑

以張柬之等[5]及武攸暨、武三思、鄭普思等十六人皆為立功之人，賜以鐵券，自非反逆，各恕十死。

癸巳，敬暉等率百官上表，以為：「五運疊興，事不兩大。天授革命之際，宗室誅竄殆盡，豈得與諸武並封！今天命惟新，而諸武封建如舊，並居京師，開闢以來，未有斯理。願陛下為社稷計，順遐邇心，降其王爵，以安內外。」上[6]不許。

敬暉等畏武三思之讒，以考功員外郎崔湜為耳目，伺其動靜。湜見上親三思而忌暉等，乃悉以暉等謀告三思，反為三思用；三思引為中書舍人。湜，仁師之孫也。

先是，殿中侍御史南皮鄭愔諂事二張[7]，二張敗，貶宣州司士參軍，坐贓，亡入東都，私謁武三思。初見三思，哭甚哀，既而大笑。三思素貴重，甚怪之，愔曰：「始見大王而哭，哀大王將戮死而滅族也。後乃大笑，喜大王之得愔也。大王雖得天子之意，彼五人皆據將相之權，膽略過人，廢太后如反掌。大王自視勢位與太后孰重？彼五人日夜切齒，欲噬大王之肉，非盡大王之族，不足以快其志。大王不去此五人，危如朝露，而晏然尚自以為泰山之安，此愔所以為大王寒心也。」三思大悅，與之登樓，問自安之策，引為中書舍人，與崔湜皆為三思謀主。

三思與韋后[8]日夜譖暉等，云「恃功專權，將不利於社稷"。上信之。三思等因為上畫策："不若封暉等為王，罷其政事，外不失尊寵功臣，內實奪之權。"上以為然。甲午，以侍中齊公敬暉為平陽王，譙公桓彥范為扶陽王，中書令漢陽公張柬之為漢陽王，南陽公袁恕己為南陽王，特進、同中書門下三品博陵公崔玄暐為博陵王，罷知政事，賜金帛鞍馬，令朝朔望；仍賜彥范姓韋氏，與皇后同籍。尋又以玄暐檢校益州長史、知都督事，又改梁州刺史。三思令百官復修則天之政，不附武氏者斥之。為五王所逐者復之，大權盡歸三思矣。

五王之請削武氏諸王也，求人為表，眾莫肯為。中書舍人岑羲為之，語甚激切；中書舍人偃師畢構次當讀表，辭色明厲。三思既得志，羲改秘書少監，出構為潤州刺史。[9]

注釋

1. 上：唐高宗。
2. "昔王陵之母"三句：秦漢之際的楚漢之爭中，王陵歸劉邦，項羽捉得王陵母，欲以招王陵。王陵母遂自殺，以鼓勵王陵跟隨劉邦。
3. 六品寺丞：據唐制度，大理寺丞為從六品上。
4. 《通鑑》，頁6296；6298－6299。
5. 張柬之等：指張柬之、崔玄暐、敬暉、桓彥範、袁恕己五位興復唐朝的主要功臣。
6. 上：唐中宗。
7. 二張：張易之、張昌宗兄弟，皆為武則天的面首。
8. 三思與韋后：武三思與唐中宗韋皇后通姦。

9.《通鑑》，頁6590－6592。

串講

《"李貓"》：李義府見人總是三分笑，但是，笑裏藏刀，所以得到"李貓"的稱呼。"李貓"因為得寵，什麼事都敢幹。一位姓淳于的婦人，長得美麗，關在獄中，"李貓"令監獄官員幫忙，想將淳于氏弄出來做小妾。事情敗露，"李貓"逼獄官自殺。有諫官堅持追究"李貓"在這件事上的責任，無奈政治大於法律，武則天、唐高宗需要"李貓"，這位諫官反而被斥逐了。

《鄭愔先哭後笑》：忠於唐朝的大臣，在武則天晚年發動了一場政變，逼武則天退位，將皇位還給她的兒子，是為唐中宗。武則天的周朝，又恢復為唐朝。論功行賞，唐中宗居然將復辟唐朝的功臣與武氏家族在朝的成員武三思等一起封賞，顯示出一個不祥的預兆。因為諂事武則天的面首"二張"而剛剛被貶官的鄭愔抓住這種機會，私自前往拜訪武三思。"先哭後笑"就是他這次在武三思府上的精彩表演。果然，鄭愔謀害張柬之等"五王"的計策得到武三思的賞識，一步一步地，通過武三思與韋后的勾結，唐朝的忠臣與功臣被逐步排擠出權力中心，最終遭到貶殺。

評析

在唐太宗之後、唐玄宗之前的六十來年時間內，自七世紀下半葉至八世紀頭十年，主要是唐高宗、武則天、唐中宗統治，關鍵的人物是武則天。前文《武則天得政權》已經描繪了她權力之路的前半歷程。本文所選錄的二則故事，亦大致與武則天有些關係。"李貓"李義府與許敬宗二位，是武則天陰謀奪權歷史過程中的得力幹將，《新唐書·奸臣傳》裏面的人物。"先哭後笑"的鄭愔，他獻策的對象武三思是則天的姪子。

　　歷史地看，復辟唐朝的那場政變雖然殺了武則天寵信的面首"二張"，逼退了武則天，但是，對武氏家族在朝的成員沒有進一步誅殺，留下後患；另一方面，唐中宗的皇后韋氏又想學她婆婆武則天的榜樣當女皇。這兩方面的勢力結合起來，反而對興復唐朝的功臣痛加貶殺，鄭愔充當了武三思、韋后在這場風雲大決鬥中的謀主，設計成功陷害張柬之等"五王"。

　　按照在某些人當中流行的標準，李義府、鄭愔以及許敬宗、崔湜等，都可以算得上是"事業成功人士"，因為他們基本上都如願以償地獲得了富貴榮華。可是，沒有道德，就喪失了做人的尊嚴，像李義府、鄭愔這樣沒有絲毫道德和廉恥的人，真正是人類的渣滓。

安祿山叛亂

一

（天寶十二載五月）安祿山以李林甫[1]狡猾逾己，故畏服之。及楊國忠為相[2]，祿山視之蔑如也[3]，由是有隙。國忠屢言祿山有反狀，上不聽。[4]

……

（天寶十三載）春，正月，己亥，安祿山入朝。是時楊國忠言祿山必反，且曰："陛下試召之，必不來。"上使召之，祿山聞命即至。庚子，見上於華清宮，泣曰："臣本胡人，陛下寵擢至此，為國忠所疾，臣死無日矣！"上憐之，賞賜巨萬，由是益親信祿山，國忠之言不能入矣。太子亦知祿山必反，言於上，上不聽。

……

唐初，詔敕皆中書、門下官有文者為之。乾封[5]以後，始召文士元萬頃、范履冰等草諸文辭，常於北門候進止，時人謂之"北門學士"。中宗之世，上官昭容專其事。上即位，始置翰林院，密邇禁廷，延文章之士，下至僧、道、書、畫、琴、棋、數術之工皆處之，謂之"待詔"。刑部尚書張均及弟太常卿垍皆翰林院供奉。上欲加安祿山同平章事[6]，已令張垍草制。楊國忠諫曰："祿山雖有軍功，目不知書，豈可為宰相！制書若下，恐四夷輕唐。"上乃止。乙巳，加祿山左僕射，賜一子三品、一子四品官。

……

安祿山求兼領閑廄[7]、群牧；庚申，以祿山為閑廄、隴右群牧等使。祿山又求兼總監；壬戌，兼知總監事。祿山奏以御史中丞吉溫為武部侍郎，充閑廄副使，楊國忠由是惡溫。祿山密遣親信選健馬堪戰者數千匹，別飼之。[8]

……

（二月）己丑，安祿山奏：“臣所部將士討奚、契丹、九姓、同羅等，勳效甚多，乞不拘常格，超資加賞，仍好寫告身付臣軍授之。”於是除將軍者五百餘人，中郎將者二千餘人。祿山欲反，故先以此收眾心也。

三月，丁酉朔，祿山辭歸范陽。上解御衣以賜之，祿山受之驚喜。恐楊國忠奏留之，疾驅出關[9]。乘船沿河而下，令船夫執繩板立於岸側，十五里一更，晝夜兼行，日數百里，過郡縣不下船。自是有言祿山反者，上皆縛送之。由是人皆知其將反，無敢言者。

祿山之發長安也，上令高力士餞之長樂坡[10]，及還，上問：“祿山慰意乎？”對曰：“觀其意怏怏，必知欲命為相而中止故也。”上以告國忠，曰：“此議他人不知，必張垍兄弟告之也。”上怒，貶張均為建安太守，垍為盧溪司馬，垍弟給事中埱為宜春司馬。[11]

……

（七月）楊國忠忌陳希烈[12]，希烈累表辭位；上欲以武部侍郎吉溫代之，國忠以溫附安祿山，奏言不可；以文部侍郎韋見素和雅易制，薦之。八月，丙戌，以希烈為太子太師，罷政事；以見素為武部尚書、同平章事。[13]

⋯⋯

（十一月）河東太守兼本道采訪使韋陟，斌之兄也，文雅有盛名，楊國忠恐其入相，使人告陟贓污事，下御史按問。陟賂中丞吉溫，使求救於安祿山，復為國忠所發。閏月，壬寅，貶陟桂嶺尉，溫澧陽長史。安祿山為溫訟冤，且言國忠讒疾。上兩無所問。[14]

⋯⋯

（天寶十四載）二月，辛亥，安祿山使副將何千年入奏，請以蕃將[15]三十二人代漢將，上命立進畫[16]，給告身[17]。韋見素謂楊國忠曰：“祿山久有異志，今又有此請，其反明矣。明日見素當極言；上未允，公其繼之。”國忠許諾。壬子，國忠、見素入見，上迎謂曰：“卿等有疑祿山之意邪？”見素因極言祿山反已有跡，所請不可許，上不悅：國忠逡巡不敢言，上竟從祿山之請。他日，國忠、見素言於上曰：“臣有策可坐消祿山之謀。今若除祿山平章事，召詣闕，以賈循為范陽節度使，呂知誨為平盧節度使，楊光翽為河東節度使[18]，則勢自分矣。”上從之。已草制，上留不發，更遣中使[19]輔璆琳以珍果賜祿山，潛察其變。璆琳受祿山厚賂，還，盛言祿山竭忠奉國，無有二心。上謂國忠等曰：“祿山，朕推心待之，必無異志。東北二虜[20]，藉其鎮遏。朕自保之，卿等勿憂也！」事遂寢。循，華原人也，時為節度副使。[21]

二

安祿山歸至范陽，朝廷每遣使者至，皆稱疾不出迎，盛陳武備，然後見之。（四月）裴士淹至范陽[22]，二十餘日乃得見，無復人臣禮。楊國忠日夜求祿山反狀，使京兆尹圍其第[23]，捕祿山客李超等，送御史臺獄，潛殺之。祿山子慶宗尚宗女榮義郡主，供奉在京師，密報祿山，祿山愈懼。六月，上以其子成婚，手詔祿山觀禮，祿山辭疾不至。

秋，七月，祿山表獻馬三千匹，每匹執控夫二人，遣蕃將二十二人部送。河南尹達奚珣疑有變，奏請「諭祿山以進車馬宜俟至冬，官自給夫，無煩本軍」。於是上稍寤，始有疑祿山之意。會輔璆琳受賂事亦洩，上託以他事撲殺之。上遣中使馮神威齎手詔諭祿山，如珣策；且曰：「朕新為卿作一湯[24]，十月於華清宮待卿。」神威至范陽宣旨，祿山踞床[25]微起，亦不拜，曰：「聖人[26]安隱。」又曰：「馬不獻亦可，十月灼然[27]詣京師。」即令左右引神威置館舍，不復見；數日，遣還，亦無表。神威還，見上，泣曰：「臣幾不得見大家[28]！」[29]

三

安祿山專制三道，陰蓄異志，殆將十年，以上待之厚，欲俟上晏駕[30]然後作亂。會楊國忠與祿山不相悅，屢言祿山且反，上不聽；國忠數以事激之，欲其速反以取信於上。祿山由是決意遽反，獨與孔目官、太僕丞嚴莊，掌書記、屯田員外郎高尚，將軍阿史那承慶密謀，自餘將佐皆莫之知，但怪其自八月以來，屢饗士卒，秣馬厲兵而已。會有奏事官自京師還，祿山詐為敕書，悉召諸將示之，曰："有密旨，令祿山將兵入朝討楊國忠，諸君宜即從軍。"眾愕然相顧，莫敢異言。十一月，甲子，祿山發所部兵及同羅、奚、契丹、室韋[31]凡十五萬眾，號二十萬，反於范陽。命范陽節度副使賈循守范陽，平盧節度副使呂知誨守平盧，別將高秀岩守大同[32]；諸將皆引兵夜發。

詰朝，祿山出薊[33]城南，大閱誓眾，以討楊國忠為名，榜軍中曰："有異議扇動軍人者，斬及三族！"於是引兵而南。祿山乘鐵輿，步騎精銳，煙塵千里，鼓噪震地。時海內久承平，百姓累世不識兵革，猝聞范陽兵起，遠近震駭。河北[34]皆祿山統內，所過州縣，望風瓦解。守令或開門出迎，或棄城竄匿，或為所擒戮，無敢拒之者。

祿山先遣將軍何千年、高邈將奚騎二十，聲言獻射生手[35]，乘驛詣太原。乙丑，北京[36]副留守楊光翽出迎，因劫之以去。太原具言其狀。東受降城[37]亦奏祿山反。上猶以為惡祿山者詐為之，未之信也。庚午，上聞祿山定反，乃召宰相謀之。楊國忠揚揚有得色，曰：「今反者獨祿山耳，將士皆不欲也。不過旬日，必傳首詣行在。」上以為然，大臣相顧失色。上遣特進畢思琛詣東京[38]，金吾將軍程千里詣河東[39]，各簡募數萬人，隨便團結以拒之。

辛未，安西節度使[40]封常清入朝，上問以討賊方略，常清大言曰：「今太平積久，故人望風憚賊。然事有逆順，勢有奇變，臣請走馬詣東京，開府庫，募驍勇，挑馬箠[41]渡河，計日取逆胡之首獻闕下！」上悅。壬申，以常清為范陽、平盧節度使。常清即日乘驛詣東京募兵，旬日，得六萬人；乃斷河陽橋[42]，為守禦之備。

甲戌，祿山至博陵南，何千年等執楊光翽見祿山，責光翽以附楊國忠，斬之以徇。祿山使其將安忠志將精兵軍土門[43]，忠志，奚人，祿山養為假子；又以張獻誠攝博陵太守，獻誠，守珪之子也。

祿山至藁城，常山太守顏杲卿力不能拒，與長史袁履謙往迎之。祿山輒賜杲卿金紫，質其子弟，使仍守常山；又使其將李欽湊將兵數千人守井陘口，以備西來諸軍。杲卿歸，途中指其衣謂履謙曰：「何為著此？」履謙悟其意，乃陰與杲卿謀起兵討祿山。杲卿，思魯[44]之玄孫也。

丙子，上還宮。斬太僕卿安慶宗，賜榮義郡主自盡。以朔方節度使安思順為戶部尚書，思順弟元貞為太僕卿。以朔方右廂兵馬使、九原太守郭子儀為朔方節度使，右羽林大將軍王承業為太原尹。置河南節度使，領陳留等十三郡，以衛尉卿猗氏張介然為之。以程千里為潞州長史。諸郡當賊衝者，始置防禦使[45]。丁丑，以榮王琬為元帥，右金吾大將軍高仙芝副之[46]，統諸軍東征。出內府錢帛，於京師募兵十一萬，號曰天武軍，旬日而集，皆市井子弟也。十二月，丙戌，高仙芝將飛騎、礦騎及新募兵、邊兵在京師者合五萬人，發長安。上遣宦者監門將軍邊令誠監其軍，屯於陝。

丁亥，安祿山自靈昌渡河，以緪約敗船及草木橫絕河流[47]，一夕，冰合如浮梁，遂陷靈昌郡。祿山步騎散漫，人莫知其數，所過殘滅。張介然至陳留才數日，祿山至，授兵登城。眾恟懼，不能守。庚寅，太守郭納以城降。祿山入北郭，聞安慶宗死，慟哭曰："我何罪，而殺我子！"時陳留將士降者夾道近萬人，祿山皆殺之以快其忿；斬張介然於軍門。以其將李庭望為節度使，守陳留。[48]

……

初，平原太守顏真卿知祿山且反，因霖雨，完城浚壕，料丁壯，實倉廩。祿山以其書生，易之。及祿山反，牒真卿以平原、博平兵七千人防河津，真卿遣平原司兵李平間道奏之。上始聞祿山反，河北郡縣皆風靡，歎曰："二十四郡，曾無一人義士邪！"及平至，大喜，曰："朕不識顏真卿作何狀，乃能如是！"真卿遣親客密懷購賊牒詣諸郡，由是諸郡多應者。真卿，杲卿之從弟也。

安祿山引兵向滎陽[49]，太守崔無詖拒之；士卒乘城者，聞鼓角聲，自墜如雨。癸巳，祿山陷滎陽，殺無詖，以其將武令珣守之。祿山聲勢益張，以其將田承嗣、安忠志、張孝忠為前鋒。封常清所募兵皆白徒，未更訓練，屯武牢以拒賊；賊以鐵騎蹂之，官軍大敗。常清收餘眾，戰於葵園，又敗；戰上東門[50]內，又敗。丁酉，祿山陷東京，賊鼓噪自四門入，縱兵殺掠。常清戰於都亭驛，又敗；退守宣仁門[51]，又敗；乃自苑西壞牆西走。

河南尹達奚珣降於祿山。留守李憕謂御史中丞盧奕曰："吾曹荷國重任，雖知力不敵，必死之！"奕許諾。憕收殘兵數百，欲戰，皆棄憕潰去；憕獨坐府中。奕先遣妻子懷印間道走長安，朝服坐臺中，左右皆散。祿山屯於閑廐，使人執憕、奕及采訪判官蔣清，皆殺之。奕罵祿山，數其罪，顧賊黨曰："凡為人當知逆順。我死不失節，夫復何恨！"憕，文水人；奕，懷慎之子；清，欽緒之子也。祿山以其黨張萬頃為河南尹。

封常清帥餘眾至陝，陝郡[52]太守竇廷芝已奔河東，吏民皆散。常清謂高仙芝曰："常清連日血戰，賊鋒不可當。且潼關無兵，若賊豕突入關，則長安危矣。陝不可守，不如引兵先據潼關以拒之。"仙芝乃帥見兵西趣潼關。賊尋至，官軍狼狽走，無復部伍，士馬相騰踐，死者甚眾。至潼關，修完守備，賊至，不得入而去。祿山使其將崔乾祐屯陝，臨汝、弘農、濟陰、濮陽、雲中郡皆降於祿山。是時，朝廷徵兵諸道，皆未至，關中恟懼。會祿山方謀稱帝，留東京不進，故朝廷得為之備，兵亦稍集。[53]

四

高仙芝之東征也，監軍邊令誠數以事干之，仙芝多不從。令誠入奏事，具言仙芝、常清橈敗之狀，且云："常清以賊搖眾，而仙芝棄陝地數百里，又盜減軍士糧賜。"上大怒，癸卯，遣令誠齎敕即軍中斬仙芝及常清。初，常清既敗，三遣使奉表陳賊形勢，上皆不之見。常清乃自馳詣闕，至渭南，敕削其官爵，令還仙芝軍，白衣[54]自效。常清草遺表曰："臣死之後，望陛下不輕此賊，無忘臣言。"時朝議皆以為祿山狂悖，不日授首，故常清云然。令誠至潼關，先引常清，宣敕示之；常清以表附令誠上之。常清既死，陳屍蘧蒢[55]。仙芝還，至聽事[56]，令誠索陌刀手百餘人自隨，乃謂仙芝曰："大夫亦有恩命。"仙芝遽下，令誠宣敕。仙芝曰："我遇敵而退，死則宜矣。今上戴天，下履地，謂我盜減糧賜則誣也。"時士卒在前，皆大呼稱枉，其聲振地；遂斬之，以將軍李承光攝領其眾。

河西、隴右節度使哥舒翰病廢在家，上籍其威名，且素與祿山不協，召見，拜兵馬副元帥，將兵八萬以討祿山；仍敕天下四面進兵，會攻洛陽。翰以病固辭，上不許，以田良丘為御史中丞，充行軍司馬，起居郎蕭昕為判官，蕃將火拔歸仁等各將部落以從，並仙芝舊卒，號二十萬，軍於潼關。翰病，不能治事，悉以軍政委田良丘；良丘復不敢專決，使王思禮主騎，李承光主步，二人爭長，無所統一。翰用法嚴而不恤，士卒皆懈弛，無鬥志。[57]

……

（至德元載）春，正月，乙卯朔，祿山自稱大燕皇帝，改元聖武，以達奚珣為侍中，張通儒為中書令，高尚、嚴莊為中書侍郎。[58]

五

（五月）是時，天下以楊國忠驕縱召亂，莫不切齒。又，祿山起兵以誅國忠為名，王思禮密說哥舒翰，使抗表

明皇幸蜀圖

請誅國忠，翰不應。思禮又請以三十騎劫取以來，至潼關殺之。翰曰：「如此，乃翰反，非祿山也。」或說國忠：「今朝廷重兵盡在翰手，翰若援旗西指，於公豈不危哉！」國忠大懼，乃奏：「潼關大軍雖盛，而後無繼，萬一失利，京師可憂。請選監牧小兒三千於苑中訓練。」上許之，使劍南軍將[59]李福德等領之。又募萬人屯灞上，令所親杜乾運將之，名為禦賊，實備翰也。翰聞之，亦恐為國忠所圖，乃表請灞上軍隸潼關。六月，癸未，召杜乾運詣關，因事斬之；國忠益懼。

　　會有告崔乾祐[60]在陝，兵不滿四千，皆羸弱無備，上遣使趣哥舒翰進兵復陝、洛。翰奏曰：「祿山久習用兵，今始為逆，豈肯無備！是必羸師以誘我。若往，正墮其計中。且賊遠來，利在速戰；官軍據險以扼之，利在堅守。況賊殘虐失眾，兵勢日蹙，將有內變；因而乘之，可不戰擒也。要在成功，何必務速！今諸道徵兵尚多未集，請且待之。」郭子儀、李光弼[61]亦上言：「請引兵北取范陽，覆其巢穴，質賊黨妻子以招之，賊必內潰。潼關大軍，唯應固守以弊之，不可輕出。」國忠疑翰謀己，言於上，以賊方無備，而翰逗留，將失機會。上以為然，續遣中使[62]趣之，項背相望。翰不得已，撫膺慟哭；丙戌，引兵出關。

　　己丑，遇崔乾祐之軍於靈寶西原。乾祐據險以待之，南薄山，北阻河，隘道七十里。庚寅，官軍與乾祐會戰。

乾祐伏兵於險，翰與田良丘[63]浮舟中流以觀軍勢，見乾祐兵少，趣諸軍使進。王思禮等將精兵五萬居前，龐忠等將餘兵十萬繼之，翰以兵三萬登河北阜望之，鳴鼓以助其勢。乾祐所出兵不過萬人，什什伍伍，散如列星，或疏或密，或前或卻，官軍望而笑之。乾祐嚴精兵，陳於其後。兵既交，賊偃旗如欲遁者，官軍懈，不為備。須臾，伏兵發，賊乘高下木石，擊殺士卒甚眾。道隘，士卒如束，槍槊不得用。翰以氈車駕馬為前驅，欲以衝賊。日過中，東風暴急，乾祐以草車數十乘塞氈車之前，縱火焚之，煙焰所被，官軍不能開目，妄自相殺，謂賊在煙中，聚弓弩而射之。日暮，矢盡，乃知無賊。乾祐遣同羅精騎自南山過，出官軍之後擊之，官軍首尾駭亂，不知所備，於是大敗；或棄甲竄匿山谷，或相擠排入河溺死，囂聲振天地，賊乘勝蹙之。後軍見前軍敗，皆自潰，河北軍望之亦潰。瞬息間，兩岸皆空。翰獨與麾下數百騎走，自首陽山[64]西渡河入關。關外先為三塹，皆廣二丈，深丈，人馬墜其中，須臾而滿；餘眾踐之以度，士卒得入關者才八千餘人。辛卯，乾祐進攻潼關，克之。

　　翰至關西驛，揭榜收散卒，欲復守潼關。蕃將火拔歸仁等以百餘騎圍驛，入謂翰曰：“賊至矣，請公上馬。”翰上馬出驛，歸仁帥眾叩頭曰：“公以二十萬眾一戰棄之，何面目復見天子！且公不見高仙芝、封常清乎？請公東行。”翰不可，欲下馬。歸仁以毛繫其足於馬腹，及諸將不從者，皆執之以東。會賊將田乾真已至，遂降之，俱送洛陽。安祿山問翰曰：「汝常輕我[65]，今定何如？」翰伏地對曰：「臣肉眼不識聖人。今天下未平，李光弼在常山，李祗在東平，魯炅在南陽，陛下留臣，使以尺書招之，不日皆下矣。」祿山大喜，以翰為司空、同平章事。謂火拔歸仁曰：「汝叛主，不忠不義。」執而斬之。翰以書招諸將，皆復書責之。祿山知不效，乃囚諸苑中。

潼關既敗，於是河東、華陰、馮翊、上洛防禦使皆棄郡走，所在守兵皆散。

是日，翰麾下來告急，上不時召見，但遣李福德等將監牧兵赴潼關。及暮，平安火[66]不至，上始懼。壬辰，召宰相謀之。楊國忠自以身領劍南，聞安祿山反，即令副使崔圓陰具儲偫[67]，以備有急投之，至是首唱幸蜀之策。上然之。癸巳，國忠集百官於朝堂，惶懅流涕；問以策略，皆唯唯不對。國忠曰：「人告祿山反狀已十年，上不之信。今日之事，非宰相之過。」仗下[68]，士民掠擾奔走，不知所之，市里蕭條。國忠使韓、虢入宮，勸上入蜀。

甲午，百官朝者什無一二。上御勤政樓，下制，云欲親征，聞者皆莫之信。以京兆尹魏方進為御史大夫兼置頓使；京兆少尹靈昌崔光遠為京兆尹，充西京留守；將軍邊令誠掌宮闈管鑰。託以劍南節度大使潁王璬將赴鎮，令本道設儲偫。是日，上移仗北內。既夕，命龍武大將軍陳玄禮整比六軍，厚賜錢帛，選閑廄馬九百餘匹，外人皆莫之知。乙未，黎明，上獨與貴妃姊妹、皇子、妃、主、皇孫、楊國忠、韋見素、魏方進、陳玄禮及親近宦官、宮人出延秋門[69]，妃、主、皇孫之在外者，皆委之而去。上過左藏[70]，楊國忠請焚之，曰：“無為賊守。”上愀然曰：“賊來不得，必更斂於百姓；不如與之，無重困吾赤子。”是日，百官猶有入朝者，至宮門，猶聞漏聲，三衛立仗儼然。門既啟，則宮人亂出，中外擾攘，不知上所之。於是王公、士民四出逃竄，山谷細民爭入宮禁及王公第舍，盜取金寶，或乘驢上殿。又焚左藏大盈庫。崔光遠、邊令誠帥人救火，又募人攝府、縣官分守之，殺十餘人，乃稍定。光遠遣其子東見祿山，令誠亦以管鑰獻之。

上過便橋，楊國忠使人焚橋。上曰：“士庶各避賊求生，奈何絕其路！”留內侍監高力士，使撲滅乃來。上遣宦者王洛卿前行，告諭郡縣置頓。食時，至咸陽望賢宮，洛卿與縣令俱逃，中使徵召，吏民莫有應者。日向中，上猶未食，楊國忠自市胡餅以獻。於是民爭獻糲飯[71]，雜以麥豆；皇孫輩爭以手掬食之，須臾而盡，猶未能飽。上皆酬其直，慰勞之。眾皆哭，上亦掩泣。有老父郭從謹進言曰：“祿山包藏禍心，固非一日；亦有詣闕告其謀者，陛下往往誅之，使得逞其奸逆，致陛下播越。是以先王務延訪忠良以廣聰明，蓋為此也。臣猶記宋璟為相，數進直言，天下賴以安平。自頃以來，在廷之臣以言為諱，唯阿諛取容，是以闕門之外，陛下皆不得而知。草野之臣，必知有今日久矣，但九重嚴邃，區區之心，無路上達。事不至此，臣何由得睹陛下之面而訴之乎！」上曰：「此朕之不明，悔無所及！」慰諭而遣之。俄而尚食[72]舉御膳以至，上命先賜從官，然後食之。命軍士散詣村落求食，期未時皆集而行。夜將半，乃至金城。縣令亦逃，縣民皆脫身走，飲食器皿具在，士卒得以自給。時從者多逃，內侍監袁思藝亦亡去。驛中無燈，人相枕藉而寢，貴賤無以復辨。

王思禮自潼關至，始知哥舒翰被擒；以思禮為河西、隴右節度使，即令赴鎮，收合散卒，以俟東討。

丙申，至馬嵬驛[73]，將士飢疲，皆憤怒。陳玄禮以禍由楊國忠，欲誅之，因東宮宦者李輔國以告太子，太子未決。會吐蕃使者二十餘人遮國忠馬，訴以無食，國忠未及對，軍士呼曰：「國忠與胡虜謀反！」或射之，中鞍。國忠走至西門內，軍士追殺之。屠割支體，以槍揭其首於驛門外，並殺其子戶部侍郎暄及韓國、秦國夫人。御史大夫魏方進曰：「汝曹何敢害宰相！」眾又殺之。韋見素聞亂而出，為亂兵所撾，腦血流地。眾曰：「勿傷韋相公。」救之，得免。軍士圍驛，上聞喧嘩，問外何事，左右以國忠反對。上杖屨出驛門，慰勞軍士，令收隊，軍士不應。上使高力士問之，玄禮對曰：「國忠謀反，貴妃不宜供奉，願陛下割恩正法。」上曰：「朕當自處之。」入門，倚杖傾首而立。久之，京兆司錄韋諤前言曰：「今眾

怒難犯，安危在晷刻，願陛下速決！”因叩頭流血。上
曰：“貴妃常居深宮，安知國忠反謀？”高力士曰：“貴
妃誠無罪，然將士已殺國忠，而貴妃在陛下左右，豈敢自
安！願陛下審思之，將士安，則陛下安矣。”上乃命力士
引貴妃於佛堂，縊殺之。輿屍置驛庭，召玄禮等入視之。
玄禮等乃免胄釋甲，頓首請罪，上慰勞之，令曉諭軍士。
玄禮等皆呼萬歲，再拜而出，於是始整部伍為行計。[74]

注釋

1. 李林甫：唐玄宗開元二十二年至天寶十一載任宰相，以“口蜜腹劍”
   著稱。

2. 及楊國忠為相：李林甫卒，楊國忠繼之為右相。

3. “祿山”句：蔑，無。此句意思是看不起他。

4. 《通鑑》，頁6918。

5. 乾封：唐高宗的年號。

6. 同平章事：唐中書、門下兩省長官以外官員參預朝政者，多帶“同
   中書、門下平章事”。因此，同平章事即為真宰相。

7. 閑廄：御馬圈。

8. 《通鑑》，頁6922－6924。

9. 關：潼關。

10. 高力士：唐玄宗的親近宦官，當時很有權勢。長樂坡：在長安城
    東。

11. 《通鑑》，頁6924－6925。

12. 陳希烈：時為左相。

13. 《通鑑》，頁6927。

14. 《通鑑》，頁6929。

15. 蕃將：指外族領兵的軍事將領。唐代自宮禁衛隊至邊疆鎮守，均有蕃將。

16. 進畫：中書省擬旨，請皇帝畫行。

17. 告身：任命狀。

18. "以賈循"三句：范陽、平盧、河東節度使，均唐玄宗時邊防九節度之一，治所分別在今北京、遼寧錦州、山西太原一帶。當時由安祿山一人兼領三鎮。

19. 中使：宦官。

20. 東北二虜：指奚、契丹，皆東胡部族名。

21.《通鑑》，頁6929－6932。

22. 裴士淹至范陽：據《通鑑》載：這年三月，朝廷命給事中裴士淹宣慰河北，至范陽應在四月中。

23. 其第：指祿山在長安的宅第。

24. 湯：溫泉池。

25. 床：坐榻。

26. 聖人：皇上。

27. 灼然：一定。

28. 大家：唐代宦官、宮女對皇帝的稱呼。

29.《通鑑》，頁6932－6934。

30. 晏駕：去世。

31. 同羅、室韋等：皆東胡部族名。

32. 大同：即今山西省大同市。

33. 薊：幽州治所。

34. 河北：唐道名。黃河以北，太行山以東，皆屬河北道。安祿山兼河北道采訪使。

35. 射生手：善射的武士。

36. 北京：唐高祖初起兵於太原，故以太原為北京。

37. 東受降城：唐代沿河套有中、東、西三受降城。

38. 東京：唐以洛陽為東京。

39. 河東：唐道名，約當今山西省。

40. 安西節度使：唐邊防九節度之一，西域軍政長官。治所在龜茲，今新疆境內。

41. 馬箠：馬鞭。

42. 河陽橋：在今河南省孟縣。

43. 土門：即井陘關，在今河北省井陘縣境內井陘山上，是太行山區進入華北平原的隘口。

44. 思魯：《顏氏家訓》作者顏之推之子，著《漢書注》的顏師古之父。

45. 防禦使：初，唐於西北邊鎮置防禦使，安、史亂起，分設於中原軍事要地，專掌本郡軍事。

46. "以榮王"二句：按唐制，親王領元帥只是名義上的，副元帥才是實際上的統帥。

47. 絙：粗大的繩索。約：束。

48. 《通鑑》，頁6934 — 6938。

49. 滎陽：唐郡，約當今河南省鄭州市。

50. 上東門：洛陽城東面最北一門。

51. 宣仁門：洛陽宮城門之一。

52. 陝郡：今河南省陝縣一帶。

53. 《通鑑》，頁6938 — 6940。

54. 白衣：削盡官職的人。

55. 蓬蒢：蘆席。

56. 聽事：中庭，古官吏受事聽訟於此。亦稱廳事。

57. 《通鑑》，頁6942 — 6944。

58. 《通鑑》，頁6951。

59. 劍南軍將：楊國忠遙領劍南節度使，所以劍南軍將是他的親信。

60. 崔乾祐：安祿山叛軍的將領。

61. 郭子儀、李光弼：均唐朝將領，後來平亂興復的主要功臣。

62. 中使：以宦官為使者。

63. 田良丘：哥舒翰的助手，時為行軍司馬。

64. 首陽山：《通鑑》胡三省注認為當作"首山"。

65. 汝常輕我：哥舒翰與安祿山曾經有過個人衝突。

66. 平安火：唐鎮戍烽候，一般相去三十里，每日初夜均燃火炬，稱為平安火。

67. 儲偫：儲備。

68. 仗下：仗是殿前所設警衛儀仗，每臨朝則"喚仗"，不臨朝則"放仗"，改在別處臨朝則"移仗"，朝罷則"仗下"。

69. 延秋門：長安禁苑之西門。

70. 左藏：政府的金庫。

71. 糲飯：粗飯。

72. 尚食：掌御膳的官。

73. 馬嵬驛：在長安西北的興平縣境。

74.《通鑑》卷二一八，《唐紀》三四，肅宗至德元載（756）。《通鑑》，頁6965－6974。

串講

　　本文分為五段。"安祿山以李林甫狡猾逾己"等十節，為第一段，寫安祿山謀叛之前，他與楊國忠、唐玄宗的關係。唐玄宗期望祿山為國鎮守東北邊疆，對他幾乎推心置腹。祿山雖有反叛之勢，最初也想等到玄宗身後再發動。但是，楊國忠與安祿山的矛盾日益激化，事實上也在推動着安祿山的謀反。

　　"安祿山歸至范陽"等二節，為第二段，寫天寶十四載的四月至十一月反叛前這段時間內，安祿山一系列的不臣之跡象。反叛已經進入最後的準備階段，箭在弦上，不得不發了。

　　"安祿山專制三道"等十二節，為第三段，寫安祿山正式宣佈反叛至叛軍攻佔唐東都洛陽。因為承平日久，安祿山統轄的河北各郡，在叛亂之初就紛紛陷落。唐朝廷方面倉皇應付，斬安祿山之子安慶宗，先後付封常清、高仙芝以重任。叛軍渡河之後，又一路攻破滎陽、洛陽、陝郡，斬河南節度使、降河南尹，臨汝等五郡又降，只有平原太守顏真卿密謀抵抗叛軍。這時，叛軍集於潼關之下，關中充溢着恐怖的氣氛，安祿山則已經在東京洛陽準備稱帝。

"高仙芝之東征也"等三節，為第四段，寫唐朝廷斬敗軍之將封常清、高仙芝，起用哥舒翰擔任潼關防守的統帥，唐兵無鬥志。至德元載正月初一，安祿山在洛陽稱帝。

"是時，天下以楊國忠驕縱召亂"等十節，為第五大段，從潼關之敗寫到唐玄宗奔蜀途中的馬嵬驛之變等。因為《通鑑》原文都連在一起，所以，不再細分段落。哥舒翰戰敗，潼關陷落，唐玄宗出京逃跑。兵士殺楊國忠，玄宗令高力士縊死楊貴妃。盛唐的故事落幕了。

評析

唐朝的盛世，歷來推所謂的開元、天寶。詩人杜甫《憶昔》詩寫道："憶昔開元全盛日，小邑猶藏萬家室。稻米流脂粟米白，公私倉廩俱豐實。九州道路無豺虎，遠行不勞吉日出。齊紈魯縞車班班，男耕女桑不相失。"天寶十四載（754），"戶部奏：天下郡三百二十一，縣千五百三十八，鄉萬六千八百二十九，戶九百六萬九千一百五十四，口五千二百八十八萬四百八十八"（《通鑑》，頁6929）。《通鑑》胡注曰："有唐戶口之盛，極於此。"

但是，物極必反。盛世的表面所隱藏的深刻矛盾與危機，借着天寶十四載（755）的“安史之亂”總爆發。這是唐朝歷史的一個關鍵，在中國歷史上也都是赫赫有名的大事件。經此折騰，強大的唐朝後來雖有所謂的“中興”，但元氣再也沒有恢復過來。本文敘述的是“安祿山叛亂”事件“爆發”的部分，至於平定叛亂、再造唐朝的後半段的過程，限於篇幅，無法選錄了。

　　安祿山長期受皇帝信任，坐鎮東北，握有天下最重的兵權。一旦於范陽起兵反唐，一路打過來，很快就佔領了洛陽，安祿山在那裏稱帝，接着，潼關失守，長安的門戶大開，唐玄宗只得倉皇出逃了。本文的相關描述，比較突出了楊國忠這個人物。楊國忠時任首相，在中央弄權，他與安祿山的矛盾原本就是事件中的主要因素之一，安祿山叛亂，名義上的要求就是要殺楊國忠。國忠的榮辱，又牽連到他的妹妹貴妃。唐玄宗（明皇）與楊貴妃的故事，大家都耳熟能詳。這段歷史，事實上的結局，簡直就像故事編排的一樣。國忠被殺，貴妃賜死，兵士高呼萬歲，唐朝的大災難隱隱約約就要迎來轉機。

張巡死守睢陽[1]

一

（至德二載正月，安）慶緒[2]以尹子奇為汴州刺史、河南節度使。甲戌，子奇以歸、檀及同羅、奚兵十三萬趣睢陽[3]。許遠[4]告急於張巡，巡自寧陵[5]引兵入睢陽。巡有兵三千人，與遠兵合六千八百人。賊悉眾逼城，巡督勵將士，晝夜苦戰，或一日至二十合；凡十六日，擒賊將六十餘人，殺士卒二萬餘，眾氣自倍。遠謂巡曰："遠懦，不習兵，公智勇兼濟。遠請為公守，公請為遠戰。"自是之後，遠但調軍糧，修戰具，居中應接而已，戰鬥籌畫一出於巡。賊遂夜遁。[6]

......

（三月）尹子奇復引大兵攻睢陽。張巡謂將士曰："吾受國恩，所守，正死耳。但念諸君捐軀命，膏草野，而賞不酬勳，以此痛心耳！"將士皆激勵請

張巡像

奮。巡遂椎牛，大饗士卒，盡軍出戰。賊望見兵少，笑之。巡執旗，帥諸將直衝賊陳[7]，賊乃大潰，斬將三十餘人，殺士卒三千餘人，逐之數十里。明日，賊又合軍至城下，巡出戰，晝夜數十合，屢摧其鋒，而賊攻圍不輟。[8]

……

（五月）尹子奇益兵圍睢陽益急，張巡於城中夜鳴鼓嚴隊，若將出擊者；賊聞之，達旦儆備。既明，巡乃寢兵絕鼓。賊以飛樓瞰城中，無所見，遂解甲休息。巡與將軍南霽雲、郎將雷萬春等十餘將各將五十騎開門突出，直衝賊營，至子奇麾下，營中大亂，斬賊將五十餘人，殺士卒五千餘人。巡欲射子奇而不識，乃剡[9]蒿為矢，中者喜，謂巡矢盡，走白子奇，乃得其狀。使霽雲射之，喪其左目，幾獲之。子奇乃收軍退還。[10]

二

（七月）壬子，尹子奇復徵兵數萬，攻睢陽。先是，許遠於城中積糧至六萬石，虢王巨[11]以其半給濮陽、濟陰二郡，遠固爭之，不能得；既而濟陰得糧，遂以城叛，而睢陽城至是食盡。將士人稟[12]米日一合，雜以茶紙、樹皮為食，而賊糧運通，兵敗復徵。睢陽將士死不加益，諸軍饋救不至，士卒消耗至一千六百人，皆飢病不堪鬥，遂為賊所圍，張巡乃修守具以拒之。賊為雲梯，勢如半虹，置精卒二百於其上，推之臨城，欲令騰入。巡豫於城鑿三穴，候梯將至，於一穴中出大木，末置鐵鈎，鈎之使不得退；一穴中出一木，拄之使不得進；一穴中出一木，木末置鐵籠，盛火焚之，其梯中折，梯上卒盡燒死。賊又以鈎車鈎城上棚閣[13]，鈎之所及，莫不崩陷。巡以大木，末置連鎖，鎖末置大鐶，搯其鈎頭，以革車拔之入城，截其鈎頭而縱車令去。賊又造木驢攻城，巡熔金汁灌之，應投銷鑠。賊又於城西北隅以土囊積柴為磴道，欲登城。巡不與爭利，每夜，潛以松明[14]、幹蒿投之於中，積十餘日，賊不之覺，因出軍大戰，使人順風持火焚之，賊不能救，經二十餘日，火方滅。巡之所為，皆應機立辦，賊伏其智，不敢復攻。遂於城外穿三重壕，立木柵以守巡，巡亦於其內作壕以拒之。[15]

……

（八月）睢陽士卒死傷之餘，才六百人，張巡、許遠分城而守之，巡守東北，遠守西南，與士卒同食茶紙，不復下城。賊士攻城者，巡以逆順說之，往往棄賊來降，為巡死戰，前後二百餘人。

是時，許叔冀在譙郡，尚衡在彭城，賀蘭進明在臨淮，皆擁兵不救。城中日蹙，巡乃令南霽雲將三十騎犯圍而出，告急於臨淮。霽雲出城，賊眾數萬遮之，霽雲直衝其眾，左右馳射，賊眾披靡，止亡兩騎。既至臨淮，見進明，進明曰："今日睢陽不知存亡，兵去何益？"霽雲曰："睢陽若陷，霽雲請以死謝大夫。且睢陽既拔，即及臨淮，譬如皮毛相依，安得不救！"進明愛霽雲勇壯，不聽其語，強留之，具食與樂，延霽雲坐。霽雲慷慨，泣且語曰："霽雲來時，睢陽之人不食月餘矣。霽雲雖欲獨食，且不下嚥。大夫坐擁強兵，觀睢陽陷沒，曾無分災救患之意，豈忠臣義士之所為乎！"因齧落一指以示進明，曰："霽雲既不能達主將之意，請留一指以示信歸報。"座中往往為泣下。

霽雲察進明終無出師意，遂去。至寧陵，與城使廉坦同將步騎三千人[16]。閏月，戊申夜，冒圍，且戰且行，至城下，大戰，壞賊營，死傷之外，僅得千人入城。城中將吏知無救，皆慟哭。賊知援絕，圍之益急。[17]

三

（十月）尹子奇久圍睢陽，城中食盡，議棄城東走，張巡、許遠謀，以為："睢陽，江、淮之保障，若棄之去，賊必乘勝長驅，是無江、淮也。且我眾飢羸，走必不達。古者戰國諸侯，尚相救恤[18]，況密邇群帥乎！不如堅守以待之。"茶紙既盡，遂食馬；馬盡，羅雀掘鼠；雀鼠又盡，巡出愛妾，殺以食士，遠亦殺其奴；然後括城中婦人食之；既盡，繼以男子老弱。人知必死，莫有叛者，所餘才四百人。

癸丑，賊登城，將士病，不能戰。巡西向再拜曰："臣力竭矣，不能全城，生既無以報陛下，死當為厲鬼以殺賊！"城遂陷，巡、遠俱被執。尹子奇問巡曰："聞君每戰眥[19]裂齒碎，何也？"巡曰："吾志吞逆賊，但力不能耳！"子奇以刀抉其口視之，所餘才三四。子奇義其所為，欲活之。其徒曰："彼守節者也，終不為用。且得士心，存之，將為後患。"乃並南霽雲、雷萬春等三十六人皆斬之。巡且死，顏色不亂，揚揚如常。生致許遠於洛陽。

巡初守睢陽時，卒僅萬人，城中居人亦且數萬，巡一見問姓名，其後無不識者。前後大小戰凡四百餘，殺賊卒十二萬人。巡行兵不依古法教戰陳，令本將[20]各以其意教之。人或問其故，巡曰："今與胡虜戰，雲合鳥散，變態不恆。數步之間，勢有同異。臨機應猝，在於呼吸之間，而動詢大將，事不相及，非知兵之變者也。故吾使兵識將意，將識士情，投之而往，如手之使指。兵將相習，人自為戰，不亦可乎？"自興兵，器械、甲仗皆取之於敵，未嘗自修。每戰，將士或退散，巡立於戰所，謂將士曰："我不離此，汝為我還決之。"將士莫敢不還，死戰，卒破敵。又推誠待人，無所疑隱；臨敵應變，出奇無窮；號令明，賞罰信，與眾共甘苦寒暑，故下爭致死力。

張鎬[21]聞睢陽圍急，倍道亟進，檄浙東、浙西、淮南、北海諸節度及譙郡太守閭丘曉，使共救之。曉素傲很，不受鎬命。比鎬至，睢陽城已陷三日。鎬召曉，杖殺之。[22]

注釋

1. 《通鑑》卷二一九、二二〇。

2. 安慶緒：安祿山之子，時祿山已死，慶緒繼之為帝。

3. 睢陽：唐郡名，治宋城（今河南省商丘縣南）。宋城當中原通往東南的水路主幹道汴渠衝要。

4. 許遠：時為睢陽太守。

5. 寧陵：在睢陽西四十五里。

6. 《通鑑》，頁7016－7017。

7. 陳：陣。

8. 《通鑑》，頁7022。

9. 剡：削。

10. 《通鑑》，頁7025。

11. 李巨：唐嗣虢王，時任陳留譙郡太守兼御史大夫、河南節度使。

12. 廩：稟，給。

13. 棚閣：又名敵樓。於城上架木為棚，跳出城外四五尺許，上有屋宇，以蔽風雨，戰士居之，以臨禦外敵。

14. 松明：松枯而油存，可燎之以為明。

15. 《通鑑》，頁7027－7028。

16. "至寧陵"二句：張巡自寧陵入援睢陽，留廉坦守寧陵城。

17. 《通鑑》，頁7029－7030。

18. "古者"二句：謂春秋列國，同盟有急則相救恤也。

19. 眥：眼角。

20. 本將：本部之將。

21. 張鎬：代賀蘭進明為兼河南節度、采訪等使，在這年八月。見於《通鑑》卷二一九。

22. 《通鑑》，頁7038－7040。

串講

本文分為三段。"慶緒以尹子奇為汴州刺史"等三節,為第一段,寫至德二載三至五月間,張巡入危城,與許遠共守睢陽,正月、三月、五月三次擊退十多倍於自己的敵軍的圍攻。

"壬子,尹子奇復徵兵數萬"等四節,為第二段,敘述七月至閏八月期間,睢陽城中糧食已盡,將吏以茶紙、樹皮等為食,張巡屢出奇策,打退敵人的進攻;派南霽雲突圍至臨淮求援,賀蘭進明見死不救,睢陽城中將吏陷於絕望。敵軍更加緊圍攻。

"尹子奇久圍睢陽"等四節,為第三段,寫十月敵軍登城,城中僅剩四百餘人,所有力氣都耗盡,完全不能戰鬥,睢陽終告陷落,張巡視死如歸。

評析

八世紀中葉的安史之亂,是一場幾乎耗盡了大唐帝國元氣的大動亂。經此浩劫,唐王朝能夠奇跡般地生存下來,像張巡這樣一批忠愛君國、誓死守土的烈士,在其中起到了中流砥柱的作用。張巡(709—757),博通經史,懂戰陣法,開元年間中進士。亂起時,任職真源縣令,立即起兵討賊,守護雍丘,屢敗叛軍。隨後,至德二載(757),當睢陽太守許遠向他告急求援之後,他又與許遠一起,以微弱的兵力,堅守危城九個月,抗擊幾十倍於自己的叛軍,在糧盡援絕的困境中,堅持到最後一刻,城陷之後,慷慨就義。

唐代當時的輿論認為,張巡、許遠死守作為江、淮咽喉的睢陽,對遏制叛軍,保全江、淮,居功至偉。對此,司馬光的看法有點不同，他認為：「睢陽雖當江、淮之路，城既被圍，賊若欲取江、淮，繞出其外，睢陽豈能障之哉！蓋（張）巡善用兵，賊畏巡為後患，不滅巡則不敢越過其南耳。」（《通鑑》，頁7038）

　　張巡的事跡，《通鑑》之前，韓愈的名文《張中丞傳後序》也有記載，同樣可歌可泣，感人至深。可以參看。

陽城故事

　　初，陽城自處士徵為諫議大夫，拜官不辭。未至京師，人皆想望風采，曰："城必諫諍，死職下。"及至，諸諫官紛紛言事細碎，天子益厭苦之。而城方與二弟及客日夜痛飲，人莫能窺其際，皆以為虛得名耳。前進士河南韓愈作《爭臣論》以譏之，城亦不以屑意。有欲造城而問者，城揣知其意，輒強與酒。客或時先醉仆席上，城或時先醉臥客懷中，不能聽客語。及陸贄等坐貶，上怒未解，中外惴恐，以為罪且不測，無敢救者。城聞而起曰："不可令天子信用奸臣，殺無罪人。" 即帥拾遺王仲舒、歸登、右補闕熊執易、崔邠等守延英門，上疏論（裴）延齡奸佞，贄等無罪。上[1]大怒，欲加城等罪。太子為之營救，上意乃解，令宰相諭遣之。於是金吾將軍張萬福聞諫官伏閤諫，趨往至延英門，大言賀曰："朝廷有直臣，天下必太平矣！"遂遍拜城與仲舒等，已而連呼："太平萬歲！太平萬歲！"萬福，武人，年八十餘。自此，名重天下。登，崇敬之子也。時朝夕[2]相延齡，陽城曰："脫以延齡為相，城當取白麻壞之，慟哭於庭。"有李繁者，泌之子也，城盡疏延齡過惡，欲密論之，以繁故人[3]子，使之繕寫，繁徑以告延齡。延齡先詣上，一一自解。疏入，上以為妄，不之省。[4]

　　……

秋，七月，丙寅朔，陽城改國子司業，坐言裴延齡故也。[5]

……

太學生薛約師事司業陽城，坐言事，徙連州，城送之郊外。上以城黨罪人，（九月）己巳，左遷城道州刺史。城治民如治家，州之賦稅不登，觀察使數加誚讓，城自署其考曰：「撫字心勞，徵科政拙，考下下。」觀察使遣判官督其賦，至州，城先自囚於獄。判官大驚，馳入，謁城於獄曰：「使君何罪？某奉命來候安否耳。」留一二日未去，城不復歸。館門外有故門扇橫地，城晝夜坐臥其上，判官不自安，辭去。其後又遣它判官往按之，它判官載妻子中道逸去。[6]

注釋

1. 上：唐德宗。
2. 朝夕：很快。
3. 故人：陽城因李泌之薦入為諫議大夫，故稱泌為故人。
4. 《通鑑》，頁7566－7568。
5. 《通鑑》，頁7569。
6. 《通鑑》，頁7581。

串講

陽城的事跡，見《舊唐書・隱逸傳》、《新唐書・卓行傳》。陽城最初是個隱士，因唐中興名臣李泌之薦，一下子就被任命為諫議大夫。陽城沒有按常規謙讓一番，就直接就任了。他特立獨行，當時人們預期他一定會幹出驚人的事業，死在諫官的崗位上，沒想到上任之後，其他的諫官倒是一直忙於諫諍，陽城卻整天與他的弟弟及朋友一起喝酒。輿論失望，認為他不過是個浪得虛名的傢伙，韓愈還寫了一篇《爭臣論》的文章譏諷他。

但是，當宰相陸贄等遭誣陷、奸臣裴延齡還準備進一步加害朝廷的正直之士之時，天下危懼，無人敢救，陽城奮袂而起，率領拾遺、補闕等伏闕上書，指斥裴延齡奸佞、申明陸贄等無罪，一時危局，稍得挽救。陽城擔任刺史時，同情百姓，賦稅收不上來，他的上司派判官來糾察他的過失，陽城自認有罪，將自己關到了監獄裏，前來督察的判官先就不安了，告別而回。上司再派一個判官來，判官不想來，走到半路，乾脆帶着妻兒逃跑。

評析

陽城的這種品格，是司馬光比較欣賞的。平常不務虛名，關鍵時刻能夠仗義直言，不顧個人安危；仁者愛人，為官有愛民情懷。《新唐書·卓行傳》的讚語也稱讚陽城："其志凜凜與秋霜爭嚴，真丈夫哉！"

平蔡之役[1]

一

（元和十二年春正月）李愬至唐州，軍中承喪敗[2]之餘，士卒皆憚戰，愬知之。有出迓者，愬謂之曰："天子知愬柔懦，能忍恥，故使來拊循爾曹。至於戰攻進取，非吾事也。"眾信而安之。愬親行視士卒，傷病者存恤之，不事威嚴。或以軍政不肅為言，愬曰："吾非不知也。袁尚書[3]專以恩惠懷賊，賊易之，聞吾至，必增備，故吾示之以不肅。彼必以吾為懦而懈惰，然後可圖也。" 淮西人自以嘗敗高、袁[4]二帥，輕愬名位素微，遂不為備。

……

（二月）李愬謀襲蔡州[5]，表請益兵；詔以昭義、河中、鄜坊步騎二千給之。丁酉，愬遣十將[6]馬少良將十餘騎巡邏，遇吳元濟捉生虞候丁士良，與戰，擒之。士良，元濟驍將，常為東邊患[7]；眾請刳其心，愬許之。既而召詰之，士良無懼色。愬曰："真丈夫也！"命釋其縛。士良乃自言："本非淮西士，貞元中隸安州，與吳氏戰，為

唐武官俑

其所擒，自分死矣。吳氏釋我而用之，我因吳氏而再生，故為吳氏父子竭力。昨日力屈，復為公所擒，亦分死矣。今公又生之，請盡死以報德。"愬乃給其衣服器械，署為捉生將。

己亥，淮西行營[8]奏克蔡州古葛伯城。

丁士良言於李愬曰："吳秀琳擁三千之眾，據文城柵，為賊左臂，官軍不敢近者，有陳光洽為之謀主也。光洽勇而輕，好自出戰，請為公先擒光洽，則秀琳自降矣。"戊申，士良擒光洽以歸。

鄂岳觀察使李道古引兵出穆陵關。甲寅，攻申州[9]，克其外郭，進攻子城。城中守將夜出兵擊之，道古之眾驚亂，死者甚眾。道古，皋之子也。

淮西被兵數年，竭倉廩以奉戰士，民多無食，採菱、芡、魚、鱉、鳥、獸食之，亦盡，相帥歸官軍者前後五千餘戶。賊亦患其耗糧食，不復禁。庚申，敕置行縣[10]以處之，為擇縣令，使之撫養，並置兵以衛之。

三月，乙丑，李愬自唐州徙屯宜陽柵。

……

吳秀琳以文城柵降於李愬。戊子，愬引兵至文城西五里，遣唐州刺史李進誠將甲士八千至城下，召秀琳。城中矢石如雨，眾不得前。進誠還報："賊偽降，未可信也。"愬曰："此待我至耳。"即前至城下，秀琳束兵投身馬足下，愬撫其背慰勞之，降其眾三千人。秀琳將李憲有材勇，愿更其名曰忠義而用之。悉遷婦女於唐州，入據其城。於是唐、鄧軍氣復振，人有欲戰之志。賊中降者相繼於道，隨其所便而置之。聞有父母者，給粟帛遣之，曰：“汝曹皆王人[11]，勿棄親戚。”眾皆感泣。

二

官軍與淮西兵夾溵水而軍，諸軍相顧望，無敢渡溵水者。陳許[12]兵馬使王沛先引兵五千渡溵水，據要地為城，於是河陽、宣武、河東、魏博等軍相繼皆渡，進逼郾城。丁亥，李光顏敗淮西兵三萬於郾城，走其將張伯良，殺士卒什二三。

己丑，李愬遣山河十將董少玢等分兵攻諸柵。其日，少玢下馬鞍山，拔路口柵。夏，四月，辛卯，山河十將馬少良下嵑岈山，擒淮西將柳子野。

吳元濟以蔡人董昌齡為郾城令，質其母楊氏。楊氏謂昌齡曰：“順死賢於逆生，汝去逆而吾死，乃孝子也；從逆而吾生，是戮吾也。”會官軍圍青陵，絕郾城歸路，郾城守將鄧懷金謀於昌齡，昌齡勸之歸國。懷金乃請降於李光顏曰：“城人之父母妻子皆在蔡州，請公來攻城，吾舉烽求救，救兵至，公逆擊之，蔡兵必敗，然後吾降，則父母妻子庶免矣。”光顏從之。乙未，昌齡、懷金舉城降，光顏引兵入據之。吳元濟聞郾城不守，甚懼。時董重質將騾軍守洄曲，元濟悉發親近及守城卒詣重質以拒之。

李愬山河十將嬀雅、田智榮下冶鑪城。丙申，十將閻士榮下白狗、汶港二柵。癸卯，嬀雅、田智榮破西平。丙午，遊弈兵馬使王義破楚城。

五月，辛酉，李愬遣柳子野、李忠義襲郎山，擒其守將梁希果。

……

丁丑，李愬遣方城鎮遏使李榮宗擊青喜城，拔之。

愬每得降卒，必親引問委曲，由是賊中險易遠近虛實盡知之。愬厚待吳秀琳，與之謀取蔡。秀琳曰：“公欲取蔡，非得李祐不可，秀琳無能為也。”祐者，淮西騎將，有勇略，守興橋柵，常陵暴官軍。庚辰，祐帥士卒刈麥於張柴村，愬召廂虞候史用誠，戒之曰：“爾以三百騎伏彼林中，又使人搖幟於前，若將焚其麥積者。祐素易官軍，必輕騎來逐之。爾乃發騎掩之，必擒之。”用誠如言而往，生擒祐以歸。將士以祐向日多殺官軍，爭請殺之。愬不許，釋縛，待以客禮。

時愬欲襲蔡，而更密其謀，獨召祐及李忠義屏人語，或至夜分[13]，他人莫得預聞。諸將恐祐為變，多諫愬。愬待祐益厚。士卒亦不悅，諸軍日有牒[14]稱祐為賊內應，且言得賊諜[15]者具言其事。愬恐謗先達於上，己不及救，乃持祐泣曰：“豈天不欲平此賊邪！何吾二人相知之深而不能勝眾口也。”因謂眾曰：“諸君既以祐為疑，請令歸死於天子。”乃械祐送京師，先密表其狀，且曰：“若殺祐，則無以成功。"詔釋之，以還愬。愬見之喜，執其手曰："爾之得全，社稷之靈也。"乃署散兵馬使，令佩刀巡警，出入帳中。或與之同宿，密語不寐達曙，有竊聽於帳外者，但聞祐感泣聲。時唐、隨牙隊[16]三千人，號六院兵馬，皆山南東道之精銳[17]也。愬又以祐為六院兵馬使。

舊軍令[18]，舍賊諜者屠其家[19]。愬除其令，使厚待之。諜反以情告愬，愬益知賊中虛實。乙酉，愬遣兵攻朗山，淮西兵救之，官軍不利。眾皆悵恨，愬獨歡然曰："此吾計也。"乃募敢死士三千人，號曰突將，朝夕自教習之，使常為行備，欲以襲蔡。會久雨，所在積水，未果。

⋯⋯

吳元濟見其下數叛，兵勢日蹙，六月，壬戌，上表謝罪，願束身自歸。上遣中使賜詔[20]，許以不死，而為左右及大將董重質所制，不得出。

三

（秋七月）諸軍討淮、蔡，四年不克[21]，饋運疲弊，民至有以驢耕者[22]。上亦病之，以問宰相。李逢吉等競言師老財竭，意欲罷兵。裴度獨無言，上問之，對曰："臣請自往督戰。"乙卯，上復謂度曰："卿真能為朕行乎？"對曰："臣誓不與此賊俱生。臣比觀吳元濟表，勢實窘蹙，但諸將心不壹，不併力迫之，故未降耳。若臣自詣行營，諸將恐臣奪其功，必爭進破賊矣。”上悅，丙戌，以度為門下侍郎、同平章事、兼彰義節度使，仍充淮西宣慰招討處置使。又以戶部侍郎崔群為中書侍郎、同平章事。

裴度像

制下，度以韓弘已為都統，不欲更為招討，請但稱宣慰處置使，仍奏刑部侍郎馬總為宣慰副使，右庶子韓愈為彰義行軍司馬，判官、書記皆朝廷之選，上皆從之。度將行，言於上曰：“臣若賊滅，則朝天有期；賊在，則歸闕無日。”上為之流涕。

八月，庚申，度赴淮西，上御通化門送之。右神武將軍張茂和，茂昭弟也，嘗以膽略自衒於度。度表為都押牙，茂和辭以疾，度奏請斬之。上曰：“此忠順之門[23]，為卿遠貶。”辛酉，貶茂和永州司馬。以嘉王傅高承簡為都押牙。承簡，崇文之子也。李逢吉不欲討蔡，翰林學士令狐楚與逢吉善，度恐其合中外[24]之勢以沮軍事，乃請改制書[25]數字，且言其草制失辭。壬戌，罷楚為中書舍人。

李光顏、烏重胤與淮西戰，癸亥，敗於賈店。

裴度過襄城南白草原，淮西人以驍騎七百邀之。鎮將楚丘曹華知而為備，擊卻之。度雖辭招討名，實行元帥事，以郾城為治所。甲申，至郾城。先是，諸道皆有中使監陳，進退不由主將，勝則先使獻捷，不利則陵挫百端。度悉奏去之，諸將始得專軍事，戰多有功。

四

九月，庚子，淮西兵寇澂水鎮，殺三將，焚芻槁而去。

……

甲寅，李愬將攻吳房[26]，諸將曰："今日往亡[27]。"愬曰："吾兵少，不足戰，宜出其不意。彼以往亡不吾虞，正可擊也。"遂往，克其外城，斬首千餘級。餘眾保子城，不敢出。愬引兵還以誘之，淮西將孫獻忠果以驍騎五百追擊其背。眾驚，將走，愬下馬據胡床[28]，令曰："敢退者斬！"返旆力戰，獻忠死，淮西兵乃退。或勸愬乘勝攻其子城，可拔也。愬曰："非吾計也。"引兵還營。

李祐言於李愬曰："蔡之精兵皆在洄曲，及四境拒守，守州城者皆羸老之卒，可以乘虛直抵其城。比賊將聞之，元濟已成擒矣。"愬然之。冬十月，甲子，遣掌書記鄭澥至郾城，密白裴度。度曰："兵非出奇不勝，常侍[29]良圖也。"

……

裴度帥僚佐觀築城於沱口，董重質帥騎出五溝，邀之，大呼而進，注弩挺刃，勢將及度。李光顏與田布力戰，拒之，度僅得入城。賊退，布扼其溝中歸路。賊下馬逾溝，墜壓死者千餘人。

辛未，李愬命馬步都虞候、隨州刺史史旻等留鎮文城，命李祐、李忠義帥突將三千為前驅，自與監軍將三千人為中軍，命李[30]進誠將三千人殿其後。軍出，不知所之。愬曰：「但東行。」行六十里，夜，至張柴村，盡殺其戍卒及烽子[31]。據其柵，命士卒少休，食乾糒，整羈靮，留義成軍五百人鎮之，以斷朗山救兵。命丁士良將五百人斷洄曲及諸道橋樑，復夜引兵出門。諸將請所之，愬曰：「入蔡州取吳元濟。」諸將皆失色。監軍哭曰：「果落李祐奸計！」時大風雪，旌旗裂，人馬凍死者相望。天陰黑，自張柴村以東道路，皆官軍所未嘗行，人人自以為必死，然畏愬，莫敢違。夜半，雪愈甚，行七十里，至州城[32]。近城有鵝鴨池，愬令擊之以混軍聲。

自吳少誠拒命，官軍不至蔡州城下三十餘年，故蔡人不為備。壬申，四鼓，愬至城下，無一人知者。李祐、李忠義钁其城，為坎以先登，壯士從之。守門卒方熟寐，盡殺之，而留擊柝者，使擊柝如故。遂開門納眾。及裏城，亦然，城中皆不之覺。雞鳴，雪止，愬入居元濟外宅。或告元濟曰：「官軍至矣！」元濟尚寢，笑曰：「俘囚為盜耳。曉當盡戮之。」又有告者曰：「城陷矣！」元濟曰：「此必洄曲子弟就吾求寒衣也。」起，聽於廷，聞愬軍號令曰："常侍傳語。"應者近萬人。元濟始懼，曰："何等常侍，能至於此！"乃帥左右登牙城拒戰。

時董重質擁精兵萬餘人據洄曲。愬曰："元濟所望者，重質之救耳。"乃訪重質家，厚撫之，遣其子傳道持書諭重質。重質遂單騎詣愬降。

愬遣李進誠攻牙城，毀其外門，得甲庫，取器械。癸酉，復攻之，燒其南門，民爭負薪芻助之，城上矢如蝟毛。晡時，門壞，元濟於城上請罪，進誠梯而下之。甲戌，愬以檻車[33]送元濟詣京師，且告於裴度。是日，申、光二州及諸鎮兵二萬餘人相繼來降。

自元濟就擒，愬不戮一人，凡元濟官吏、帳下、廚廄之卒，皆復其職，使之不疑，然後屯於鞠場[34]，以待裴度。

五

己卯，淮西行營奏獲吳元濟，光祿少卿楊元卿言於上曰："淮西大有珍寶，臣能知之，往取必得。"上曰："朕討淮西，為人[35]除害，珍寶非所求也。"

董重質之去洄曲軍也，李光顏馳入其壁，悉降其眾。庚辰，裴度遣馬總先入蔡州慰撫。辛巳，度建彰義軍節[36]，將降卒萬餘人入城，李愬具橐鞬[37]出迎，拜於路左。度將避之，愬曰："蔡人頑悖，不識上下之分，數十年矣。願公因而示之，使知朝廷之尊。"度乃受之。

李愬還軍文城，諸將請曰："始公敗於朗山而不憂，勝於吳房而不取，冒大風甚雪而不止，孤軍深入而不懼，然卒以成功，皆眾人所不諭也，敢問其故？"愬曰："朗山不利，則賊輕我而不為備矣。取吳房，則其眾奔蔡，併力固守，故存之以分其兵。風雪陰晦，則烽火不接[38]，不知吾至。孤軍深入，則人皆致死，戰自倍矣。夫視遠者不顧近，慮大者不計細，若矜小勝，恤小敗，先自撓矣，何暇立功乎！"眾皆服。愬儉於奉己而豐於待士，知賢不疑，見可能斷，此其所以成功也。

裴度以蔡卒為牙兵[39]，或諫曰："蔡人反仄者尚多，不可不備。"度笑曰："吾為彰義節度使，元惡既擒，蔡人則吾人也，又何疑焉？"蔡人聞之感泣。先是吳氏父子阻兵，禁人偶語於途，夜不然燭，有以酒食相過從者罪死。度既視事，下令惟禁盜賊鬥殺，餘皆不問，往來者不限晝夜。蔡人始知有生民之樂。

甲申，詔韓弘、裴度條列平蔡將士功狀，及蔡之將士降者，皆差第以聞。淮西州縣百姓，給復二年[40]；近賊四州[41]，免來年夏稅[42]。官軍戰亡者，皆為收葬，給其家衣糧五年；其因戰傷殘廢者，勿停衣糧[43]。

十一月，丙戌朔，上御興安門受俘，遂以吳元濟獻廟社，斬於獨柳[44]之下。

注釋

1. 《通鑑》卷二四〇。

2. 軍中承喪敗：前一年，唐州的部隊剛剛打了一場大敗仗。

3. 袁尚書：即袁滋，李愬的前任，曾任尚書右丞。

4. 高、袁：高霞寓，袁滋：李愬的兩位前任。

5. 蔡州：唐州名，治汝陽，即今河南省汝南縣。

6. 十將：軍中小校。

7. 常為東邊患：指為患於唐、鄧二州的東部邊境。

8. 淮西行營：此處指淮西諸軍行營都統韓弘的大本營。

9. 申州：為當時吳元濟淮西鎮所有的三州之一，其餘為光州、蔡州。

10. 行縣：未能得其縣，故權置行縣以處來歸之民。

11. 王人：這裏指唐王朝的子民百姓。

12. 陳許：指忠武軍。

13. 夜分：夜半。

14. 牒：公文。

15. 諜：間諜。

16. 牙隊：節度使官署的衛隊。

17. 山南東道之精銳：時山南東道分為兩鎮，八州精銳皆抽調赴唐州，使之攻敵。

18. 舊軍令：先時之軍令。

19. 舍賊諜者屠其家：留宿敵方間諜者，要滿門抄斬。

20. 上：唐憲宗。中使：宦官使者。

21. 四年不克：元和九年冬始討淮西。

22. 民至有以驢耕者：因牛死於轉運戰備，農民只好以驢代耕。

23. 忠順之門：張茂和父孝忠、兄茂昭鎮易定，與河朔諸鎮比較，對唐朝更為忠順。

24. 中外：翰林學士居禁中，宰相在外朝。

26. 制書：詔書，為翰林學士所起草。

26. 吳房：縣名，屬蔡州。

27. 往亡：迷信說法中的凶日，每月都有往亡日，是日忌打仗、婚嫁等。

28. 據：坐。胡床：又稱交床，指當時軍中主將所坐交椅。

29. 常侍：指李愬，時愬以檢校左散騎常侍，擔任唐隨鄧節度使。

30. 李：中華書局本《通鑑》作"田"，此據上下文改。

31. 烽子：守烽候的士卒。唐時的烽候（烽火臺）一般有六人，一人為烽帥，五人為烽子，輪流守候敵情，有警則舉烽火示之。

32. 州城：蔡州城下。

33. 檻車：有囚籠的車。

34. 鞠場：球場。

35. 人：民。

36. 建彰義軍節：打起彰義軍的旌旗。

37. 櫜鞬：裝弓箭的口袋。具櫜鞬：指全副武裝。守土武將迎接朝廷大臣，按禮制，應全副武裝，拜於路左。李愬於蔡州迎候裴度入城，即採取這種最莊嚴的禮節。

38. "風雪"二句：指報告敵情的烽火信號因為天氣條件而中斷。

39. 牙兵：衛士。

40. 給復二年：除其賦役二年，以優遇新附朝廷之民。

41. 四州：指陳、許、潁、唐四州。

42. 夏稅：當時施行兩稅制，分夏秋兩次徵收。

43. 勿停衣糧：指供衣糧終身。

44. 獨柳：長安西市處死罪人的行刑場。

串講

本文共分為五段。"李愬至唐州"等七節，為第一段，敍述新任唐隨鄧節度使李愬於喪敗之餘初至軍中，以怯懦示士卒，既安定軍心，亦麻痹敵人；然後設計收服敵將數人，歸降敵軍士卒又相繼於道，於是官軍士氣復振，局面遂有轉機。

“官軍與淮西兵夾溵水而軍”等十節，為第二段，寫官軍收復多處據點，李光顏克復淮西重鎮郾城；李愬重用李祐，謀劃襲擊敵方大本營蔡州。

“諸軍討淮、蔡”等五節，為第三段，寫當時唐宰相有主戰、主和兩派，主戰的宰相裴度請赴前線，唐憲宗以他為官軍的元帥，裴度遂赴前線大本營。

“九月，庚子”等九節，為第四段，敘述的是最精彩的李愬雪夜奇襲蔡州的一幕。結果生擒吳元濟，李愬遂屯兵以待裴度的到來。

“己卯，淮西行營奏獲吳元濟”等六節，為第五段，寫裴度入蔡州安撫士民，朝廷善後及慶功事宜；亦述李愬應諸將之請，講述其奇襲蔡州成功的緣由。

評析

《平蔡之役》所記載的是唐憲宗元和十二年（817）平定淮西藩鎮割據勢力的戰役。安祿山以節度使叛唐，雖然最終被平定下去了，但是，唐朝藩鎮之禍的瘟疫從此蔓延、擴散開來，再也沒有控制住。安祿山亂後，唐朝用降將為節度使，分領河北的幽州、鎮州、魏博三鎮，地方的行政、軍事、財政都落在他們手裏，並且傳之子孫，又互相勾結把持，不聽朝命。河北藩鎮的割據成為慣例。唐德宗即位之後想實行討伐，反而釀出“涇原之變”的大禍，唐朝又一次差點瓦解。河北的藩鎮割據模式，在淄青、淮西一帶紛紛被複製。

"涇原之變"前後作亂的淮西節度使李希烈死後，淮西為希烈部將吳少城割據；其後，又為少城將吳少陽所割據；少陽死，子吳元濟立。他們都是自為留後，然後逼着唐王朝正式承認他們作節度使。吳元濟時，淮西鎮只有申（治今河南信陽）、光（治今河南潢川）、蔡（今河南汝南）三州，蔡州為其中心。淮西（大致相當於今河南省西南部）橫亙在唐朝兩京（長安、洛陽)與東南糧倉之間，淮西的割據，切斷了財賦生命線，直接威脅到唐王朝的生存，如骨鯁在喉，唐朝廷是毫無理由容忍的。當元和九年（814）吳元濟剛自立時，唐憲宗即決心對淮西用兵，攻戰近四年，沒有什麼結果。元和十二年初，士氣低落的唐朝對淮西作戰的軍隊，迎來新的前敵指揮官、新任唐隨鄧節度使李愬，稍後宰相裴度正式出任唐軍的統帥，赴前線督戰。裴度、李愬領導的平蔡之役的勝利，一舉解除了唐東都洛陽及江淮地區所受到的威脅，對兩河跋扈的藩鎮也起到一定的威懾作用，是唐朝對藩鎮割據的一次歷史性的勝利。本文所描繪的平蔡之役的歷史畫面，所塑造的李愬有智有勇的英雄形象，特別是所敘述的李愬雪夜奇襲蔡州的神奇故事，令人驚歎，難以忘懷。

唐宣宗教女守禮法

唐宣宗李忱像

萬壽公主適起居郎鄭顥[1]。顥，綱[2]之孫，登進士第，為校書郎、右拾遺內供奉，以文雅著稱。公主，上之愛女，故選顥尚之。有司循舊制請用銀裝車，上曰："吾欲以儉約化天下，當自親者始。"令依外命婦[3]以銅裝車。詔公主執婦禮，皆如臣庶之法，戒以毋得輕夫族[4]，毋得預時事。又申以手詔曰："苟違吾戒，必有太平、安樂[5]之禍。"

顥弟顗，嘗得危疾，上遣使視之。還，問："公主何在？"曰："在慈恩寺觀戲場。"上怒，歎曰："我怪士大夫家不欲與我家為婚，良有以也！"亟命召公主入宮，立之階下，不之視。公主懼，涕泣謝罪。上責之曰："豈有小郎[6]病，不往省視，乃觀戲乎！"遣歸鄭氏。由是終上之世，貴戚皆兢兢守禮法，如山東衣冠之族[7]。[8]

注釋

1. 萬壽公主：唐宣宗的女兒。適：嫁給。

2. 絪：鄭絪，於元和初年曾為宰相。

3. 外命婦：指受過皇帝封號的王公大臣家中的婦女。依唐制度，公主、外命婦所乘車為兩個級別。公主乘厭翟車，一品外命婦乘白銅厭犢車。唐宣宗為了宣示儉約，讓女兒享受低一個級別的待遇。

4. "詔公主"三句：意思是要求公主像一般人家的新媳婦一樣，禮敬公婆、丈夫，而不因為是皇帝的女兒，就看不起丈夫家的人。

5. 太平、安樂：太平公主是唐高宗與武則天的女兒，安樂公主是唐中宗的女兒，皆因飛揚跋扈，干預、把持朝政，事敗分別被誅。

6. 小郎：小叔子。

7. 山東：古時一般稱華山以東的黃河流域地區為山東。衣冠之族：士族。

8.《通鑑》，頁8036。

串講

　　唐宣宗的愛女萬壽公主出嫁時，他告誡女兒一定要守婦道，不能因為是皇帝的女兒，就對夫家不敬。為了崇尚儉約，公主出嫁時所乘車的規格，也降了一等。有一次，公主的小叔子得了急病，宣宗派人前往探視，回來之後，問起公主當時在哪兒，答說：在慈恩寺戲場看戲。宣宗聽了，非常生氣，令人趕快將公主叫來皇宮。公主來了，站在宮殿的臺階之下，宣宗將她晾在一邊，不看一眼。公主流淚認錯，宣宗就責備她說：哪有小叔子得了急病，做嫂子的還在戲場看戲的！

評析

　　唐宣宗如此嚴格教女，亦如此認真治國。宣宗的歷史地位，舊史譽之，以為可以與漢文帝、唐太宗相提並論。唐末五代時期，說起"大中故事"，總是那麼令人懷念〔按：大中，唐宣宗的年號（847－859）〕。《舊唐書》本紀"史臣曰"："臣嘗聞黎老（按：耆老，老人）言大中故事，獻文皇帝器識深遠，久歷艱難，備知人間疾苦。……大中臨馭，一之曰權豪斂跡，二之曰奸臣畏法，三之曰閹寺詟氣。由是刑政不濫，賢能效用，百揆四岳，穆若清風，十餘年間，頌聲載路。……帝道皇猷，始終無缺，雖漢文、景，不足過也。"《通鑑》對宣宗也有一段蓋棺論定的記載："宣宗性明察沉斷，用法無私，從諫如流，重惜官賞，恭謹節儉，惠愛民物。故大中之政，訖於唐末，人思詠之，謂之'小太宗'。"（《通鑑》，頁8096）對於宣宗的歷史功過，也有另外一派論點，認為他察察為政，專權於上，自以為天下治世，其實種下了很深的危機。

夾寨之戰

一

（梁開平元年五月）壬辰，命保平節度使康懷貞將兵八萬會魏博兵攻潞州[1]。[2]

……

（六月）康懷貞至潞州，晉昭義節度使李嗣昭、副使李嗣弼閉城拒守。懷貞晝夜攻之，半月不克，乃築壘穿蚰蜒塹而守之，內外斷絕。晉王以蕃、漢都指揮使周德威為行營都指揮使[3]，帥馬軍都指揮使李嗣本、馬步都虞候李存璋、先鋒指揮使史建瑭、鐵林都指揮使安元信、橫衝指揮使李嗣源、騎將安金全救潞州。[4]

……

（八月）晉周德威壁於高河[5]，康懷貞遣親騎都頭秦武將兵擊之，武敗。

丁巳，帝[6]以亳州刺史李思安代懷貞為潞州行營都統，黜懷貞為行營都虞候。思安將河北兵西上[7]，至潞州城下，更築重城，內以防奔突，外以拒援兵，謂之夾寨。調山東民饋軍糧，德威日以輕騎抄之，思安乃自東南山口築甬道，屬於夾寨。德威與諸將互往攻之，排牆填塹，一晝夜間數十發，梁兵疲於奔命。夾寨中出芻牧者，德威輒抄之，於是梁兵閉壁不出。[8]

……

（十一月）晉王命李存璋攻晉州，以分上黨兵勢。十二月，壬戌，詔河中、陝州發兵救之。[9]

二

（開平二年正月）晉王疽發於首，病篤。周德威等退屯亂柳[10]。晉王命其弟內外蕃漢都知兵馬使、振武節度使克寧、監軍張承業、大將李存璋、吳琪、掌書記盧質立其子晉州刺史存勖為嗣，曰：“此子志氣遠大，必能成吾事，爾曹善教導之！”辛卯，晉王謂存勖曰：“嗣昭厄於重圍[11]，吾不及見矣。俟葬畢，汝與德威輩速竭力救之！”又謂克寧等曰：“以亞子累汝！”亞子，存勖小名也。言終而卒。克寧綱紀軍府，中外無敢喧嘩。

克寧久總兵柄，有次立之勢[12]，時上黨圍未解，軍中以存勖年少，多竊議者，人情恟恟。存勖懼，以位讓克寧。克寧曰：“汝塚嗣也，且有先王之命，誰敢違之！”將吏欲謁見存勖，存勖方哀哭未出。張承業入謂存勖曰：“大孝在不墜基業，多哭何為！”因扶存勖出，襲位為河東節度使、晉王[13]。李克寧首率諸將拜賀，王悉以軍府事委之。

以李存璋為河東軍城使、馬步都虞候。先王之時，多寵借胡人及軍士，侵擾市肆，存璋既領職，執其尤暴橫者戮之，旬月間城中肅然。[14]

三

（二月）李思安等攻潞州，久不下，士卒疲弊，多逃亡。晉兵猶屯余吾寨[15]，帝疑晉王克用詐死，欲召兵還，恐晉人躡之，乃議自至澤州應接歸師，且召匡國節度使劉知俊將兵趣澤州。三月，壬申朔，帝發大梁；丁丑，次澤州。辛巳，劉知俊至。壬午，以知俊為潞州行營招討使。[16]

……

帝以李思安久無功，亡將校四十餘人，士卒以萬計，更閉壁自守，遣使召詣行在。甲午，削思安官爵，勒歸本貫充役[17]。斬監押楊敬貞。

晉李嗣昭固守逾年[18]，城中資用將竭，嗣昭登城宴諸將作樂。流矢中嗣昭足，嗣昭密拔之，座中皆不覺。帝數遣使賜嗣昭詔，諭降之；嗣昭焚詔書，斬使者。

帝留澤州旬餘，欲召上黨兵還，遣使就與諸將議之。諸將以為李克用死，余吾兵且退，上黨孤城無援，請更留旬月以俟之。帝從之，命增運芻糧以饋其軍。劉知俊將精兵萬餘人擊晉軍，斬獲甚眾，表請自留攻上黨，車駕宜還京師。帝以關中空虛，慮岐人[19]侵同華，命知俊休兵長子[20]旬日，退屯晉州，俟五月歸鎮。[21]

四

初，晉王克用卒，周德威握重兵在外，國人皆疑之。

晉王存勖召德威使引兵還。夏，四月，辛丑朔，德威至晉陽，留兵城外，獨徒步而入，伏先王柩，哭極哀。退，謁嗣王，禮甚恭。眾心由是釋然。[22]

......

夾寨奏余吾晉兵已引去，帝以為援兵不能復來，潞州必可取，丙午，自澤州南還；壬子，至大梁。梁兵在夾寨者亦不復設備。晉王與諸將謀曰："上黨，河東之藩蔽，無上黨，是無河東也[23]。且朱溫所憚者獨先王耳，聞吾新立，以為童子未閑軍旅，必有驕怠之心。若簡精兵倍道趣之，出其不意，破之必矣。取威定霸，在此一舉，不可失也！"張承業亦勸之行。乃遣承業及判官王緘乞師於鳳翔[24]，又遣使賂契丹王阿保機求騎兵。岐王衰老，兵弱財竭，竟不能應。晉王大閱士卒，以前昭義節度使丁會為都招討使。甲子，帥周德威等發晉陽。[25]

......

己巳，晉王軍於黃碾[26]，距上黨四十五里。五月，辛未朔，晉王伏兵三垂岡下[27]，詰旦大霧，進兵直抵夾寨。梁軍無斥候，不意晉兵之至，將士尚未起，軍中驚擾。晉王命周德威、李嗣源分兵為二道，德威攻西北隅，嗣源攻東北隅，填塹燒寨，鼓噪而入。梁兵大潰，南走，招討使符道昭馬倒，為晉人所殺。失亡將校士卒以萬計，委棄資糧、器械山積。

周德威等至城下，呼李嗣昭曰："先王已薨，今王自來，破賊夾寨。賊已去矣，可開門。”嗣昭不信，曰：
“此必為賊所得，使來詒我耳。”欲射之。左右止之，嗣
昭曰：“王果來，可見乎？”王自往呼之。嗣昭見王白
服，大慟幾絕[28]，城中皆哭，遂開門。初，德威與嗣昭有
隙，晉王克用臨終謂晉王存勖曰：“進通忠孝，吾愛之
深。今不出重圍，豈德威不忘舊怨邪。汝為吾以此意諭
之。若潞圍不解，吾死不瞑目。”進通，嗣昭小名也。晉
王存勖以告德威，德威感泣，由是戰夾寨甚力；既與嗣昭
相見，遂歡好如初。

康懷貞以百餘騎自天井關遁歸。帝聞夾寨不守，大
驚，既而歎曰：“生子當如李亞子，克用為不亡矣！至如
吾兒，豚犬耳。”詔所在安集散兵。

周德威、李存璋乘勝進趣澤州，刺史王班素失人心，
眾不為用。龍虎統軍牛存節自西都[29]將兵應接夾寨潰兵，
至天井關，謂其眾曰：“澤州要害地，不可失也；雖無詔
旨，當救之。”眾皆不欲，曰：“晉人勝氣方銳，且眾寡
不敵。”存節曰：“見危不救，非義也；畏敵強而避之，
非勇也。”遂舉策引眾而前。至澤州，城中人已縱火喧
噪，欲應晉王，班閉牙城自守，存節至，乃定。晉兵尋
至，緣城穿地道攻之，存節晝夜拒戰，凡旬有三日。劉知
俊自晉州引兵救之[30]，德威焚攻具，退保高平。

晉王歸晉陽，休兵行賞。以周德威為振武節度使、同
平章事。命州縣舉賢才，黜貪殘，寬租賦，撫孤窮，伸冤

濫，禁奸盜，境內大治。以河東地狹兵少，乃訓練士卒，令騎兵不見敵無得乘馬；部分已定，無得相逾越，及留絕以避險；分道並進，期會無得差晷刻。犯者必斬。故能兼山東，取河南，由士卒精整故也。[31]

……

潞州圍守歷年，士民凍餒死者太半，市里蕭條。李嗣昭勸課農桑，寬租緩刑，數年之間，軍城完復。[32]

注釋

1. "命保平"句：保平、魏博：均為梁藩鎮名。潞州：唐州名，治上黨，時為晉王李克用將李嗣昭所守。

2. 《通鑑》，頁8681。

3. 周德威：晉王李克用河東大將。都指揮使：五代之世，諸鎮各有都指揮使，命官之職分各有不同。"蕃漢都指揮使"、"行營都指揮使"，與下文"馬軍"、"鐵林"等"都指揮使"，讀者宜以義求之。

4. 《通鑑》，頁8682－8683。

5. 高河：在潞州屯留縣東南。

6. 帝：梁帝朱溫。

7. 西上：上黨地高，在河北諸鎮之西，故曰西上。

8. 《通鑑》，頁8684。

9. 《通鑑》，頁8687。晉之部署，與梁之應變，均以潞州上黨為中心。

10. 亂柳：在潞州屯留縣界。

11. 嗣昭厄於重圍：指李嗣昭為梁兵圍於潞州。李克用垂沒之時，猶以潞州為念。

12.“克寧”二句：指兄終弟及，以長幼之次。克寧為晉王克用之弟。

13.“因扶”二句：張承業之扶李存勖出嗣位，猶張昭之於孫權。

14.《通鑑》，頁8688－8689。

15.余吾寨：漢上黨郡余吾縣。其故城在潞州屯留縣西北。

16.《通鑑》，頁8691。

17.充役：使充齊民之役。

18.“晉李嗣昭”句：前年十二月，李嗣昭入潞州，去年五月康懷貞始攻之；至夾寨破，則是年五月也。是時，李嗣昭堅守圍城約十月也。

19.岐人：指五代時另一割據政權李茂貞之兵。

20.長子：澤州東北的一個地名。

21.《通鑑》，頁8692。

22.《通鑑》，頁8693。

23.潞州：上黨郡。

24.鳳翔：岐王李茂貞時據鳳翔。

25.《通鑑》，頁8693－8694。

26.黃碾：村名，在潞州潞城縣。

27.三垂岡：在屯留縣東南。

28.大慟幾絕：慟哭得差點氣絕。

29.西都：梁以洛陽為西都。

30.“劉知俊”句：此前，梁帝命劉知俊休兵晉州。

31.《通鑑》，頁8694－8696。

32.《通鑑》，頁8697。

串講

　　本文分為四段。第一段敘述梁開平元年五月至十二月梁、晉二軍在潞州的圍城與解圍的對峙。其中，梁康懷貞圍潞州，晉李嗣昭守城，晉又使周德威救之，為第一回合；梁以李思安代康懷貞，築"夾寨"重城，既以圍潞州，又以阻援兵，為第二回合；晉攻晉州以分潞州兵，梁復救晉州，為第三回合。

第二段敘述開平二年正月晉王李克用病逝，垂沒之時，仍以潞州之圍為念，囑嗣王李存勖繼承遺志，竭力救之。

第三段敘述久攻不下之後梁朝一方的策略變化。始則，梁帝朱溫誤以為李克用詐死，故欲退兵，並親至澤州接應；次則，梁治夾寨主帥李思安久戰無功之罪，招降李嗣昭，不成；次則，梁諸將請留攻潞州，劉知俊小捷，復長梁兵驕氣。

第四段敘述夾寨之戰晉師大敗梁軍，以及戰後雙方的一些攻防措施。

評析

在唐末諸鎮之中，朱溫、李克用原本就是一對勁敵。朱溫篡唐，率先建立了梁朝，李克用對唐朝比較忠心。說起夾寨之戰的潞州，還有另外一段故事。原來潞州為梁所有，守將昭義節度使丁會曾受恩於朱溫，但是，朱溫害唐昭宗並將要篡唐，丁會出於大義，不能接受，遂降於李克用。潞州因而為克用所有。事在朱溫篡唐建立梁朝的前一年的十二月，即唐昭宣帝天祐三年（906）。有評論認為："漢、宋之亡，忠節不勝書，而唐之亡也，唯此一士耳（按：指丁會）。"（王夫之《讀〈通鑑〉論》，頁1008）

梁開平元年（907）五月，康懷貞攻潞州，標誌着以夾寨之戰為高潮的朱、李之間圍繞潞州的爭奪戰的開始。潞州地當李克用據有的河東地區的東南邊境，三面臨敵，誠如文中李存勖所說，“上黨，河東之藩蔽，無上黨，是無河東也。”上黨堪稱河東的屏障。保住上黨，河東才有生存與發展的餘地。後來的事實也證明，河東的勢力經過發展壯大，最終果然滅了朱梁，建立了五代的唐朝。《夾寨之戰》應該可以算得上《通鑑》裏面寫戰爭的名段落。其實，要是仔細推究一下，真正的夾寨之戰只是“己巳晉王”一節，僅有一百五十來字。《通鑑》所寫的“戰爭”，有許多都是這種風格，不是單純地為打仗而打仗，戰爭是高度的歷史氛圍逼出來的政治事件。所以，戰前、戰後的各種關係最為複雜，需要仔細交代。

梁太祖約束功臣

　　左金吾大將軍寇彥卿入朝，至天津橋[1]，有民不避道，投諸欄外而死。彥卿自首於帝。帝以彥卿才幹有功，久在左右，命以私財遺死者家以贖罪。御史司憲[2]崔沂劾奏：“彥卿殺人闕[3]下，請論如法。”帝命彥卿分析[4]。彥卿對：“令從者舉置欄外，不意誤死。”帝欲以過失論，沂奏：“在法，以勢力使令為首，下手為從，不得歸罪從者；不鬥而故毆傷人，加傷罪一等，不得為過失。”辛巳，責授彥卿游擊將軍、左衛中郎將。彥卿揚言：“有得崔沂首者，賞錢萬緡。”沂以白帝，帝使人謂彥卿：“崔沂有毫髮傷，我當族汝！”時功臣驕橫，由是稍肅。[5]

注釋

1. 天津橋：皇宮前面的御水溝上的橋樑。
2. 御史司憲：御史本是執法之官，所以，曾經改名為“司憲”。御史司憲作為官名，同義反復，有點不倫不類。
3. 闕：宮闕，皇宮。
4. 分析：分疏辨析。即為自我辯護的意思。
5. 《通鑑》，頁8722。

串講

　　梁朝的功臣寇彥卿入朝的路上，有人未能及時讓開道路，即被他的隨從扔到欄杆外摔死了。執法官依法追究責任，寇彥卿還揚言要僱人殺法官。這時，梁太祖發話：如果這位法官有一根毫毛的損傷，就要將寇氏一家殺光。當時，梁朝剛建立，功臣驕橫得很，梁太祖不得不約束他們。梁太祖朱溫本是黃巢起義的將領，後來歸順了唐朝。他與他的部下皆草莽英雄，彼此的驕橫與約束都有點像土匪。

評析

　　朱溫篡奪唐朝三百年社稷，在唐末五代至宋代是被人們痛恨和責罵了不知多少年頭的。朱溫作皇帝之初，他的哥哥朱全昱就幾次嘲笑他："朱三，爾可作天子乎？""朱三，汝本碭山一民也，從黃巢為盜，天子用汝為四鎮節度使，富貴極矣，奈何一旦滅唐家三百年社稷，自稱帝王！"（《通鑑》，頁8673）平心而論，唐朝被篡奪，雖然很可惜，首為此"惡"者難逃被譴責的命運，但是，唐朝不被取代，按中國歷史的慣例，幾乎是不可能的。

　　撇開篡奪之事的道德意義不論，梁太祖在五代首創基業，政治上也有一定作為。比如，發展農業、減輕租賦就是一例。李存勗建立的後唐在這一點上，做得就不如後梁。《舊五代史·食貨志序》："梁祖之開國也，屬黃巢大亂之後，以夷門一鎮，外嚴烽候，內辟汙萊，屬以耕桑，薄以租賦。士雖苦戰，民皆樂輸，二紀之間，俄成霸業。及末帝與莊宗對壘於河上，河南之民，雖困於輦運，亦未至流亡，其義無他，蓋賦斂輕而丘園可戀故也。"

無錫之戰

（後梁貞明五年）秋，七月，吳越王鏐[1]遣錢傳瓘將兵三萬攻吳常州，徐溫[2]帥諸將拒之，右雄武統軍陳璋以水軍下海門出其後。壬申，戰於無錫。會溫病熱，不能治軍，吳越攻中軍，飛矢雨集，鎮海節度判官陳彥謙遷中軍旗鼓於左，取貌類溫者，擐甲冑，號令軍事，溫得少息。俄頃，疾稍間，出拒之。時久旱草枯，吳人乘風縱火，吳越兵亂，遂大敗，殺其將何逢、吳建，斬首萬級。傳瓘遁去，追至山南，復敗之。陳璋敗吳越於香灣。溫募生獲叛將陳紹者賞錢百萬，指揮使崔彥章獲之。紹勇而多謀，溫復使之典兵。

初，錦衣之役，吳馬軍指揮曹筠叛奔吳越，徐溫赦其妻子，厚遇之，遣間使告之曰：“使汝不得志而去，吾之過也，汝無以妻子為念。”及是役，筠復奔吳。溫自數昔日不用筠言者三，而不問筠去來之罪，歸其田宅，復其軍職。筠內愧而卒。

知誥[3]請帥步卒二千，易吳越旗幟鎧仗，躡敗卒而東，襲取蘇州。溫曰：“爾策固善；然吾且求息兵，未暇如汝言也。”諸將皆以為：“吳越所恃者舟楫，今大旱，水道涸，此天亡之時也，宜盡步騎之勢，一舉滅之。”溫歎曰：“天下離亂久矣，民困已甚，錢公亦未易可輕；若連兵不解，方為諸君之憂。今戰勝以懼之，戢兵以懷之，使兩地之民各安其業，君臣高枕，豈不樂哉！多殺何為！”遂引還。

吳越王鏐見何逢[4]馬，悲不自勝，故將士心附之。寵姬鄭氏父犯法當死，左右為之請，鏐曰：“豈可以一婦人亂我法。”出其女而斬之。鏐自少在軍中，夜未嘗寐，倦極則就圓木小枕，或枕大鈴，寐熟輒欹而寤，名曰：“警枕”。置粉盤於臥內，有所記則書盤中，比老不倦。或寢方酣，外有白事者，令侍女振紙即寤。時彈銅丸於樓牆之外，以警直更者。嘗微行，夜叩北城門，吏不肯啟關，曰：“雖大王來亦不可啟。”乃自他門入。明日，召北門吏，厚賜之。[5]

注釋

1. 吳越王鏐：錢鏐，為五代時吳越國王。
2. 徐溫：吳國的執政者，時任吳國大丞相、鎮海寧國節度使等職。
3. 知誥：徐知誥，徐溫的養子，時任吳國宰相，後來繼徐溫執吳國政權，又篡吳，復本姓李，改名曰昇，建立南唐政權，為南唐烈祖。
4. 何逢：吳越的將領，剛剛在戰爭中犧牲。
5. 《通鑑》，頁8846－8847。

串講

在五代十國時期，十國中的吳越國與吳國之間爆發了一場戰爭。吳越國派兵侵犯吳國，吳國的執政者徐溫親自率兵迎敵，兩軍戰於無錫。因為徐溫生病發燒，手下還專門找來一個長得像徐溫的人坐鎮中軍，假裝指揮。戰鬥非常激烈，最終吳國大敗吳越軍。勝利之後，吳國諸將建議乘勝追擊並侵入吳越國，一舉滅亡之。但是，徐溫認為吳越國也不可輕視，還是休兵，讓兩國人民各安其業更好。

評析

　　五代時期戰亂頻仍，但是，東南兩國所轄地區相對安定，人民生活得到發展。這與兩國執政者的理念與政策有很大關係。從這場吳越國、吳國的無錫之戰也可略窺一斑。戰勝國吳國的執政者徐溫善於御將，計功勞不究過失；又，大致與鄰為善，反對窮兵黷武，主張息戰安民。他的養子徐知誥後來建立南唐，也繼承了徐溫的政策，吳、南唐先後相繼，發展成為五代十國時期十國中的最強國，應該不是偶然的。《舊五代史·李景傳》："景僭號之後，屬中原多事，北土亂離，雄據一方，行餘一紀。其地東暨衢、婺，南及五嶺，西至湖湘，北據長淮，凡三十餘州，廣袤數千里，盡為其所有，近代僭竊之地，最為強盛。"戰敗國一方，吳越國王錢鏐愛惜桑梓之地，公勤克己，亦能保全其國家，造福於人民。《通鑑》曰："吳越王鏐築捍海石塘，廣杭州城，大修臺館。由是錢唐富庶盛於東南。"（《通鑑》，頁8726）

　　無錫之戰之後不久，兩國馬上就議和成功。"（八月）吳徐溫遣使以吳王書歸無錫之俘於吳越；吳越王鏐亦遣使請和於吳。自是吳國休兵息民，三十餘州民樂業者二十餘年。"（《通鑑》，頁8849）

後唐二事

伶人敬新磨

帝[1]幼善音律，故伶人多有寵，常侍左右；帝或時自傅粉墨，與優人共戲於庭，以悅劉夫人[2]，優名謂之"李天下"！嘗因為優，自呼曰："李天下，李天下！"優人敬新磨遽前批其頰。帝失色，群優亦駭愕，新磨徐曰："理天下者，只有一人，尚誰呼邪！"帝悅，厚賜之。

帝嘗畋於中牟，踐民稼，中牟令當馬前諫曰："陛下為民父母，奈何毀其所食，使轉死溝壑乎！"帝怒，叱去，將殺之。敬新磨追擒至馬前，責之曰："汝為縣令，獨不知吾天子好獵邪？奈何縱民耕種，以妨吾天子之馳騁乎！汝罪當死。"因請行刑，帝笑而釋之。

諸伶出入宮掖，侮弄縉紳，群臣憤嫉，莫敢出氣；亦反有相附託以希恩澤者，四方藩鎮爭以貨賂結之。其尤蠹政害人者，景進為之首。進好采閭閻鄙細事聞於

後唐莊宗李存勖像

上，上亦欲知外間事，遂委進以耳目。進每奏事，常屏左右問之，由是進得施其讒慝，干預政事。自將相大臣皆憚之，孔謙[3]常以兄事之。[4]

四民之中，農民最苦

上與馮道從容語及年穀屢登[5]，四方無事。道曰："臣常記昔在先皇幕府[6]，奉使中山，歷井陘之險，臣憂馬蹶，執轡甚謹，幸而無失；逮至平路，放轡自逸，俄至顛隕。凡為天下者亦猶是也。"上深以為然。上又問道："今歲雖豐，百姓贍足否？"道曰："農家歲凶則死於流莩，歲豐則傷於穀賤。豐凶皆病者，唯農家為然。臣記進士聶夷中詩云：'二月賣新絲，五月糶新穀。醫得眼下瘡，剜卻心頭肉。'語雖鄙俚，曲盡田家之情狀。農於四人[7]之中最為勤苦，人主不可不知也。"上悅，命左右錄其詩，常諷誦之。[8]

注釋

1. 帝：五代後唐莊宗李存勗。
2. 劉夫人：唐莊宗的皇后，出身寒微，會吹笙。
3. 孔謙：後唐主管財政的大臣，以善於聚斂財物著名。
4. 《通鑑》，頁8904－8905。
5. 上：五代後唐明宗李嗣源。馮道：時任宰相。
6. 先皇：唐莊宗李存勗。幕府：指李存勗為晉王時的河東軍府，當時馮道為掌書記。

7. 四人：即四民，士、農、工、商。後唐亦避唐諱，謂民為人。
8.《通鑑》，頁 9032。

串講

《伶人敬新磨》：五代後唐莊宗是一個唱戲的愛好者，自取藝名"李天下"。有一次"李天下"在庭中演戲，作找人狀，自呼"李天下，李天下！"敬新磨衝上來，給了他一個耳光，說道：理（李）天下的只有一人，你還想叫誰？皇帝領會了新磨的用心，沒有責怪他。還有一次，皇帝打獵，踩壞了農民的莊稼，縣令到馬前諫阻，激起龍顏震怒，要殺縣令。敬新磨趕緊抓住縣令來到皇帝的馬前，斥責道：你作為縣令，難道不知道天子愛好打獵嗎，為什麼讓農民種莊稼妨礙天子打獵？罪當死。這些都是寓諷諫於滑稽的好例子。新磨是一位"賢伶人"，而其他用事的伶官，害唐莊宗實在不淺，本文提到的景進是其中的一個代表。

《四民之中，農民最苦》：這一段記載的是後唐第二位皇帝唐明宗與宰相馮道的談論。包括兩方面的內容：一者，為政必須謹慎。道理無疑是正確的。二者，農民歲豐則穀賤，歲凶則捱餓流離，為四民之中之最苦者，反映了農民的疾苦。

評析

後唐莊宗李存勗繼承其父李克用的事業，消滅後梁，建立後唐。其英武突出，在五代諸君主當中，與周世宗柴榮齊名。唐莊宗還有一個非常特別之處，好俳優，不僅自己知音作曲，而且提拔重用許多伶人做官，又經常與伶人一起化妝演戲。最後也死於伶人之手，又被堆上樂器一起焚燒，簡直是一位與優伶共生死的人物。歐陽修的《新五代史》特別設置了《伶官傳》。

《四民之中，農民最苦》一文所反映的事實，雖然一般而言也反映了傳統中國社會農民的處境，尤其切合的是當時經過後唐莊宗的經濟政策剝奪之後的農民的悲慘處境。唐明宗是一位有一定愛民情懷的皇帝，《通鑑》曰：“帝性不猜忌，與物無競，登極之年已逾六十，每夕於宮中焚香祝天曰：‘某胡人，因亂為眾所推，願天早生聖人，為生民主。’在位年穀屢豐，兵革罕用，校於五代，粗為小康。”（《通鑑》，頁9095）

契丹滅後晉

—

（後唐清泰三年，後晉天福
元年七月）石敬瑭遣間使求救於
契丹[1]，令桑維翰[2]草表稱臣於契
丹主，且請以父禮事之，約事捷
之日，割盧龍一道及雁門關以北
諸州與之。劉知遠[3]諫曰：“稱臣
可矣，以父事之太過。厚以金帛
賂之，自足致其兵，不必許以土
田。恐異日大為中國之患，悔之

後晉高祖石敬瑭像

無及。”敬瑭不從。表至契丹，契丹主大喜[4]，白其母
曰：“兒比夢石郎遣使來，今果然，此天意也。”乃為復
書，許俟仲秋[5]傾國赴援。[6]

……

（十一月）契丹主謂石敬瑭曰：“吾三千里赴難，必
有成功。觀汝氣貌識量，真中原之主也。吾欲立汝為天
子。”敬瑭辭讓者數四，將吏復勸進，乃許之。契丹主作
冊書，命敬瑭為大晉皇帝，自解衣冠授之，築壇於柳
林[7]。是日，即皇帝位。割幽、薊、瀛、莫、涿、檀、
順、新、媯、儒、武、雲、應、寰、朔、蔚十六州以與契
丹，仍許歲輸帛三十萬匹。[8]

二

（天福七年十二月）帝[9]之初即位也，大臣議奉表稱臣告哀於契丹，景延廣[10]請致書稱孫而不稱臣。李崧[11]曰："屈身以為社稷，何恥之有！陛下如此，他日必躬擐甲冑，與契丹戰，於時悔無益矣。"延廣固爭，馮道[12]依違其間。帝卒從延廣議。契丹大怒，遣使來責讓，且言："何得不先承稟，遽即帝位？"延廣復以不遜語答之。

契丹盧龍節度使趙延壽欲代晉帝中國[13]，屢說契丹擊晉，契丹主頗然之。[14]

……

（天福八年九月）初，河陽[15]牙將喬榮從趙延壽入契丹，契丹以為回圖使[16]，往來販易於晉，置邸大梁[17]。及契丹與晉有隙，景延廣說帝囚榮於獄，悉取邸中之貨。凡契丹之人販易在晉境者，皆殺之，奪其貨。大臣皆言契丹有大功於晉，不可負。戊子，釋榮，慰賜而歸之。

榮辭延廣，延廣大言曰："歸語而主，先帝為北朝所立，故稱臣奉表。今上乃中國所立，所以降志於北朝者，正以不敢忘先帝盟約故耳。為鄰稱孫，足矣，無稱臣之理。北朝皇帝勿信趙延壽誑誘，輕侮中國。中國士馬，爾所目睹。翁[18]怒則來戰，孫有十萬橫磨劍，足以相待。它日為孫所敗，取笑天下，毋悔也！"榮自以亡失貨財，恐歸獲罪，且欲為異時據驗，乃曰："公所言頗多，懼有遺忘，願記之紙墨。"延廣命吏書其語以授之，榮具以白契丹主。契丹主大怒，入寇之志始決[19]。晉使如契丹，皆繫[20]之幽州，不得見。[21]

三

（開運二年三月）戊午，契丹至泰州。己未，晉軍南行，契丹躡之。晉軍至陽城[22]，庚申，契丹大至。晉軍與戰，逐北十餘里，契丹逾白溝而去。壬戌，晉軍結陳而南，胡騎四合如山，諸軍力戰拒之。是日，才行十餘里，人馬飢乏。

癸亥，晉軍至白團衛村，埋鹿角[23]為行寨。契丹圍之數重，奇兵出寨後斷糧道。是夕，東北風大起，破屋折樹；營中掘井，方及水輒崩，士卒取其泥，帛絞而飲之，人馬俱渴。至曙，風尤甚。契丹主坐奚車[24]中，令其眾曰："晉軍止此耳，當盡擒之，然後南取大梁！"命鐵鷂[25]四面下馬，拔鹿角而入，奮短兵以擊晉軍，又順風縱火揚塵以助其勢。

軍士皆憤怒，大呼曰："都招討使[26]何不用兵，令士卒徒死！"諸將請出戰，杜威曰："俟風稍緩，徐觀可否。"馬步都監李守貞曰："彼眾我寡，風沙之中，莫測多少，惟力鬥者勝，此風乃助我也；若俟風止，吾屬無類矣。"即呼曰："諸軍齊擊賊！"又謂威曰："令公[27]善守禦，守貞以中軍決死矣！"馬軍左廂都排陳使張彥澤召諸將問計，皆曰："虜得風勢，宜俟風回與戰。"彥澤亦以為然。諸將退，馬軍右廂副排陳使太原藥元福獨留，謂彥澤曰：「今軍中飢渴已甚，若俟風回，吾屬已為虜矣。敵謂我不能逆風以戰，宜出其不意急擊之，此兵之詭道也。」馬步左右廂都排陳使符彥卿曰：「與其束手就擒，曷若以身殉國！」乃與彥澤、元福及左廂都排陳使皇甫遇引精騎出西門擊之，諸將繼至。契丹卻數百步。彥卿等謂守貞曰：「且曳隊往來[28]乎？直前奮擊，以勝為度乎？」守貞曰：「事勢如此，安可迴鞭[29]。宜長驅取勝耳。」彥卿等躍馬而去，風勢益甚，昏晦如夜。彥卿等擁萬餘騎橫擊契丹，呼聲動天地，契丹大敗而走，勢如崩山。李守貞亦令步兵盡拔鹿角出門，步騎俱進，逐北二十餘里。鐵鷂既下馬，蒼皇不能復上，皆委棄馬及鎧仗[30]蔽地。

契丹散卒至陽城東南水上，稍復佈列。杜威曰：「賊已破膽，不宜更令成列。」遣精騎擊之，皆渡水去。契丹主乘奚車走十餘里，追兵急，獲一橐駝，乘之而走。諸將請急追之。杜威曰：「逢賊幸不死，更索衣囊邪？[31]」李守貞曰：「兩日人馬渴甚，今得水飲之，皆足重，難以追寇，不若全軍而還。」乃退保定州。

契丹主至幽州[32]，散兵稍集；以軍失利，杖其酋長各數百，惟趙延壽得免。[33]

四

（六月）契丹連歲入寇[34]，中國疲於奔命，邊民塗

契丹騎士校箭圖

地；契丹人畜亦多死，國人厭苦之。述律太后[35]謂契丹主曰：“使漢人為胡主，可乎？”曰：“不可。”太后曰：“然則汝何故欲為漢主？”曰：“石氏負恩，不可容。”太后曰：“汝今雖得漢地，不能居也；萬一蹉跌，悔何所及！”又謂其群下曰：“漢兒何得一向眠[36]！自古但聞漢和蕃，未聞蕃和漢。漢兒果能回意，我亦何惜與和！”

　　桑維翰屢勸帝復請和於契丹以紓國患，帝假開封軍將張暉供奉官[37]，使奉表稱臣詣契丹，卑辭謝過。契丹主曰：“使景延廣、桑維翰自來，仍割鎮、定兩道隸我，則可和。”朝廷以契丹語忿，謂其無和意，乃止。及契丹主入大梁，謂李崧等曰：“鄉使晉使再來，則南北不戰矣[38]。”[39]

　　……

（八月）帝自陽城之捷，謂天下無虞，驕侈益甚。四方貢獻珍奇，皆歸內府。多造器玩，廣宮室，崇飾後庭，近朝莫之及。作織錦樓以織地衣，用織工數百，期年乃成。又賞賜優伶無度。桑維翰諫曰：“鄉者陛下親禦胡寇，戰士重傷者，賞不過帛數端。今優人一談一笑稱旨，往往賜束帛、萬錢、錦袍、銀帶，彼戰士見之，能不觖望[40]，曰：‘我曹冒白刃，絕筋折骨，曾不如一談一笑之功乎！’如此，則士卒解體，陛下誰與衛社稷乎！”帝不聽。[41]

五

（開運三年十一月）契丹主大舉入寇，自易、定趣恆州。杜威等至武強[42]，聞之，將自冀、貝而南。彰德節度使張彥澤時在恆州，引兵會之，言契丹可破之狀。威等復趣恆州，以彥澤為前鋒。甲寅，威等至中度橋[43]，契丹已據橋。彥澤帥騎爭之，契丹焚橋而退。晉兵與契丹夾滹沱而軍。始，契丹見晉軍大至，又爭橋不勝，恐晉軍急渡滹沱，與恆州合勢擊之，議引兵還。及聞晉軍築壘為持久之計，遂不去。[44]

……

杜威[45]雖以貴戚為上將，性懦怯。偏裨皆節度使，但日相承迎，置酒作樂，罕議軍事。磁州刺史兼北面轉運使李穀說威及李守貞曰：“今大軍去恆州咫尺，煙火相望。

若多以三股木置水中，積薪佈土其上，橋可立成。密約城中舉火相應，夜募將士斫虜營而入，表裏合勢，虜必遁逃。"諸將皆以為然，獨杜威不可，遣穀南至懷、孟[46]督軍糧。

契丹以大兵當晉軍之前，潛遣其將蕭翰、通事[47]劉重進將百騎及羸卒，並西山出晉軍之後，斷晉糧道及歸路。樵採者遇之，盡為所掠；有逸歸者，皆稱虜眾之盛，軍中恟懼。翰等至欒城[48]，城中戍兵千餘人，不覺其至，狼狽降之。契丹獲晉民，皆黥其面曰"奉敕不殺"，縱之南走。運夫在道遇之，皆棄車驚潰。翰，契丹主之舅也。[49]

十二月，丁巳朔，李穀自書密奏，具言大軍危急之勢，請車駕幸滑州，遣高行周、符彥卿扈從，及發兵守澶州、河陽，以備虜之奔衝；遣軍將關勳走馬上之[50]。己未，帝始聞大軍屯中度。是夕，關勳至。庚申，杜威奏請益兵，詔悉發守宮禁者得數百人，赴之。又詔發河北及滑、孟、澤、潞芻糧五十萬詣軍前，督迫嚴急，所在鼎沸。辛酉，威又遣從者張祚等來告急，祚等還，為契丹所獲，自是朝廷與軍前聲問兩不相通。

時宿衛兵皆在行營，人心懍懍，莫知為計。開封尹桑維翰，以國家危在旦夕，求見帝言事。帝方在苑中調鷹[51]，辭不見。又詣執政言之，執政不以為然。退，謂所親曰："晉氏不血食矣！"

帝欲自將北征，李彥韜諫而止。時符彥卿雖任行營職事，帝留之，使戍荊州口[52]。壬戌，詔以歸德節度使高行周為北面都部署，以彥卿副之，共戍澶州；以西京留守景延廣戍河陽，且張形勢。

奉國都指揮使王清言於杜威曰："今大軍去恆州五里，守此何為！營孤食盡，勢將自潰。請以步卒二千為前鋒，奪橋開道，公帥諸軍繼之。得入恆州，則無憂矣。"威許諾，遣清與宋彥筠俱進。清戰甚銳，契丹不能支，勢小卻。諸將請以大軍繼之，威不許。彥筠為契丹所敗，浮水抵岸得免，因退走。清獨帥麾下陳於水北力戰，互有殺傷，屢請救於威，威竟不遣一騎助之。清謂其眾曰："上將握兵，坐觀吾輩困急而不救，此必有異志。吾輩當以死報國耳！"眾感其言，莫有退者。至暮，戰不息。契丹以新兵繼之，清及士眾盡死。由是諸軍皆奪氣。清，洺州人也。

甲子，契丹遂以兵環晉營，內外斷絕，軍中食且盡。杜威與李守貞、宋彥筠謀降契丹。威潛遣腹心詣契丹牙帳，邀求重賞。契丹主紿之曰："趙延壽威望素淺，恐不能帝中國。汝果降者，當以汝為之。"威喜，遂定降計。丙寅，伏甲召諸將，出降表示之，使署名。諸將駭愕，莫敢言者，但唯唯聽命。威遣閣門使高勳齎詣契丹，契丹主賜詔慰納之。是日，威悉命軍士出陳於外，軍士皆踴躍，以為且戰，威親諭之曰："今食盡途窮，當與汝曹共求生計。"因命釋甲。軍士皆慟哭，聲振原野。威、守貞仍於眾中揚言：“主上失德，信任奸邪，猜忌於己。”聞者無不切齒。契丹主遣趙延壽衣赭袍[53]至晉營慰撫士卒，曰：“彼皆汝物也。”杜威以下，皆迎謁於馬前。亦以赭袍衣威以示晉軍，其實皆戲之耳。[54]

六

契丹翰林承旨[55]、吏部尚書張礪言於契丹主曰：“今大遼[56]已得天下，中國將相宜用中國人為之，不宜用北人及左右近習。苟政令乖失，則人心不服，雖得之，猶將失之。”契丹主不從。引兵自邢、相而南，杜威將降兵以從。遣張彥澤將二千騎先取大梁，且撫安吏民，以通事傅住兒為都監。

杜威之降也，皇甫遇初不預謀。契丹主欲遣遇先將兵入大梁，遇辭。退，謂所親曰：“吾位為將相，敗不能死，忍復圖其主乎！”至平棘，謂從者曰：“吾不食累日矣，何面目復南行！”遂扼吭[57]而死。

張彥澤倍道疾驅，夜度白馬津。壬申，帝始聞杜威等降。是夕，又聞彥澤至滑州，召李崧、馮玉、李彥韜入禁中計事，欲詔劉知遠[58]發兵入援。癸酉，未明，彥澤自封丘門[59]斬關而入，李彥韜帥禁兵五百赴之，不能遏。彥澤頓兵明德門[60]外，城中大擾。

帝於宮中起火，自攜劍驅後宮十餘人將赴火，為親軍將薛超所持。俄而彥澤自寬仁門[61]傳契丹主與太后書慰撫之，且召桑維翰、景延廣。帝乃命滅火，悉開宮城門。帝坐苑中，與后妃相聚而泣，召翰林學士范質草降表，自稱："孫男臣重貴，禍至神惑，運盡天亡。今與太后及妻馮氏，舉族於郊野面縛待罪次。遣男鎮寧節度使延煦、威信節度使延寶，奉國寶一、金印三出迎。"太后亦上表稱"新婦[62]李氏妾"。傅住兒入宣契丹主命，帝脫黃袍，服素衫，再拜受宣，左右皆掩泣。帝使召張彥澤，欲與計事。彥澤曰："臣無面目見陛下。"帝復召之，彥澤微笑不應。

或勸桑維翰逃去。維翰曰："吾大臣，逃將安之！"坐而俟命。彥澤以帝命召維翰。維翰至天街[63]，遇李崧，駐馬語未畢，有軍吏於馬前揖維翰赴侍衛司[64]。維翰知不免，顧謂崧曰："侍中[65]當國，今日國亡，反令維翰死之，何也？"崧有愧色。彥澤踞坐見維翰，維翰責之曰："去年拔公於罪人之中，復領大鎮，授以兵權[66]，何乃負恩至此！"彥澤無以應，遣兵守之。[67]

……

帝聞契丹主將渡河，欲與太后於前途奉迎。張彥澤先奏之，契丹主不許。有司又欲使帝銜璧牽羊，大臣輿櫬，迎於郊外，先具儀注白契丹主，契丹主曰："吾遣奇兵直取大梁，非受降也。"亦不許。又詔晉文武群官，一切如故；朝廷制度，並用漢禮。有司欲備法駕迎契丹主，契丹主報曰："吾方擐甲總戎，太常儀衛，未暇施也。"皆卻之。

先是契丹主至相州，即遣兵趣河陽捕景延廣。延廣蒼猝無所逃伏，往見契丹主於封丘。契丹詰之曰：“致兩主失歡，皆汝所為也。十萬橫磨劍安在！”召喬榮，使相辯證，事凡十條。延廣初不服，榮以紙所記語示之，乃服。每服一事，輒授一籌。至八籌，延廣但以面伏地請死，乃鎖之。[68]

七

（後漢天福十二年[69]）春，正月，丁亥朔，百官遙辭晉主於城北，乃易素服紗帽，迎契丹主，伏路側請罪。契丹主貂帽、貂裘，衷甲[70]，駐馬高阜，命起，改服，撫慰之。左衛上將軍安叔千獨出班胡語，契丹主曰：“汝安沒字[71]邪？汝昔鎮邢州，已累表輸誠，我不忘也。”叔千拜謝呼躍[72]而退。

晉主與太后已下迎於封丘門外，契丹主辭不見。

契丹主入門，民皆驚呼而走。契丹主登城樓，遣通事諭之曰：“我亦人也，汝曹勿懼！會當使汝曹蘇息。我無心南來，漢兵引我至此耳。”至明德門，下馬拜而後入宮。以其樞密副使劉密權開封尹事。日暮，契丹主復出，屯於赤岡[73]。[74]

……

高勳[75]訴張彥澤殺其家人於契丹主，契丹主亦怒彥澤剽掠京城，並傅住兒鎖之。以彥澤之罪宣示百官，問：
“應死否？”皆言：“應死。”百姓亦投牒爭疏彥澤罪。
己丑，斬彥澤、住兒於北市，仍命高勳監刑。彥澤前所殺
士大夫子孫，皆絰杖號哭，隨而詬詈，以杖撲之。勳命斷
腕出鎖，剖其心以祭死者。市人爭破其腦取髓，臠其肉而
食之。[76]

……

辛卯，契丹以晉主為負義侯，置於黃龍府[77]。黃龍
府，即慕容氏[78]和龍城也。契丹主使謂李太后[79]曰：“聞
重貴不用母命，以至於此，可求自便，勿與俱行。”太后
曰：“重貴事妾甚謹。所失者，違先君之志，絕兩國之歡
耳。今幸蒙大恩，全生保家，母不隨子，欲何所歸。”

癸巳，契丹遷晉主及其家人於封禪寺，遣大同節度使
兼侍中河內崔廷勳以兵守之。契丹主數遣使存問，晉主每
聞使至，舉家憂恐。時雨雪連旬，外無供億，上下凍餒。
太后使人謂寺僧曰：“吾嘗於此飯僧數萬，今日獨無一人
相念邪！”僧辭以“虜意難測，不敢獻食”。晉主陰祈守
者，乃稍得食。

是日，契丹主自赤岡引兵入宮，都城諸門及宮禁門，
皆以契丹守衛，晝夜不釋兵仗。磔犬於門，以竿懸羊皮於
庭為厭勝[80]。契丹主謂晉群臣曰：“自今不修甲兵，不市
戰馬，輕賦省役，天下太平矣。”廢東京，降開封府為汴
州，尹為防禦使[81]。乙未，契丹主改服中國衣冠，百官起

居皆如舊制。

趙延壽、張礪共薦李崧之才。會威勝節度使馮道自鄧州入朝，契丹主素聞二人名，皆禮重之。未幾，以崧為太子太師，充樞密使；道守太傅，於樞密院祗候，以備顧問。[82]

……

初，杜重威[83]既以晉軍降契丹，契丹主悉收其鎧仗數百萬貯恆州，驅馬數萬歸其國，遣重威將其眾從己而南。及河，契丹主以晉兵之眾，恐其為變，欲悉以胡騎擁而納之河流。或諫曰：“晉兵在他所者尚多，彼聞降者盡死，必皆拒命為患。不若且撫之，徐思其策。”契丹主乃使重威以其眾屯陳橋[84]。會久雪，官無所給，士卒凍餒，咸怨重威，相聚而泣。重威每出，道旁人皆罵之。

契丹主猶欲誅晉兵。趙延壽言於契丹主曰：“皇帝親冒矢石以取晉國，欲自有之乎，將為他人取之乎？”契丹主變色曰：“朕舉國南征，五年[85]不解甲，僅能得之，豈為他人乎！”延壽曰：“晉國南有唐，西有蜀，常為仇敵，皇帝亦知之乎？”曰：“知之。”延壽曰：“晉國東自沂、密，西及秦、鳳，延袤數千里，邊於吳、蜀，常以兵戍之。南方暑濕，上國[86]之人不能居也。他日車駕北歸，以晉國如此之大，無兵守之，吳、蜀必相與乘虛入寇，如此，豈非為他人取之乎？”契丹主曰：“我不知也。然則奈何？”延壽曰：“陳橋降卒，可分以戍南邊，則吳、蜀不能為患矣。"契丹主曰："吾昔在上黨，失於斷割，悉以唐兵授晉。既而返為寇讎，北向與吾戰，辛勤累年，僅能勝之。今幸入吾手，不因此時悉除之，豈可復留以為後患乎？"延壽曰："曏留晉兵於河南，不質其妻子，故有此憂。今若悉徙其家於恆、定、雲、朔之間，每歲分番使戍南邊，何憂其為變哉！此上策也。"契丹主悅曰："善！惟大王[87]所以處之。"由是陳橋兵始得免，分遣還營。[88]

八

契丹主廣受四方貢獻，大縱酒作樂，每謂晉臣曰："中國事，我皆知之；吾國事，汝曹弗知也。"

趙延壽請給上國兵廩食，契丹主曰："吾國無此法[89]。"乃縱胡騎四出，以牧馬為名，分番剽掠，謂之"打草穀"。丁壯斃於鋒刃，老弱委以溝壑，自東、西兩畿[90]，及鄭、滑、曹、濮，數百里間，財畜殆盡。

契丹主謂判三司[91]劉昫曰："契丹兵三十萬，既平晉國，應有優賜，速宜營辦。"時府庫空竭，昫不知所出，請括借都城士民錢帛，自將相以下皆不免。又分遣使者數十人，詣諸州括借，皆迫以嚴誅，人不聊生。其實無所頒給，皆蓄之內庫，欲輦歸其國。於是內外怨憤，始患苦契丹，皆思逐之矣。[92]

……

契丹主召晉百官悉集於庭，問曰：“吾國廣大，方數萬里，有君長二十七人。今中國之俗異於吾國，吾欲擇一人君之，如何？”皆曰：“天無二日。夷、夏之心，皆願推戴皇帝。”如是者再。契丹主乃曰：“汝曹既欲君我，今茲所行，何事為先？”對曰：“王者初有天下，應大赦。”二月，丁巳朔，契丹主服通天冠、絳紗袍[93]，登正殿，設樂懸、儀衛於庭。百官朝賀，華人皆法服[94]，胡人仍胡服，立於文武班中間[95]。下制稱大遼會同十年，大赦。仍云：“自今節度使、刺史，毋得置牙兵，市戰馬。”

趙延壽以契丹主負約[96]，心怏怏，令李崧言於契丹主曰：“漢天子所不敢望，乞為皇太子。”崧不得已為言之。契丹主曰：“我於燕王，雖割吾肉，有用於燕王，吾無所愛。然吾聞皇太子當以天子兒為之，豈燕王所可為也！”因令為燕王遷官。時契丹以恆州為中京，翰林承旨張礪奏擬燕王中京留守、大丞相、錄尚書事、都督中外諸軍事，樞密使如故。契丹主取筆塗去“錄尚書事、都督中外諸軍事”而行之。[97]

……

辛未，劉知遠即皇帝位。自言未忍改晉國，又惡開運之名，乃更稱天福十二年。[98]

……

晉主既出塞，契丹無復供給，從官、宮女，皆自採木實、草葉而食之。至錦州，契丹令晉主及后妃拜契丹主阿保機[99]墓。晉主不勝屈辱，泣曰："薛超誤我[100]。"馮后陰令左右求毒藥，欲與晉主俱自殺，不果。

契丹主聞帝[101]即位，以通事耿崇美為昭義節度使，高唐英為彰德節度使，崔廷勳為河陽節度使，以控扼要害。

初，晉置鄉兵，號天威軍。教習歲餘，村民不閑軍旅，竟不可用。悉罷之，但令七戶輸錢十千，其鎧仗悉輸官。而無賴子弟，不復肯復農業，山林之盜，自是而繁。及契丹入汴，縱胡騎打草穀。又多以其子弟及親信左右為節度使、刺史，不通政事，華人之狡獪者多往依其麾下，教之妄作威福，掊斂貨財，民不堪命。於是所在相聚為盜，多者數萬人，少者不減千百，攻陷州縣，殺掠吏民。[102]

……

東方群盜大起，陷宋、亳、密三州[103]。契丹主謂左右曰："我不知中國之人難制如此！"[104]

九

契丹主復召晉百官，諭之曰："天時向熱，吾難久留，欲暫至上國省太后。當留親信一人於此為節度使。"百官請迎太后。契丹主曰："太后族大，如古柏根，不可移也。"契丹主欲盡以晉之百官自隨。或曰："舉國北遷，恐搖人心，不如稍稍遷之。"乃詔有職事者從行，餘留大梁。[105]

……

（三月）壬寅，契丹主發大梁，晉文武諸司從者數千人，諸軍吏卒又數千人，宮女、宦官數百人，盡載府庫之實以行，所留樂器儀仗而已。夕，宿赤岡，契丹主見村落皆空，命有司發榜數百通，所在招撫百姓，然竟不禁胡騎剽掠。丙午，契丹主[106]自白馬渡河，謂宣徽使高勳曰："吾在上國，以射獵為樂，至此令人悒悒。今得歸，死無恨矣。"[107]

……

（四月）契丹主至臨城[108]，得疾，及欒城，病甚，苦熱，聚冰於胸腹手足，且啖之。丙子，至殺胡林[109]而卒。國人剖其腹，實鹽數斗，載之北去，晉人謂之"帝羓[110]"。[111]

注釋

1. 石敬瑭：時為後唐河東節度使，因拒朝廷移鎮命令，後唐朝廷發兵討之。間使：這裏指遣使從間道至契丹。

2. 桑維翰：石敬瑭的謀主。

3. 劉知遠：石敬瑭手下大將。契丹滅後晉之後，建立五代後漢政權。

4. 契丹主：耶律德光，所建國號為遼，史稱遼太宗。大喜：喜中國有釁可乘。

5. 許俟仲秋：等到秋高馬肥之時就進發。

6. 《通鑑》，頁9146—9147。

7. 柳林：太原附近地名。

8. 《通鑑》，頁9154。

9. 帝：後晉齊王石重貴。天福七年，晉高祖石敬瑭卒，重貴繼為帝。

10. 景延廣：當時後晉的權臣，任宰相。

11. 李崧：後晉宰相。

12. 馮道：亦後晉丞相。

13. "契丹"句：當初石敬瑭起兵後，鎮守幽州的趙德鈞與其子趙延壽亦有勾結契丹、謀為中國皇帝的企圖。但是，契丹已許石敬瑭為帝，趙氏父子遂隨往契丹。此時，趙德鈞已死，趙延壽為契丹盧龍節度使，鎮幽州，仍有利用契丹的力量，到中國做皇帝的野心。

14. 《通鑑》，頁9242—9243。

15. 河陽：河陽節度治河陽城，在今河南省孟縣一帶。唐五代藩鎮所統士卒稱為牙兵，將稱為牙將。

16. 回圖使：管理契丹與後晉兩國貿易的官員。

17. 置邸大梁：晉都大梁，置邸大梁，相當於契丹國的駐晉商務代表辦事處。

18. 翁：爺爺，這裏指契丹主。

19. "契丹主大怒"二句：《通鑑》胡注評論曰："景延廣建議稱孫不稱臣，猶可曰為國體也；囚其邸吏而取其貨財，則誤國之罪無所逃矣。"

20. 縶：拘禁。

21. 《通鑑》，頁9253—9254。

22. 陽城：在今河北省唐縣境。

23. 鹿角：一種軍營防禦物，用竹木削尖，埋植地上，以阻止敵人行近。形似鹿角，故名。

24. 奚車：奚人所製的一種大車，似後世之駝轎，為北方最舒適便利之交通工具。

25. 鐵鷂：指契丹的裝甲騎兵。

26. 都招討使：當時後晉以順國節度使杜威為都招討使，都督諸節度使，以備契丹。"都"是"總"的意思。

27. 令公：杜威時帶中書令，故稱他為"令公"。

28. 曳隊往來：拖延不決的意思。

29. 鞚：馬勒。

30. 鎧仗：甲冑，兵器。

31. "逢賊"二句：大概是當時俗語，意為：碰着強盜，幸而不死，還想向他討回行李嗎？

32. 契丹主至幽州：當時幽州為契丹所有，契丹以之為南京。

33. 《通鑑》，頁9288—9290。

34. 契丹連年入寇：契丹入侵後晉，自去年正月始。

35. 述律太后：契丹主的母親。

36. 一向眠：朝一邊睡，即睡得安穩的意思。另一說以為，"漢兒何得一向眠"意為：漢人不會永遠不回心轉意的。

37. "帝假"句：張暉為開封府軍將，代表國家出使，就任命為中央的代理"供奉官"。

38. "曏使"二句：假使當初晉國再派一人來議和，也就可以不用兵了。

39. 《通鑑》，頁9293—9294。

40. 觖望：怨望。

41. 《通鑑》，頁9295—9296。

42. 武強：今河北省武強縣。

43. 中度橋：為滹沱河上的橋。

44. 《通鑑》，頁9315。

45. 杜威：石敬瑭的妹婿。

46. 懷、孟：今河南省孟縣、沁陽縣一帶。

47. 通事：契丹所用通曉漢語及中原情況的人，專任翻譯及聯絡等事，因此頗有權勢。

48. 欒城：今河北省石家莊市附近欒城縣一帶。

49. 《通鑑》，頁9315－9316。

50. 走馬上之：意為以急件方式報告。當時邊鎮均有走馬承受之官。

51. 調鷹：馴習玩弄鷹。

52. 荊州口：黃河渡口之一。

53. 赭袍：為唐以來皇帝所着的御衣。

54. 《通鑑》，頁9316－9319。

55. 翰林承旨：翰林學士中，以資深一人為承旨。這是唐以來的制度。

56. 大遼：契丹當時已經改用大遼的國號。

57. 吭：喉嚨。

58. 劉知遠：此時劉知遠鎮太原。

59. 封丘門：開封北面的城門。

60. 明德門：開封皇城南門。

61. 寬仁門：開封皇城東門。

62. 新婦：媳婦。

63. 天街：宮城正南面的直街。

64. 侍衛司：侍衛軍的衙門。

65. 侍中：李崧官侍中。

66. "去年"三句：張彥澤曾犯死罪，獲免，起用為節度使，以防禦契丹。

67. 《通鑑》，頁9319－9321。

68. 《通鑑》，頁9325－9326。

69. 後漢天福十二年：晉國已亡，中國無主，劉知遠在太原稱帝，建立後漢政權，自稱不忍忘晉，又不願沿用開運年號，所以繼續石敬瑭的"天福"年號。次年，方改元。

70. 衷甲：衣服裏面套着鎧甲。

71. 安沒字：安叔千為沙陀人，不認識字，綽號"沒字碑"。

72. 呼躍：夷禮，類似於漢人所謂的舞蹈。

73. "契丹主復出" 二句：契丹主防備意外，不敢住在宮城之中，所以，還回到城外軍營。

74.《通鑑》，頁9327－9328。

75. 高勳：是為杜威奉降表的人，所以能得契丹主優待，因而敢於訴冤。張彥澤與高勳向來有仇。

76.《通鑑》，頁9328－9329。

77. 黃龍府：故城在今吉林省農安縣。

78. 慕容氏：指十六國時的北燕國王族。

79. 李太后：石敬瑭之妻，為唐明宗李嗣源之女。

80. 厭勝：壓伏不祥。

81. "廢東京" 三句：廢東京等舉措，表示廢除後晉首都，打算將後晉納入遼國版圖。

82.《通鑑》，頁9329－9330。

83. 杜重威：當初，杜重威為了避晉主石重貴的名諱，去 "重" 單名為 "威"。晉既亡國，重威乃復舊名。

84. 陳橋：開封城外的驛名。

85. 五年：天福八年，契丹始攻晉，至此五年。

86. 上國：這裏指契丹。

87. 大王：契丹主封趙延壽為燕王，所以尊稱之為大王。

88.《通鑑》，頁9330－9332。

89. "吾國" 句：意思是說契丹慣例是不發兵餉的。

90. 東、西兩畿：大梁屬縣為東畿，洛陽屬縣為西畿。

91. 判三司：管理度支、鹽鐵、轉運三使的職務。

92.《通鑑》，頁9334－9335。

93. 通天冠、絳紗袍：是唐以來皇帝臨朝的禮服。

94. 法服：正式的朝服。

95. "胡人" 二句：文官班於東，武官班於西，胡人立於中間。

96. 約：契丹主原來答應，得了中國之後，要立趙延壽為中國皇帝。

97.《通鑑》，頁9338－9339。

98.《通鑑》，頁9341。

99.阿保機：契丹開國的君主，即遼太祖。

100.薛超誤我：薛超曾阻攔石重貴自殺。

101.帝：後漢皇帝劉知遠。

102.《通鑑》，頁9342－9343。

103.宋、亳、密三州：宋州在今河南商丘，亳州在今安徽亳縣，密州在今山東諸城一帶。

104.《通鑑》，頁9346。

105.《通鑑》，頁9348－9349。

106.主：此字據文意添。

107.《通鑑》，頁9350。

108.臨城：與後句中的 “欒城” 都在今河北省石家莊市以南。

109.殺胡林：據說武則天時曾在此處襲殺好多突厥人。

110.豝：醃肉。

111.《通鑑》，頁9356。

串講

　　本文分為九段。 “石敬瑭遣間使求救於契丹” 等二節，為第一段，寫契丹與後晉兩國父子君臣關係的由來。當初石敬瑭不顧異議，遣使求助於契丹國，寧願做契丹國主的 “兒皇帝” ，並割讓燕雲十六州土地給契丹。這是 “契丹滅後晉” 故事的基礎。

　　 “帝之初即位也” 等四節，為第二段，寫後晉、契丹兩國失和、契丹準備入侵中國的緣由。石敬瑭的繼任者石重貴即位之初，擅自將兩國關係中君臣一倫去掉，只稱孫，不稱臣；又掠奪契丹在華商人的財物；權臣景延廣用 “十萬橫磨劍” 的大話挑釁契丹。於是，契丹國主決計入侵後晉。

"戊午，契丹至泰州"等五節，為第三段，寫陽城大捷。這一仗，本來後晉處於劣勢，沒想絕處逢生，哀兵一擊，晉軍奇跡般地獲勝。

"契丹連歲入寇"等三節，為第四段，寫兩國議和的機緣被錯過。本來兩國內部都有議和的聲音，但是，終究錯過了機會。而後晉主於陽城之捷後，得勝而驕，勝利居然種下了完敗的惡果。

"契丹主大舉入寇"等八節，為第五段，寫契丹再次大舉入侵以及後晉主帥臨陣降敵，這已經決定了後晉一方的失敗命運。

"契丹翰林承旨"等七節，為第六段，寫契丹主令漢奸降將張彥澤為先鋒，直搗晉都大梁，俘虜晉皇帝；契丹主又令百官制度一仍其舊。

"春，正月"等十節，為第七段，寫契丹主入晉都大梁之後的相關處置，後晉百官改事新主的情況。本來契丹主想盡殺後晉降卒，賴趙延壽勸阻。

"契丹主廣受四方貢獻"等十節，為第八段，寫契丹主貪殘不堪，中國群盜大起，陷入一片混亂之中。這時，劉知遠在河東即帝位。

"契丹主復召晉百官"等三節，為第九段，寫契丹主知難而退，囊括晉文武、吏卒、財物等北遷，契丹主死在歸國途中。

評析

講述"契丹滅後晉"的故事，必須溯源至當初石敬瑭建立後晉的根本立足點。這又涉及到契丹的興起及中國與契丹的力量對比。唐末五代時期，中國的周邊形勢出現的一個新情況，就是契丹在東北部邊疆地區的強大。阿保機統一契丹各部，被尊為天皇王，是一個標誌性的人物。在朱溫將篡唐之際，晉王、河東節度使李克用曾遣使與契丹約為兄弟，共舉兵擊後梁。但是，契丹反而與後梁通好，準備聯合消滅晉王。晉王李克用臨終，以三支箭授其子李存勖表達遺願，曰："梁，吾仇也。燕王（按：指據有幽州等地的劉仁恭、劉守光父子）吾所立，契丹與吾約為兄弟，而皆背晉以歸梁。此三者，吾遺恨也。與爾三矢，爾其無忘乃父之志。"（《新五代史·伶官傳序》）唐莊宗李存勖受三箭而藏之於廟，後來，殺燕王於太廟，滅梁而告祖宗，意氣風發，可謂能報父仇。可惜，唐莊宗終究只將兩根箭還給了先王，李克用的第三個遺恨，雖然唐莊宗力量鼎盛時，曾經大敗契丹，但最終仍無法消滅它。不久，契丹壯大起來，給中國中原地區帶來了更大、更長久的麻煩。此消彼長，中國久經戰亂，梁太祖、唐莊宗以後，再也找不到對契丹具有一點強勢的政治、軍事力量了。唐明宗與契丹約為兄弟，唐明宗之後，石敬瑭對契丹稱 "兒皇帝"，兩國力量的對比，中國一方似乎朝着一個循序漸退的方向墮落。石敬瑭之後，願意做契丹扶植的傀儡皇帝者還可以排成一支很長的隊伍。這一事實清楚表明，當時中國已經到了極度虛弱的地步；也說明國家如果積弱，沒有志氣、出賣靈魂的人自然會多起來。

從《通鑑》及五代史的相關記載看，石敬瑭還算一位謹慎老成之人，亦能勤儉治國。但是，對契丹稱 "兒皇帝"，已經將他釘在了歷史的恥辱柱上；他將邊塞以內的燕雲十六州割讓給契丹，開啟了宋代大片土地淪於異族統治的禍端。宋代以後，中國北部邊疆禍亂不斷，以漢族為主體的國家遭遇幾次亡國的經歷，人恫於明，鬼哭於幽，石敬瑭縱胡入塞之舉，應該承擔重要責任。從這一角度看，後晉亡於契丹，不過是千年慘痛歷史的開端而已。不知如果石敬瑭多一點雄才大略，多一點歷史與理性的眼光，能否不至於如此"一失足成千古恨"。從後晉滅國的經驗中，我們可以總結出的教訓還應該包括：中國如果自己分裂和連年戰亂，那不啻是一個自取滅亡之道；中國的統一與富強是威力的根源。

荊南、南漢二事

"高無賴"

初，荊南介居湖南、嶺南、福建之間[1]，地狹兵弱，自武信王[2]季興時，諸道入貢過其境者，多掠奪其貨幣。及諸道移書詰讓，或加以兵，不得已復歸之，曾不為愧。及從誨[3]立，唐、晉、契丹、漢更據中原，南漢、閩、吳、蜀皆稱帝。從誨利其賜予，所向稱臣，諸國賤之，謂之"高無賴[4]"。[5]

"生地獄"

南漢主恐諸弟與其子爭國，殺齊王弘弼、貴王弘道、定王弘益、辨王弘濟、同王弘簡、益王弘建、恩王弘偉、宜王弘照，盡殺其男，納其女充後宮。作離宮千餘間，飾以珠寶，設鑊湯、鐵床、剒剔等刑，號"生地獄"。嘗醉，戲以瓜置樂工之頸試劍，遂斷其頭。[6]

注釋

1. "初，荊南"句：因為吳國、南唐不受中原朝命，所以，湖南、嶺南、福建的楚、南漢、閩三個割據政權若要朝貢中原的王朝，一般都得經過荊南。
2. 武信王：高季興諡曰"武信"。
3. 從誨：高季興死，子從誨立。
4. 無賴：只要得到東西，不管是搶奪所得，或哀求所得，不顧廉恥的行為，俗語稱為 "無賴"。

5.《通鑑》，頁 9375 — 9376。

6.《通鑑》，頁 9376。

串講

《"高無賴"》：荊南的南平國，是五代十國當中的一個小國，約在今湖北省的中南部，處在四戰之地，北面中原，南面楚，西面蜀，東面吳（南唐）。割據荊南的高氏政權利用當時諸道交通經過其境的便利，經常掠奪路過者的貨幣，若因此遇到武力威脅，即予歸還，毫無愧色。又為了貪便宜，向四周稱王稱帝的諸國一律稱臣，遭到諸國的鄙視，被稱為 "高無賴"。

《"生地獄"》：嶺南的南漢國國王，因為害怕他的弟弟們以後搶奪他兒子的王位，索性將弟弟統統殺死，進而，所有男的一個不留，女的全部收到後宮裏面去。築離宮千餘間安頓宮女。又設酷刑種種，號為 "生地獄"。有一次酒醉之後，將瓜放在一個樂工的脖子上試劍，劍起，樂工的頭也跟着掉下來了。

評析

在割據與分裂的政治局面下，執政者迫於生存與競爭的壓力，有時反而重視發展經濟、與民休息。這方面比較好的例子，可以參見本書《無錫之戰》中東南二國的執政者。本文所錄《"高無賴"》，名聲雖然不佳，在五代那個非常混亂的時期，卻是另一種活法。荊南的高氏世家及其南平國，用如此方式在諸國夾縫中生存了五十多年。戰亂年代，天下要衝地帶，有時是可以成為不侵不叛的四不管地區的，因為各方都願意用它來作一道藩籬屏障。

與高氏相比，《"生地獄"》一文所載荒唐賊殺的南漢國國王，其事跡就更等而下之了。據記載，第二天酒醒之後，國王又召那位樂工侍宴，聽說已被殺死，還歎息了一下。這位製造"生地獄"的南漢中宗劉晟，他自己的王位就是通過殺死他的國王哥哥而獲得的，而他的長子則最終成功繼承了他的王位。南漢的幾個國王都性奢侈，好殺戮，在五代諸國當中是一種普遍現象。

澶州兵變

丁亥，郭威帥百官詣明德
門起居太后，且奏稱："軍國
事殷，請早立嗣君。"太后誥
稱："郭允明弒逆[1]，神器不可
無主。河東節度使崇，忠武節
度使信，皆高祖[2]之弟；武寧節
度使贇，開封尹勳，高祖之
子。其令百官議擇所宜。"
贇，崇之子也，高祖愛之，養

後周太祖郭威像

視如子。郭威、王峻入見太后於萬歲宮，請以勳為嗣。太
后曰："勳久羸疾不能起。"威出諭諸將，諸將請見之，
太后令左右以臥榻舉之示諸將，諸將乃信之。於是郭威與
峻議立贇。己丑，郭威帥百官表請以贇承大統。太后誥所
司，擇日，備法駕迎贇即皇帝位。郭威奏遣太師馮道及樞
密直學士王度、秘書監趙上交詣徐州[3]奉迎。

郭威之討三叛[4]也，每見朝廷詔書，處分軍事皆合機
宜，問使者："誰為此詔？"使者以翰林學士范質對。威
曰："宰相器也。"入城，訪求得之，甚喜。時大雪，威
解所服紫袍衣之，令草太后誥令，迎新君儀注。蒼黃[5]之
中，討論撰定，皆得其宜。[6]

......

庚寅，郭威帥百官上言："比皇帝到闕，動涉浹旬[7]，請太后臨朝聽政。"[8]

……

壬辰，太后始臨朝，以王峻為樞密使，袁鸒為宣徽南院使，王殷為侍衛馬步軍都指揮使，郭崇威為侍衛馬軍都指揮使，曹威為侍衛步軍都指揮使，陳州刺史李穀權判三司。[9]

……

鎮州、刑州奏："契丹主將數萬騎入寇，攻內丘，五日不克，死傷甚眾。有戍兵五百叛應契丹，引契丹入城，屠之，又陷饒陽。"太后敕郭威將大軍擊之，國事權委竇貞固、蘇禹珪、王峻，軍事委王殷。十二月，甲午朔，郭威發大梁。

丁酉，以翰林學士、戶部侍郎范質為樞密副使。[10]

……

武寧節度使贇留右都押牙鞏延[11]美、元從都教練使楊溫守徐州，與馮道等西來，在道仗衛，皆如王者，左右呼萬歲。郭威至滑州，留數日，贇遣使慰勞。諸將受命之際，相顧不拜，私相謂曰："我輩屠陷京城，其罪大矣；若劉氏復立，我輩尚有種乎！"己酉，威聞之，即引兵行，趣澶州[12]。辛亥，遣蘇禹珪如宋州迎嗣君。[13]

……

壬子，郭威渡河，館於澶州。癸丑旦，將發，將士數千人忽大噪。威命閉門，將士逾垣登屋而入曰："天子須侍中自為之，將士已與劉氏為仇，不可立也！"或裂黃旗以被威體，共扶抱之，呼萬歲震地，因擁威南行。威乃上太后箋，請奉漢宗廟，事太后為母。丙辰，至韋城，下書撫諭大梁士民，以昨離河上，在道秋毫不犯，勿有憂疑。戊午，威至七里店，竇貞固帥百官出迎拜謁，因勸進。威營於皋門村。

武寧節度使贇已至宋州，王峻、王殷聞澶州軍變，遣侍衛馬軍都指揮使郭崇威將七百騎往拒之，又遣前申州刺史馬鐸將兵詣許州巡檢。崇威忽至宋州，陳於府門外，贇大驚，闔門登樓詰之。對曰："澶州軍變，郭公慮陛下未察，故遣崇威來宿衛，無他也。"贇召崇威，崇威不敢進。馮道出與崇威語，崇威乃登樓，贇執崇威手而泣。崇威以郭威意安諭之。

少頃，崇威出，時護聖指揮使張令超帥部兵為贇宿衛，徐州判官董裔說贇曰："觀崇威視瞻舉措，必有異謀。道路皆言郭威已為帝，而陛下深入不止，禍其至哉！請急召張令超，諭以禍福，使夜以兵劫崇威，奪其兵。明日，掠睢陽金帛，募士卒，北走晉陽[14]。彼新定京邑，未暇追我，此策之上也！"贇猶豫未決。是夕，崇威密誘令超，令超帥眾歸之。贇大懼。

郭威遺贇書，云為諸軍所迫；召馮道先歸，留趙上交、王度奉侍。道辭行，贇曰："寡人此來所恃者，以公三十年舊相，故無疑耳。今崇威奪吾衛兵，事危矣，公何以為計？”道默然。客將賈貞數目道，欲殺之。贇曰：“汝輩勿草草，此無預馮公事。”崇威遷贇於外館，殺其腹心董裔、賈貞等數人。

己未，太后誥，廢贇為湘陰公。

馬鐸引兵入許州，劉信惶惑自殺。

庚申，太后誥，以侍中[15]監國。百官藩鎮相繼上表勸進。壬戌夜，監國營有步兵將校醉，揚言向者澶州騎兵扶立，今步兵亦欲扶立，監國斬之。[16]

注釋

1. 弒逆：殺死皇帝。後漢隱帝為亂兵所殺，當時一般歸罪於郭允明。
2. 高祖：後漢高祖劉知遠。
3. 徐州：武寧節度使劉贇駐節徐州。
4. 三叛：後漢高祖去世，隱帝即位，河中、永興、鳳翔三鎮相次反，是謂三叛。
5. 蒼黃：倉促的意思。
6. 《通鑑》，頁9440－9441。
7. 浹旬：十日。
8. 《通鑑》，頁9441。
9. 《通鑑》，頁9443。
10. 《通鑑》，頁9443－9444。
11. 延：當作“廷”。
12. 澶州：州名，因古湖泊澶淵得名，當時治濮陽（今河南省濮陽縣）。

13.《通鑑》，頁 9447。

14. 晉陽：贇父崇時鎮晉陽。

15. 侍中：郭威官侍中。

16.《通鑑》，頁 9447－9449。

串講

　　《澶州兵變》描述五代的第五個朝代周政權創立的最初過程。後漢的宰相（侍中）郭威受皇帝疑忌，遂率軍進京，入京之前，皇帝（後漢隱帝）已在亂中被殺，郭威遂與太后商定新國君的人選，派員前往迎接。新皇帝尚在被徵赴京的途中，因為契丹入侵，郭威又受命率大軍出擊。出了首都大梁，駐紮在澶州。所部軍士突然鼓噪起來，要擁立他們的統帥郭威做皇帝，於是大部隊調頭還京，太后誥令，以侍中郭威監國。不久，按照程序，郭威即皇帝位，建立新的後周政權。

評析

　　有點歷史常識的人都知道，宋太祖趙匡胤是經過"陳橋兵變"黃袍加身而建立宋朝的，宋太祖奪取的，就是郭威所創立的五代後周的政權。在五代時期，通過"兵變"的方式而做上皇帝，一度成了家常便飯。本文為這一特別的現象作了一個歷史的留影。在郭威之前，後唐廢帝王從珂；王從珂之前，後唐明宗李嗣源，登帝位的方式如出一轍，皆由軍士擁立；加上郭威之後的宋太祖，成功的一共四例。其他擁立不成的例子更多。推究其原因：唐中葉以後，河朔藩鎮跋扈割據，節度使卒後，朝廷派使者前往察看軍情，一般將旄節授予軍中所欲擁立者。至五代時期，風氣更甚，軍人害一帥，立一帥，任意廢立，有同兒戲。藩鎮蔑視朝廷，軍士脅制主帥，權力越來越下移，到了最後，最上級的皇帝要由最下級的軍士來確立，真正是槍桿子裏面出政權。

有些嚴格的論者有時都不願意承認五代的君主為皇帝，他們都沒有統一中國，統治範圍與唐代的節度使、五代時期南方十國的各割據勢力相差無幾，只不過據有中原舊都之區而已。

論馮道

（周顯德元年四月）庚申，太師、中書令瀛文懿王[1]馮道卒。道少以孝謹知名，唐莊宗世始貴顯，自是累朝不離將、相、三公、三師[2]之位，為人清儉寬弘，人莫測其喜慍，滑稽多智，浮沈取容，嘗著《長樂老敘》，自述累朝榮遇之狀，時人往往以德量推之。

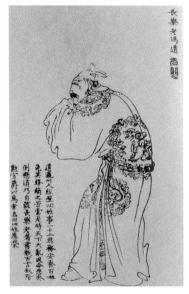

馮道像

歐陽修論曰："禮義廉恥，國之四維。四維不張，國乃滅亡。"[3]禮義，治人之大法；廉恥，立人之大節。況為大臣而無廉恥，天下其有不亂、國家其有不亡者乎！予讀馮道《長樂老敘》，見其自述以為榮，其可謂無廉恥者矣，則天下國家可從而知也。

予於五代，得全節之士三[4]，死事之人十有五[5]，皆武夫戰卒。豈於儒者果無其人哉？得非高節之士，惡時之亂，薄其世而不肯出歟？抑君天下者不足顧，而莫能致之歟？

予嘗聞五代時有王凝者，家青、齊之間，為虢州司戶參軍，以疾卒於官。凝家素貧，一子尚幼，妻李氏，攜其子，負其遺骸以歸。東過開封，止於旅舍，主人不納。李氏顧天已暮，不肯去，主人牽其臂而出之。李氏仰天慟曰：“我為婦人，不能守節，而此手為人所執邪！”即引斧自斷其臂，見者為之嗟泣。開封尹聞之，白其事於朝，厚恤李氏而笞其主人[6]。嗚呼！士不自愛其身而忍恥以偷生者，聞李氏之風，宜少知愧哉！[7]

臣光曰：天地設位，聖人則之，以制禮立法，內有夫婦，外有君臣。婦之從夫，終身不改；臣之事君，有死無貳。此人道之大倫也。苟或廢之，亂莫大焉！

范質稱馮道厚德稽古，宏才偉量，雖朝代遷貿，人無間言，屹若巨山，不可轉也。臣愚以為正女不從二夫，忠臣不事二君。為女不正，雖復華色之美，織紝之巧，不足賢矣；為臣不忠，雖復材智之多，治行之優，不足貴矣。何則？大節已虧故也。道之為相，歷五朝、八姓[8]，若逆旅之視過客，朝為仇敵，暮為君臣，易面變辭，曾無愧怍，大節如此，雖有小善，庸足稱乎！

或以為自唐室之亡，群雄力爭，帝王興廢，遠者十餘年，近者四三年，雖有忠智，將若之何！當是之時，失臣節者非道一人，豈得獨罪道哉！臣愚以為忠臣憂公如家，見危致命，君有過則強諫力爭，國敗亡則竭節致死。智士邦有道則見[9]，邦無道則隱，或滅迹山林，或優游下僚。

今道尊寵則冠三師，權任則首諸相，國存則依違拱嘿，竊位素餐，國亡則圖全苟免，迎謁勸進。君則興亡接踵，道則富貴自如，茲乃奸臣之尤，安得與他人為比哉！

或謂道能全身遠害於亂世，斯亦賢已。臣謂君子有殺身成仁，無求生害仁，豈專以全身遠害為賢哉！然則盜跖病終而子路醢[10]，果誰賢乎？

抑此非特道之愆也，時君亦有責焉。何則？不正之女，中士羞以為家；不忠之人，中君羞以為臣。彼相前朝，語其忠則反君事讎，語其智則社稷為墟。後來之君，不誅不棄，乃復用以為相，彼又安肯盡忠於我而能獲其用乎！故曰：非特道之愆，亦時君之責也！[11]

注釋

1. 瀛文懿王：馮道卒，諡曰文懿，追封為瀛王。

2. 三公、三師：按唐制，太尉、司徒、司空為三公，太師、太傅、太保為三師。

3. "禮義廉恥"四句：語出《管子》。

4. 全節之士三：三人指王彥章、裴約、劉仁瞻。

5. 死事之人十有五：十五人指張源德、夏魯奇、姚洪、王思同、張敬達、翟進宗、沈斌、王清、史彥超、孫晟、馬彥超、宋令珣、李遇、張彥卿、鄭昭業。

6. "予嘗聞"等句：此事歐陽修得之五代小說。

7. 本節論述，本於歐陽修《新五代史》卷五四《雜傳四二·序》。

8. 五朝：唐、晉、遼（契丹）、漢、周。八姓：唐莊宗、明宗、潞王各為一姓，石晉、耶律契丹、劉漢、周太祖、世宗各為一姓。

9. 見：現。

10. 盜跖病終而子路醢：盜跖為古代的強盜，得壽終；孔子的弟子子路，仕於衛國，死於國難，被剁成肉醬。

11. 《通鑑》，頁 9510 － 9513。

串講

　　本文所收錄的主要是歐陽修、司馬光對馮道的兩篇評論文章。馮道是五代的名人，做過五代時期五個朝代、八姓、十個皇帝共計約三十年的宰相。《通鑑》敘馮道之死，並按例附一簡傳，指出馮道少以孝謹知名，歷仕各朝，與時浮沉，以"德量"宏偉著稱。這些都是敘述史實。所引"歐陽修論曰"及"臣光曰"，表達史家個人的評價。歐陽修的評論認為，不講禮義，沒有廉恥，個人、國家都立不起來，而馮道作《長樂老敘》，不以為恥，反以為榮。這樣的士大夫實在是太不自愛了。司馬光認為，道德禮義是文明的基礎、人倫的大節。置忠誠信義於不顧，馮道的貢獻只能說是"小善"；王朝興亡接踵，馮道富貴自如，實在是奸臣之尤。司馬光還指出，不停地起用這麼一個沒有一點點忠誠的宰相，五代時期的那些君主們也有責任。

評析

　　馮道年七十三去世，當時讚譽他的人說，馮道與孔子同壽（按：孔子享年有七十二、七十三兩說）。在一些人的眼裏，馮道簡直就是另一位聖人。宋代王安石讚揚馮道屈身以安人，有菩薩之行（見《青箱雜記》）。明代的李贄指出馮道所作所為，正如孟子所說，"社稷為重，君為輕"，為了安養百姓，不忠於一朝一姓是沒有關係的（見《李溫陵集》卷十五《馮道》）。對於馮道的否定的評論，除了本文所引出自歐陽修、司馬光的兩節外，明清之際王夫之《讀〈通鑑〉論》指出：馮道講過的"事當務實"一句話，一語道破天機；個人安樂最重要，節義廉恥沒意義。提出這種信念，罪惡滔天（見《讀〈通鑑〉論》，頁 1059－1060）。

對於馮道的評價，呈現出以上的兩極。平心而論，馮道如果生活在我們身邊，大多數人應該是不會討厭他的——一位可愛、通常與人為善、又器量非凡的人。但是，站在理性和歷史的高度，他做了那麼多皇帝、甚至那麼多王朝的宰相，忠誠、節義、廉恥、信用的觀念應該是一點點都沒有的。下面我們可以聽聽馮道的心聲，除了《長樂老敘》沾沾自喜於自己的功名成就之外，馮道有兩首詩描述了他為人處世的哲學。《天道》："窮達皆由命，何須發歎聲。但知行好事，莫要問前程。冬去冰須泮，春來草自生。請君觀此理，天道甚分明。"《偶作》："莫為危時便愴神，前程往往有期因。終聞海嶽歸明主，未省乾坤陷吉人。道德幾時曾去世，舟車何處不通津。但教方寸無諸惡，狼虎叢中也立身。"

就事實而言，《舊五代史·馮道傳論》："史臣曰：'（馮）道之履行，郁有古人之風；道之宇量，深得大臣之體。然而事四朝，相六帝，可得為忠乎！夫一女二夫，人之不幸，況於再三者哉！所以飾終之典，不得謚為文貞、文忠者，蓋為此也。"千載是非誰說得。對於馮道，譽之則若丘山，毀之則以為狗彘不食。魯迅曾經說過：人與人的差別，有時是比人與猿的差別還要大的。

劉仁瞻依軍法斬子

　　周兵圍壽春[1]，連年未下，城中食盡。齊王景達[2]自濠州遣應援使、永安節度使許文稹、都軍使邊鎬、北面招討使朱元將兵數萬，泝淮救之，軍於紫金山，列十餘寨如連珠，與城中烽火晨夕相應，又築甬道抵壽春，欲運糧以饋之，綿互數十里。將及壽春，李重進[3]邀擊，大破之，死者五千人，奪其二寨。丁未，重進以聞。戊申，詔[4]以來月幸淮上。

　　劉仁瞻請以邊鎬守城，自帥眾決戰，齊王景達不許，仁瞻憤邑成疾。其幼子崇諫夜泛舟渡淮北，為小校所執，仁瞻命腰斬之，左右莫敢救。監軍使[5]周廷構哭於中門以救之，仁瞻不許。廷構復使求救於夫人，夫人曰：「妾於崇諫非不愛也，然軍法不可私，名節不可虧；若貸之，則劉氏為不忠之門，妾與公何面目見將士乎！」趣[6]命斬之，然後成喪。將士皆感泣。

　　議者以唐援尚強，多請罷兵，帝疑之。李穀[7]寢疾在第，二月，丙寅，帝使范質、王溥[8]就與之謀，穀上書，以為：「壽春危困，破在旦夕，若鑾駕親征，則將士爭奮，援兵震恐，城中知亡，必可下矣。」上悅。[9]

注釋

1. 壽春：古縣名，治今安徽省壽縣，當時為壽州治所，屬南唐。壽春地瀕淮水南岸，當南北分裂時，向為淮南軍事重鎮。

2. 齊王景達：為當時南唐防禦周軍的部隊的元帥。

3. 李重進：周將領。

4. 詔：周世宗下詔。

5. 監軍使：君主派到軍中的檢察使者。唐五代時期，一般以宦官任此職。

6. 趣：催促。

7. 李穀：周之宰相。

8. 范質、王溥：時為周宰相。

9. 《通鑑》，頁9562－9563。

串講

故事發生在五代最後一個王朝周朝的顯德四年（957），《通鑑》的倒數第三年。中原的周朝部隊圍困東南的南唐部隊於淮南軍事重鎮壽春。南唐守軍的主將劉仁贍誓與敵軍決一死戰，但是，南唐一方當時大勢已去，諸將或投降或逃跑，南唐皇帝都已經奉表向周朝稱臣了。但是，劉仁贍不為所動，獨自率軍堅守危城。他的兒子因為知道父親已經生病，密謀與諸將出降，被仁贍依軍法腰斬。仁贍的夫人也認為應該這樣做，因為人的名節不可虧，軍法的權威不容侵犯。將士為劉主將及夫人的節烈所感動，滿營哭聲。

評析

劉仁贍為南唐名將，因為他所守的壽春當時被周軍所包圍，本文於劉仁贍故事的上、下文一並選錄下來。後來，等到劉仁贍病得不省人事時，他的副將終究還是投降了周軍。作為敵國君主的周世宗，被仁贍的事跡所感動，下令將仁贍所部軍隊命名為“忠正軍”，以表彰劉仁贍的忠節。

食人之粟，就要死人之事。道理是簡單不過的。劉仁贍與梁之王彥章、唐之裴約共三人，被歐陽修稱為五代的三位完節之士，合為《新五代史‧死節傳》。